本书系 2017 年度教育部人文社会科学研究青年基金项目"秦皇岛港藏日军侵占时期外文档案翻译、整理与研究"(17YJCZH139)、2022 年度河北省社会科学发展研究课题（20220101004）成果。

秦皇岛港藏开滦日文档案（1941—1945）整理与研究

齐海娟 编著

学苑出版社

图书在版编目（CIP）数据

秦皇岛港藏开滦日文档案（1941—1945）整理与研究 / 齐海娟编著. — 北京：学苑出版社，2022.10
ISBN 978-7-5077-6535-9

Ⅰ.①秦⋯　Ⅱ.①齐⋯　Ⅲ.①煤炭企业—日文—档案整理—研究—唐山—1941—1945　Ⅳ.①F426.21

中国版本图书馆CIP数据核字（2022）第194941号

责任编辑：	杨　雷
印制总监：	张　翔
出版发行：	学苑出版社
社　　址：	北京市丰台区南方庄2号院1号楼
邮政编码：	100079
网　　址：	www.book001.com
电子信箱：	xueyuanpress@163.com
联系电话：	010-67601101（销售部）、010-67603091（总编室）
印 刷 厂：	英格拉姆印刷(固安)有限公司
开本尺寸：	710mm×1000mm　1/16
印　　张：	23.25
字　　数：	398千字
版　　次：	2022年10月第1版
印　　次：	2022年10月第1次印刷
定　　价：	160.00元

序

认真整理日本侵略中国罪行的相关资料，将确凿史实完整地、成体系地永久保存下来，是学界的责任所在。该书的出版对于国内挖掘"二战"时期日军侵华资料有着重要的学术价值和现实意义。

齐海娟曾就读于东北师范大学历史文化学院世界中古史所日本历史专业，攻读硕士期间获得赴日本留学机会，在专业和日语语言方面表现出良好的潜质，毕业后，一直在大学里担任日语语言基础教学工作，为她之后的学术研究奠定了基础。在秦皇岛港史志科同志的积极支持下，齐海娟利用其语言优势和专业特长，以其一定的学术敏感性和对学术研究的热情，凭借良好的研究基础和构思，对秦皇岛港藏开滦日文资料的基本情况进行了梳理、翻译、整理以及研究，自 2015 年以来，相继获批河北省高等学校科学研究项目、全国教育科学"十二五"规划课题青年专项、河北省社会科学发展研究课题、教育部人文社会科学研究青年基金项目等。多年来，齐海娟投精力于历史档案研究这一冷僻之学，如今能够为读者奉上该部凝结多年心血的劳动成果，颇感欣慰。

关于该书，我认为其显著特点和创新之处主要有以下方面：

第一，在选题上，从近些年立项的国家社科基金项目来看，历史档案文献的整理与研究在国内学术界已出现前所未有的高潮，尤其是近代历史文献的整理与研究，数量激增，其中，外文文献更受关注，业已纳入研究者的研究视野。但因语言障碍、费时费力等多方原因，并未得到完全有效开发与利用。该书以尚未进行专门学术研究的秦皇岛港藏开滦日文档案为第一手资料，齐海娟以其日语与历史专业出身的双重背景，使尘封多年的档案记录下的近代开滦实态得以呈现，不仅体现了我国历史文献整理研究最新的发展趋势，也为我国近代新史料的整理与开发做出了一定的贡献。

第二，在内容上，全书主体包括档案编和研究编两大部分。其中，档案编共有三章，包括行政人事管理、教育管理、营运管理。该部分主要分类整理了二百余件档案，为还原复杂的历史语境提供了实证性补充。研究编分为档案解读和档案研究两部分。除翻译与解读档案的三篇文章外，在对翔实资料翻译与整理的基础上，还对日军侵占秦皇岛港时期日语讲习会所用日语教科书进行了细致研究，并且对该时期日本国内的日语教育研究状况进行了综述总结，这对日本侵华殖民教育研究亦不无裨益。该书既有档案的翻译与汇编，又有作者的学术研究成果，因此，具有重要的史料价值和学术价值。

第三，在研究意义上，在地方史、地方志研究中，扩大对一手资料的搜集挖掘，引入对外文资料的采集和解析，不失为一种途径和方法，而地方性史料的挖掘尚待开放视野、转换思维、不断充实。秦皇岛港务局史志科档案室所藏开滦外文档案除能够揭示特定时期的历史本原外，对于我国工业史、经济史、科技史、民国史、日本侵华史等研究亦不无参考价值。尽管编著者仅翻译与整理了部分开滦日文档案，但无疑对地方史档案资料的充实做出了应有的学术贡献，同时，使作为近代工业文明遗产不可分割部分的企业档案价值得到了有效发挥。

然而，学无止境，利用该档案进行更为深入探讨的课题研究有待进一步延续，望今后作者能够继续努力，在学术研究的道路上百尺竿头，更进一步。

是为序。

周颂伦

东北师范大学教授

前　言

抗战胜利是中华民族近代史上的重大事件，日军侵华给中华民族造成了不可估量的损失，"前事不忘，后事之师"，中华民族应该在复兴路上牢记历史，反思历史，正视历史，以史为鉴，进而奋发图强，争取实现伟大民族复兴的强国梦。中共中央总书记习近平强调，深入开展中国人民抗日战争研究，必须坚持正确历史观，加强史料收集和整理，让历史说话，用史实发言。国内在挖掘日军侵华的相关资料中，对于特定时期形成的档案资料的整理与研究已经是当前学界的重要趋势，档案资料的原始性为利用其进行历史还原奠定了基础。秦皇岛港史志科档案室保存着民国时期各类档案 2782 卷，这批珍贵的近代档案中 90% 为外文，其中英文占 80%，日文和法文共占 20%，具有重要的史料价值，但由于种种原因尚未公开及进行专门的学术研究。在秦皇岛港史志科同志的大力支持下，本书对涉及日军全面侵占秦皇岛港时期（1941.12—1945.8）的部分日文文书、信函等进行翻译、整理，在此基础上结合学术界已有学术成果进行研究，旨在还原复杂的历史语境，揭露日军对开滦矿务局及其所属秦皇岛港的侵略真相，从而为学术界对于二战时期日本侵华研究提供参考资料和实证补充。

本书包括档案编和研究编两部分。其中，档案编共有三章，包括行政人事管理、教育管理、营运管理相关档案。第一章收录日军侵占秦皇岛港时期行政公文共 111 件，主要包括开滦各部门发布的通知、通达和总经理通告，互助会情况等。具体内容涵盖人事任用、学校和医院的管理、职工休假、工资待遇、生活福利、部门的设立、悬赏征集改善增产对策的方案以及增产奖励办法、互助会章程与申请书等。第二章收录日军侵占秦皇岛港时期与教育、文化相关的档案共 75 件，内容涉及日军侵占时期在秦皇岛港为日籍员司设置的

秦皇岛开滦矿务局员司俱乐部原址碑（作者摄）

秦皇岛港口博物馆外地砖，砖面 KMA 为开滦矿务总局（Kailuan Mining Administration）的英文缩写（作者摄）

华语班情况以及对华人职工实施日语教育的情况。主要内容包括与开滦往来函件、日华语讲习会实施细则、语学检定考试以及语学奖励规定等，另外，日军侵占时期在开滦及其所属秦皇岛港放映电影的规定、日程、电影名目以及具体报告表也选译摘录其中。第三章收录日军侵占秦皇岛港时期档案共 108 件，主要内容包含日军侵占时期提高煤炭装卸效率对策，船舶停靠秦皇岛港运费事宜，船运货物相关文件，铁路货运费率，煤炭价格，秦皇岛经理处对日本运煤的相关函电以及开滦矿务总局与华北运输株式会社、亚细亚航运公司、船舶运营会等签订的供煤合同等。研究编分为档案解读和档案相关研究两部分。解读档案部分的第四章的三节文字曾发表于董劭伟教授主编《中华历史与传统文化研究论丛》的第 3、4、5 辑，严格意义上来说，这几篇文章属于史料解析，之所以将其收录本书之中，旨在能够抛砖引玉，为读者提供些许研究线索和头绪。最后一章收录的三篇文章或于国内或于日本发表，内容除对秦皇岛港藏开滦外文档案的概括介绍外，主要以教育管理档案为研究资料，对日军侵占秦皇岛港时期日语讲习会所用日语教科书进行了粗略探讨，并对该时期日本国内的日语教育研究状况做以综述。以上研究编中的六篇小文，仅对原文进行了语句或格式上的技术性修改。由于档案年代久远致残破散佚、字迹模糊等种种条件所限，资料翻译、整理与研究内容等方面可能存在采择不当、谬误偏颇等诸多不妥之处，恳请专家和读者赐正。

档案的翻译与整理遵循下述原则：

一、本书所收录的中文原档案为繁体字，为方便读者阅读，本书以规范简体字录入。除第一章和第二章第三节部分内容为保持原档案形式使用中文大写数字外，其他文中数字均采用阿拉伯数字表示。

二、本书第一章前两节遵照原文档案的中文译文录入，除"总经理通告第六十六号"原档案中既有标点符号外，其余均保持原貌未添加标点符号。

三、原文中的"支那""大东亚共荣圈"等词，为保持资料原貌，采用直接对译方式。以假名汉字混用的日本人名，也保留原文表述未做汉译。

四、文中部分缺失或不易辨识的文字，以□标识。文中横表为方便读者阅读，由笔者绘制，原档案或为竖表或无表格。

五、本书以专题为纲，以时间先后为序，为方便阅读，研究部分所使用档案依然翻译、摘录在列。

齐海娟

目　　录

档案编

第一章　行政人事管理 ……………………………………………………………… 003
　　第一节　通告 ……………………………………………………………………… 003
　　第二节　通知与通达 ……………………………………………………………… 028
　　第三节　互助会 …………………………………………………………………… 037

第二章　教育管理 …………………………………………………………………… 114
　　第一节　华语教育 ………………………………………………………………… 114
　　第二节　日语教育 ………………………………………………………………… 122
　　第三节　电影放映 ………………………………………………………………… 175

第三章　营运管理 …………………………………………………………………… 198
　　第一节　公函 ……………………………………………………………………… 198
　　第二节　合同 ……………………………………………………………………… 266

研究编

第四章　档案选译与解读 …………………………………………………………… 283
　　第一节　秦皇岛港藏日军侵占时期日华语教育档案选译与题解 ……………… 283
　　第二节　秦皇岛港藏日军侵占时期日文档案之"向日本供应开滦煤炭基本合同书"
　　　　　　选译与题解 …………………………………………………………… 304

第三节　秦皇岛港藏日文档案选译——从秦皇岛港向日本、伪满、朝鲜输出煤炭情况函件（1943—1944）……… 308

第五章　档案概述与相关研究……… 323
　　第一节　秦皇岛港藏日本"军管"时期外文档案概述……… 323
　　第二节　1941—1945年日本日语教育研究实况——基于日语教育振兴会机关刊物《日语》的考察……… 327
　　第三节　日军侵占时期秦皇岛港语学讲习会所用日语教科书——以《日本语读本》和《效果的速成式标准日本语读本》为主的考察……… 341

主要参考文献 ……… 355

后　　记 ……… 361

档案编

第一章 行政人事管理

第一节 通告

本节共整理了 1944 年 7 月至 1945 年 3 月的 39 件总经理通告，内容包括开滦人事任命、职员生活福利、工人待遇、职工升级考试（见图 1.1）、临时增产推进本部的设立、悬赏征集改善增产对策的方案以及增产奖励办法等。各通告中所涉及的总经理签名，日方经理白川一雄均为手签，中方经理孙多钰为铅印。（见图 1.2 和图 1.3）

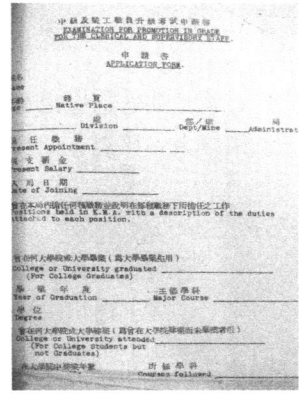
图 1.1　升级考试申请书

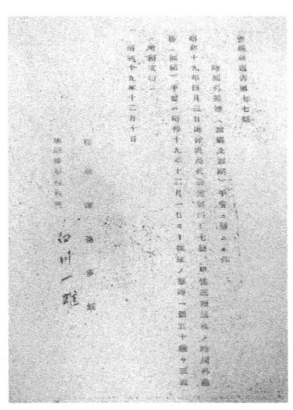
图 1.2　总经理通告第 77 号日文版签字

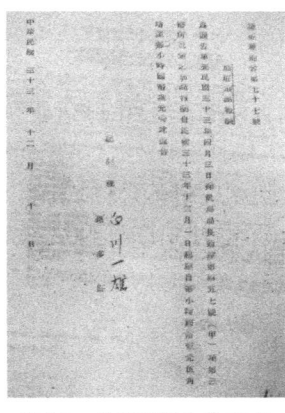
图 1.3　总经理通告第 77 号中文版签字

【1】总经理通告第四十六号

关于通告、通达及通知之公布事项

凡总经理及各个所长对总局一般职员有指示命令并需要使全体周知之事项时其公布方法今后应依下列各条办理之

记

一、通告

关于总局之政策职员劳工之待遇以及其他重要事项仍按以前"总经理通

告"之形式公布之

二、通达

下记①个所长得于其权限范围内对其所管事务发布通达

通达应冠以各该个所长之职名（如"总务局长通达""医务所长通达"）各局长秘书部长各事务所长医务所长工业研究所长防卫本部长开滦矿业警察总所长开滦防空总本部长各矿长

三、通知

下列各个所长遇有将其所管事务使一般周知之必要时得发布通知

通知应冠以各该个所长之职名（如"总务部长通知""天津事务局总务处长"）各局之部长港务局及天津事务局之处长砖厂长新河农场长塘沽营业所长

四、公布手续

（一）通告通达及通知应由各个所长编号并附以事项名称

（二）通告通达通知应附译文以日华文为正英文为副

（三）公布通达及通知如仅以各公布个所长之属员为对象时则各公布个所长得以径行发布

（四）公布通达通知如亦以公布个所长以外之职员为对象时则通达应由总务局长审核通知应由总务部长审核至天津事务局及港务局则应由各该总务处长审核（关于其形式及翻译）然后发布

（五）通告通达通知之登载公报应由总务部长选择登载之

总经理　孙多钰
白川一雄
中华民国三十三年七月十二日

【2】总经理通告第四十七号

职员关于医药应享之利益

自本通告日起职员应享关于医药方面之利益应重行规定如下

除下述情形外凡本局职员及其家属均有享受本局医士或其他与矿局订有合同之局外医士免费诊疗之利益此外并可享受医士所开或供给之药品及包扎物

---

① 原档为从右向左竖写形式，因此，原译文此处为"左记"，为方便阅读，更译为"下记"。以下同。

品如经本局医士认为必要而医院内有空闲床位时并可免费住院治疗但饭食一项不得免费

前述之诊疗应包括一切必要之诊断与治疗预防药品之供给及注射必要手术之施行X光线像片之摄制但患性病者不在此例

眼科齿科及产科诸症均由本局各专科医士诊视但眼镜由患者自行购买补牙配假牙以及应用贵重金属治疗之牙科病症以及分娩期内所用之包扎物品均由患者自付费用

本局天津医院因病房缺少之故凡拟住院生产者概不收留

本局职员之家属患有痼疾者例如结核症气喘症瘫痪症神精失常症慢性肾脏或心脏病症等等除经医务所所长呈请而得总经理特许者外其住院期间不得超过三个月上开病症患者如旧疾复发须重行住院者亦须经由医务所所长呈请总经理核准之

前述之诊疗系以本局所能供给者为限在本局已有此项设备之地方则对于延请本局以外医士或专科医士所医之一切费用本局概不负责□□□之专科医士系与本局订有合同之外界分科医院内延请者或声名素著之外界专科医士经医务分所所长或医务所所长之推荐而延请者此项费用之一部可向共济会申请之但此项申请书必经医务分所所长或医务所所长签署并与共济会章则相合者方始有效

如某一职员或其家属必须在其服务地点以外之地点住本局医院疗养者患者自家中赴医院之实需旅费可由本局付给之如医务分所所长认为患者需人陪伴旅行时该陪伴人火车票价亦由本局付给之

"家属"一项包括父母妻及年龄不足二十一岁之子女年龄以十足计算已婚之女不论年龄多寡均不以家属论上述"家属"如非依赖该职员而生活者不得享受本局之医疗利益

总经理　白川一雄
孙多钰
中华民国三十三年七月十三日

【3】总经理通告第四十八号

放假日双薪

查本局职员领取加点额外薪金办法以其地位而言殊属不合兹决定自本通告之日起凡秦皇岛及矿区所有中级监工低级及不列于薪单之职员在劳工放假日

八天内应行工作者概不发给双薪特此通告

> 总经理　白川一雄
> 孙多钰
> 中华民国三十三年七月十三日

【4】总经理通告第五十一号

高中级职员应享之医药利益

　　查民国二十七年三月一日总经理通告第六十四号所规定凡不在职员服务地点居住之高级职员家属所享受免费诊疗之利益自本通告之日起高中级职员之家属亦得享受但以居住天津矿区或秦皇岛者为限

　　凡高中级职员其家属应享此项利益者请将家庭详细状况报告秘书部人事处核办是为至要特此通告

> 总经理　白川一雄
> 孙多钰
> 中华民国三十三年七月二十七日

【5】总经理通告第五十二号

升级考试

　　为通告事凡现任中级或监工级之职员均得经考试升任为高中级职员此项考试应在下开条件下举行之

（一）与试之资格

　　除在试用期内之职员及练习生外所有中级或监工级之职员合于下开条件之一者均得与试

　　甲、凡经承认之大学院或大学毕业生在本局服务至少满两年者

　　如此项职员在进入本局服务以前曾在其他处所有服务经验者经本局承认后其服务期限得按在本局服务期限之半数计算之

　　乙、凡在著名大学肄业两年或两年以上并在本局服务至少满五年者其在其他处所服务之期限亦得按甲项之计算方法计算之

　　丙、非大学院之毕业生而在本局服务十年或十年以上者

（二）呈递投考申请书方法

申请人应填具规定格式之申请书一纸并直接呈递秘书部部长呈递申请书时在唐山服务之职员可向秘书部呈请发给申请书在秦皇岛天津东三矿马家沟塘沽上海等处之职员可分向各该局矿所长呈请发给申请书填毕之申请书至迟须在本年八月三十一日以前送交秘书部

（三）考试日期及地点

日期约在九月底在唐山总局举行准确日期日后公布

（四）考试委员会

考试委员会人员如下：

委员长　王崇植

副委员长　蔡光勋

委　员　岩村仙弥　中岛龟吉　罗景崇　川村旋儿　章经芳　寺本正文及由中岛局长推荐之工程师数人

（五）试题

甲　笔试（用中文及英文解答）

一、题目

二、常识测验

所选试题之范围以一般升任为领袖职员者所应具之知识为主

乙　口试

一、品格

二、担任之职务（由本局派定者）

三、语言能力（英文或日文）

（六）考试及格者之选择及待遇

一、考试委员会按照分数并参照各主管部部长之意见挑选中选人并将中选人名单呈总经理核定

二、经总经理认为合格者擢升为高中级职员

（七）附注

除在上海服务者外凡在唐山以外地点服务之投考人关于其参加考试及唐山往返所需时日均给予特别假并照常给薪此外并照章给予旅费及津贴对于在上海服务之职员将另行指示之

　　　　　　　　　　　　　　　　　　　　　　　总经理　白川一雄

　　　　　　　　　　　　　　　　　　　　　　　　　　　孙多钰

【6】总经理通告第五十四号

关于工人工作时间之公布事项

自本年八月十四日起至另行通告之日止订正工人工作时间如下①

（一）日班（只限于井上里工）　　　晨七点至正午十二点
　　　　　　　　　　　　　　　　　下午一点至下午五点
（二）十一点班　　　　　　　　　　下午十一点至晨七点
（三）七点班　　　　　　　　　　　上午七点至下午三点
（四）三点班　　　　　　　　　　　下午三点至下午十一点

八月十三日晚开始之十点班须工作九小时希各矿长各关系部长及处长对于换班时间取必要之措置

　　　　　　　　　　　　　　　　　总经理　白川一雄
　　　　　　　　　　　　　　　　　　　　　孙多钰
　　　　　　　　　　　　　　　　中华民国三十三年八月八日

【7】总经理通告第五十五号

为设立"临时非常增产推进本部"由

兹为应付目前紧急增产要求起见依照在左开"临时非常增产推进本部创设要纲"设置"临时非常增产推进本部"以期增加生产特此通告

　　　　　　　　　　　　　　　　　总经理　白川一雄
　　　　　　　　　　　　　　　　　　　　　孙多钰
　　　　　　　　　　　　　　　　中华民国三十三年八月九日

计开（另件）

军管理开滦矿务总局临时非常增产推进本部创设要纲

（一）主旨

本部系为顺应炽烈之现决战阶段谋非常增产之彻底强化讲求有效适当之诸方策于简明之手续下实施为目的而创设之临时紧急措置

（二）名称

本部定名为"临时增产推进本部"

---

① 此处"如下"为原译文。

（三）事务所

本部事务所设置于总局（运营局企画部）

（四）组织及权限

由最高监督官任本部长总括指挥一切

最高监督官有事故时其被指名者应行代理本部长职务

本部长之指令有下列四项应绝对服从协力一致完遂之

  一 命令

  二 通达

  三 要求

  四 □□

一、本部置常任委员

常任委员由理事担当之

常任委员应参与本部长所命之协议并供给意见

本部长于必要时得由各部局选定临时委员参与之

军管理开滦总局职员无论何人有认为对增产适切之提案时应直接向本部长或通过常任干事提出之

一、本部内置常任干事若干名

常任干事系经部长由各局职员中指定之

常任干事掌理本会事务

常任干事应出席会议计画议事之进行并整理其记录

常任干事应担当对外交涉

（五）所行事项

一、本部长之命令事项以文书发出之

一、本部长之命令等于从来总局之（Sanction）

一、其实行由从来之责任担当者实行如以往

一、凡致本部之文书均不必打字可用曾经使用过之旧纸于反面书写之以求迅速

一、由本部发出之文书亦不需打字只用红墨水之印以求明显其番号不分所发处所均统一编排之

一、本部为求目的之达成不拘泥于实行中途之琐碎事项于大目的下全员协力一致显现灭私奉公之敢斗精神

一、本部议事录于事务所保管之

一、期间六个月有必要时当延长之

本要纲自发表之日起发生效力

【8】总经理通告第五十六号

为军管理开滦矿务总局悬赏征求增产对策改善方案由

兹依照下开条件实行悬赏征求增产对策改善方案凡本局员工及包工人均可参加特此通告

总经理　白川一雄

孙多钰

中华民国三十三年八月九日

计开（另件）

军管理开滦矿务总局悬赏征集改善增产对策新方案之要领

一　主旨

为急速表现决战总力体制精神实行总动员开滦全体从业员之经验研究及智识征集得以高速度发挥效率之"增产对策改善新方案"凡开滦从业员不问职员员工均希望参加应征

二　改善方案目标

　　1 关于技术之改良

　　2 关于设备之改善

　　3 关于工作方法之改善

　　4 关于事务简捷之改善方法

　　5 关于代用物资之考究

　　其他凡关系开滦生产增强上有效之适当问题不问何种均所欢迎

三　创作方案时应注意事项

　　1 应考虑现在资材获得之困难

　　2 应注意使其实际上有实行之可能性

　　3 □□□□□□□□

　　4 应唤起包工及工人之自觉

四　应征资格

　　开滦职员与工人全体及包工人

五　提出日期

　　第一回　八月末日

　　第二回　九月末日

　　第三回　无期限

六　赏金
　　一　等　两万元①
　　二　等　一万元
　　三　等　五千元
　　四　等　二千元
　　五　等　一千元
　　选外佳作自二百元至五百元
七　审查者
　　最高监督官及最高监督官指定之内外达识之士若干名

【9】总经理通告第五十八号

职员之任用

自本通告之日起凡高级高中级中级及监工级职员之任用无论为填补空缺或办理新职务均由秘书部集中办理各局所部等需用新职员时应请秘书部自卷存候选人名单内择取适当人选并送由各该局所部核查如秘书部并无适当人选则可请各局部所留意人选惟该候选人之求职信必须直接送由秘书部转送各该局所部在任何情形下所有求职信无论其来自何方均应直送或转送秘书部以便登记归卷特此通告

　　　　　　　　　　　　　　　　　　　　总经理　白川一雄
　　　　　　　　　　　　　　　　　　　　　　　　孙多钰
　　　　　　　　　　　　　　　　　中华民国三十三年八月十九日

【10】总经理通告第五十九号

旅费津贴

旅费津贴自本年九月一日起改正如下②
旅费津贴—按日计算
高级职员

---

① 日文档案中为"円"，即日元，但原档案中文译文为"元"。
② 此处"如下"为原译文。

每年薪金六千元或超过六千元以上者	七十二元
每年薪金四千元至六千元者	六十四元
每年薪金四千元以下者	五十六元

高中级职员

每月薪金二百元以上者	四十八元
每月薪金二百元及二百元以下者	四十四元

中级及监工级职员

特等	三十六元
一等	三十元
二等	二十四元
三等及四等及学徒	二十元

临时迁调津贴—按月计算

	矿区及秦皇岛	其他地点
高级职员	五百六十元	一千一百二十元
高中级职员	四百六十元	五百六十元
中级及监工级职员	三百元	三百元
低级职员	一百六十元	一百六十元

所有 A 字第一八〇号表式所载关于因公出差之规则及津贴之其他各条均无变更特此通告

总经理　白川一雄
孙多钰
中华民国三十三年八月二十九日

【11】总经理通告第六十号

为收回宿舍闲置未用之家具由

为通告事查迩来因资材不足并物价暴腾之关系今后宿舍添置新家具殆无希望故各旧宿舍内所备置之家具如有剩余及闲置无用者特命福祉部收回借应其他方面之需要务希各位予以协助特此通告

总经理　白川一雄
孙多钰
中华民国三十三年九月十四日

【12】总经理通告第六十一号

煤斤津贴

查总经理通告第二十六号所载煤斤津贴附则第二条规定职员在其服务处所以外之地点支取煤斤之办法自本通告之日起凡在塘沽北京秦皇岛及各矿区之职员□将家属移往天津者必须先得总经理之许可如未经许可自行将家属移往天津者概不给予在津支取煤斤之便利特此通告

总经理　白川一雄

孙多钰

中华民国三十三年九月十六日

【13】总经理通告第六十二号

为通告事防卫本部爱乡处应由九月十一日起暂归总务局总务部管辖特此通告

总经理　白川一雄

孙多钰

中华民国三十三年九月十七日

【14】总经理通告第六十三号

关于中秋节及双十节工人出勤奖励办法

本年十月一、二两日为中秋节假期十月十日为国庆纪念日假期本局各矿及制铁局照常工作概不停工所有该三日到班工作之登记工人每日除照给纪念工资及面工外另有奖励办法详列于后仰各工人一体知照此布

一、凡在十月一日作正工者每作一工除应得工资外加给

　　甲、玉米面工一个

　　（每玉米面工合玉米面四斤另给粮食津贴四元五角五分下同）

　　乙、火柴十盒

二、凡在十月二日作正工者每作一工除应得工资外加给

　　甲、玉米面工一个

　　乙、又玉米面工半个（此半个玉米面工合并七月三日已得之半个玉米面工成为一整个玉米面工若七月三日已得半个玉米面工而此次不获半个面工

或七月三日未得半个面工而此次获得半个面工致不能凑成整个面工者所得半个面工折合现金拾元计算一并发给）

三、凡在十月十日作正工者每作一工除应得工资外加给

    甲、玉米面工一个

    乙、纸烟五十枝

四、凡在十月一日至十月十日共十日期内一班不脱作满十个正工者加给棉布七尺

五、凡在纪念日作加工加点者其报酬与平日加工加点同

总经理　白川一雄
孙多钰
中华民国三十三年九月二十五日

【15】总经理通告第六十四号

凡文件及表格等此后应由局外印刷局印刷或誊印者在总务局应先征得总务部部长之同意若在其他个所应先征得该个所长之同意后再行付印特此通告

总经理　白川一雄
孙多钰
中华民国三十三年九月二十八日

【16】总经理通告第六十六号

查本年四月一日总经理布告颁行之廉煤津贴。原分甲乙丙三等。兹增修为甲乙丙一丙四等。其丙一等之规定如下。

丙一等

井下里工之骡夫归此类。每次准购二号末煤八分之三吨。合市斤七百五十斤。每吨取价二十元。计七元五角。

上述增修办法。即自本年十月十一日起施行。凡在十月十一日或以后做满二十五个面工。换言之即在十月十一日或以后做得第三个现钱面工者即按照改订办法准购二号末煤八分之三吨。其在十月十一日以前获得此项资格者。概照旧章办理。

现因丙一等之煤票尚未制备。对于获得丙一等廉煤之工人。暂缓发给煤票。到本月二十日起再行补发。特此通告

总经理　白川一雄

孙多钰

中华民国三十三年十月十日

【17】总经理通告第六十八号

对于与家属分居之职员之特别休假

  为通告事查前此给予与家属分居之职员之特别休假办法近来颇多滥用之处兹特重述下列规定并责成各局所长及各部长分饬所属严格遵守

  一、造具每月休假人名单时务使每星期日或假日在各处内均有负责职员

  二、除各局长副局长所长副所长部长副部长及矿长外所有其他职员之休假单无庸送往秘书部但由各局所长及部长保存以便查核其所属职员是否严格遵照休假单实行休假

  各局长副局长所长副所长部长副部长及矿长之休假单应分别由各局所将该休假单之一份送往秘书部以备总经理查询

  三、在规定休假日期临行前各职员应先征得各该部部长对于该次休假之同意各处长及部长应先征得各该局所长之同意如有紧急事务使职员不能休假时其规定之休假日期得向后延展或径予取消均由各局所长或部长核夺办理

  四、除经特别允许者外任何职员均不得在规定休假日期以外利用此种休假离开其服务地点未行请假或在病假期内或在休假单规定日期以外离开其服务地点者一经察觉定行严厉惩戒

  五、未经上级主管职员之特别允许时任何职员均应按休假单内所规定之日期实行休假不得早去迟归如有违反此项规则者则于某一期间内或无限期取消其休假之利益

总经理　白川一雄

孙多钰

中华民国三十三年十月二十一日

【18】总经理通告第六十九号

职员煤斤津贴

  为通告事兹因块煤缺乏关系对于员司煤斤所发之块煤不得不加以撙节现

经规定自民国三十三年十一月份之员司煤斤津贴起始实行下列办法凡高级职员在天津领煤者其煤斤数量百分之五十以二号末煤发给其他百分之五十以二号未过筛块煤发给对于其他在津领煤之职员则以二号块煤及二号末煤每月交替换发质言之即十一月份之煤斤全部以块煤发给十二月份之煤斤则全部以二号末煤发给余可类推在矿区内领煤之高级及高中级职员其所支煤斤限最低额百分之五十以老碴及锅炉末煤发给仍按现时之比例即二号块煤一吨可换老碴二吨半或换锅炉末煤三吨半其他百分之五十（最高额）则准以二号块煤发给至于矿区内高级及高中级以外之职员以及在秦皇岛及塘沽之所有职员（高级及高中级在内）其煤斤津贴仍按现行办法办理并无变更特此通告

总经理　白川一雄
孙多钰
中华民国三十三年十月十八日

【19】总经理通告第七十号

不足一元之零数付款

　　为通告事查目前华北辅币异常缺少因之本总局对于不足一元之零数付款深感不便至于辅币日后流通情形如何现时殊难逆料兹为将来支付便利计除缴纳税款或其他必要之零数付款外凡不足一元之零数支付一概停止所有请领款项各局所部处应于付款请求书送往会计部以前按照下列办法将不足一元之零数一律取消

一、购物付款等（包括建筑工程价款杂项工程价款及其他费用）
　　关于购买材料等所订之合同其款项总额必须合成整数不得有一元以下之零数
二、职工薪资
　　关于付给职员工人（不论国籍）每人之薪金其总数内不足一元之零数一律按一元付给
三、他项付款
　　所有其他付款应一律将奇零之数化为一元之整数举凡付款请求书、工单、及其他同类之单据自民国三十三年十二月一日起应依照上列方法办理之

总经理　白川一雄
孙多钰
中华民国三十三年十一月二十二日

【20】总经理通告第七十一号

员工存款

为通告事自本通告之日起员工存款章程应行修正如下
第二条　己项
每一个月内员工所存之款其总额不得超过该月份内自本局领到所得现款之约数
每一员工之存款总额并无限制
民国二十八年五月二十三日总经理通告第八十七号应予废止特此通告

总经理　白川一雄
孙多钰
中华民国三十三年十一月二十八日

【21】总经理通告第七十二号

中级监工级低级职员及额外职工之任用

为通告事自本通告之日起本总局不再添用中级监工级低级职员或额外职工但属于下列情形者不在此例
（一）为出缺人员之补充
（二）为经核准员额中缺额之填补
（三）为适应各部所因扩大组织或增添机构所发生之需要
除业经核定员额者外凡各部所现有之职员数应视为各该部所固定之员额如无上述理由一概不准增添
各局所长等请立即造具所辖各部截至本日止之现有职员名单一纸送交秘书部此项名单内对于中级及监工级各职员所担任之职务应加以说明特此通告

总经理　白川一雄
孙多钰
中华民国三十三年十一月二十九日

【22】总经理通告第七十三号

兹制定东京事务所规程自中华民国三十三年十二月八日起施行之

总经理　白川一雄
孙多钰
中华民国三十三年十二月五日

东京事务所规程

第一条　东京事务所内置下列二课
　　　　业务课
　　　　资材课
第二条　各课置课长必要之课并置副课长
第三条　课长各统辖其事务
　　　　副课长辅佐课长课长有事故时代理其职务课长不在时执行其职务
第四条　业务课掌管下列事项
　　　　一、关于庶务、会计、文书及业务事项
　　　　二、不属他课主管之事项
第五条　资材课掌管下列事项
　　　　一、关于物动事项
　　　　二、关于获得一般资材之事项

【23】总经理通告第七十四号

纪念十二月八日增产奖励办法

为纪念十二月八日兹定本月八日九日十日三天为增产之期并规定对于增产有直接关系之工人特别奖励如后特此通告

计　开

一、所谓对于增产有直接关系之工人为指定作加工之井下及天桥之工人及特别指定之井上里工

二、上项指定做加工之工人在本月六日晚十一时起至本月十日晚十一时止四天内在一工作日中每做一正工及一加工者除应得之报酬外加给玉米面工一个

三、凡指定做加点之工人在本月六日晚十一时起至本月十日晚十一时止四天内做加点者每半班加点除应得之报酬外加给玉米面工半个以两个"半面工"凑成一"整面工"算面其不能凑成"整整工"之"半面工"折给现钱十五圆

四、在十二月内加工加点之限制由每月限做十班暂改为限做十三班

总经理　白川一雄

孙多钰

中华民国三十三年十二月六日

【24】总经理通告第七十五号

为通告事民国三十二年十二月指令第一二号采炭局规程及民国三十三年四月指令第三四号制铁局规程兹改正如下自民国三十三年十二月八日起施行之

采炭局规程中之改正

一、第一条内规定之"一室三部"改为"一室四部"于"机电部"之后加添"骸炭部"

二、第六章以下加添下列内容

　　第六章之一　　　骸炭部

　　第二十四条之一　骸炭部掌管炼焦窑、比哈衣布、及洗煤场之作业及管
　　　理并其他有关或附带之事项

　　制铁局规程中之改正

一、第七条内"文书"以下加添"福利"

二、第八条内之"骸炭"删除之

三、第九条内规定之"三课"改为"二课"将"骸炭课"取消

四、第十一条删除之

总经理　白川一雄

孙多钰

中华民国三十三年十二月六日

【25】总经理通告第七十六号

人事任命

为通告事兹发表人事异动如下特此通告

派副经理岩村仙弥、副经理代理王崇植、理事中岛龟吉、魏肫、志道铁造、理事待遇堀江三郎均在理事室办事（兼职如故）

十二月八日

派总务局总务部部长兼通信处处长参事增田正名为总务局副局长兼任总务部部长及通信处处长职务

派制铁局附参事服部宗一为制铁局副局长兼任制造部部长职务

派监察参事川村旋儿暂为运输事务专任监察

派秘书部人事处处长兼兵事处处长职员寺本正文为秘书部副部长兼任人事处处长及兵事处处长职务

调派前制铁局制造部骸炭课课长职员佐野彻为采炭局骸炭部部长

调派采炭局林西矿副矿长参事山村朝登为采炭局赵各庄矿副矿长

调派采炭局赵各庄矿副矿长参事浅井弘敏为采炭局林西矿副矿长

调派采炭局赵各庄矿职员野中正二在采炭局林西矿办事

调派采炭局采炭部采炭处职员下村健三在采炭局唐家庄矿办事

调派采炭局林西矿兼运营局食粮部统制室兼临时非常增产推进本部附（任事林西）职员松尾定藏在制铁局庶务课办事

调派总务局福祉部（驻制铁局）职员山崎信在采炭局赵各庄矿办事

采炭局副局长兼综合室主任理事待遇堀江三郎免去兼职

调派采炭局机电部附职员北冈先为采炭局综合室主任

总经理　白川一雄

孙多钰

中华民国三十三年十二月八日

【26】总经理通告第七十七号

加班加点报酬

为通告事查民国三十三年四月三日采炭局局长通达第四五七号（甲）项第三节所规定之加点报酬自民国三十三年十二月一日起应自每小时国币一元五角增至每小时国币三元特此通告

总经理　白川一雄

孙多钰

中华民国三十三年十二月十日

【27】总经理通告第七十八号

外工增资二角四分改由包工发给由

外工每工所得二角四分之增资向由查工处记账扣除面价后每三个月支付一次为数虽微手续殊多兹为简便起见改由包工直接支付既可减轻做账之烦又免工众前赴领款之劳兹将改订办法列下[①]俾众周知特此通告

计 开

一、外工每做二十五工应得增资六元除扣去面价三元六角外（白面二元四角玉米面一元二角）尚余二元四角按工计算每工应得九分六厘即按每工一角计算由关系包工直接发给

二、本季增资结算到本年十二月三十一日仍按照向来办法办理在来年一月内作末一次之开支自来年一月一日起开始施行新办法由包工每工加付一角作为增资不再扣除面价

三、伤工及纪念工之工资仍由本局直接支付每工扣除面价一角四分

总经理　白川一雄

孙多钰

中华民国三十三年十二月十日

【28】总经理通告第七十九号

为通告事查员司因公外出支给旅费规则（A字第一八〇号表式）第六及第九条（b）所规定之旅费津贴自本年十二月十六日起应予修正如下

第六条

（一）职员		（二）火车或轮船费	（三）每廿四小时或廿四小时中之一部份（夜间在内）	（四）六小时或六小时以上但不包括夜间
高级	每年薪金六百磅或六千元以上者	头等	一百五十元	七十五元
	每年薪金四百磅至六百磅或四千元至六千元者	头等	一百四十元	七十元
	每年薪金四百磅或四千元以下者	头等	一百三十元	六十五元

---

① 原档为从右向左竖写形式，因此，原译文此处为"列左"，为方便阅读，更译为"列下"。以下同。

续表

（一）职员		（二）火车或轮船费	（三）每廿四小时或廿四小时中之一部份（夜间在内）	（四）六小时或六小时以上但不包括夜间
高中级	每月薪金二百元以上者	二等	一百十元	五十五元
	每月薪金二百元或以下者	二等	一百元	五十元
中级及监工级职员	特级	二等	八十元	四十元
	一级	二等	七十元	三十五元
	二级	二等	六十元	三十元
	三级四级及学徒	二等	五十元	二十五元
低级员司（包括勤杂工、工人、苦力及其他工人）		三等	四十元	二十元

第九条（b）

（一）职员	（二）矿区及秦皇岛	（三）其他
高级职员	九百元	一千八百元
高中级职员	八百元	九百元
中级及监工级职员	六百元	六百元
低级职员	四百元	四百元

民国三十三年八月二十九日总经理第五十九号通告即予废止特此通告

总经理　白川一雄

孙多钰

中华民国三十三年十二月十二日

【29】总经理通告第八十号

公用消耗品之节约

为通告事查公用消耗品应力求节省一事已无庸赘言惟局内相互间往复使用之信封应以使用旧信封为原则又如"便笺（Memo）"等亦应尽力使用废弃

印刷物等之背面关于此等节约除以上所列举者外有赖于本局同人注意并创意之处尚多尤以因私事而使用公用消耗品以致公私混淆最应避免嗣后倘有违反本旨情事当即视为对开滦业务不予协力务希一体遵照办理为要特此通告

总经理　白川一雄
孙多钰
中华民国三十三年十二月二十日

【30】总经理通告第八十二号

宿舍津贴

为通告事自民国三十四年一月一日起高级职员之宿舍津贴增至每月国币九百圆特此通告

总经理　白川一雄
孙多钰
中华民国三十三年十二月二十七日

【31】总经理通告第八十五号

正式工人年终花红

三十三年度各矿、制铁局、砖厂及秦皇岛正式工人年终花红金额不分里外工井上下一律每份改为二百八十圆至于花红之计算仍照以往规定办理例如在矿区花红金额之等级仍如后表特此通告

矿区花红金额等级表

全年花红工数	份数	金额
满二百七十个花红工者	一整份	二百八十圆
满二百四十而不足二百七十花红工者	四分之三整份	二百一十圆
满二百一十而不足二百四十花红工者	二分之一整份	一百四十圆
满一百八十而不足二百一十花红工者	四分之一整份	七十圆
不足一百八十花红工者	无	无

总经理　白川一雄
孙多钰
中华民国三十三年十二月三十一日

【32】总经理通告第八十六号

关于驻制铁局人员之服务及其他人事事项

为通告事查下列人员就其组织机构而言固不隶属于制铁局惟于事实上既在制铁局内办公因统制及连络上之必要对于此等驻该局人员之服务事项原则上自应受制铁局局长之管理故因公出差休假及其他服务之一切手续应先经制铁局局长许可关于异动及待遇并其他有关人事之事项均须由所属各局部长与制铁局局长实行紧密之连络协议办理之上述各项手续均须经由秘书部人事处驻制铁局人员办理为要特此通告

计　开

一、总务局会计部制铁会计处所属人员
二、运营局劳务部制铁劳务处所属员
三、运营局仓库部第二管理处所属员（特别命令驻制铁局外之人员不在此限）
四、采炭局骸炭部所属人员（同上）
五、秘书部人事处驻制铁局人员
六、运营局运输部西部运输事务所驻制铁局人员
七、其他将来由他局调派驻制铁局者

总经理　白川一雄
孙多钰
中华民国三十四年一月二十日

【33】总经理通告第八十七号

通告第八十三号修订

关于三十三年十二月三十一日第八十三号通告改订工人待遇第三条乙条文内之天桥工人应将拣矸夫除外兹修正该条全文如后特此通告

三、乙、天桥工人——天桥工人原属第二类除拣矸夫仍旧属第二类外其余天桥工人概改为第一类与井下井口工人同等待遇

总经理　白川一雄
孙多钰
中华民国三十四年一月二十三日

【34】总经理通告第九十一号

春节工人到班奖励办法

本届春节本局各矿及砖厂照常工作概不停工兹为鼓励工人增加生产起见特规定奖励办法开列于后俾众周知特此通告

计　开

甲、二月十一日至十七日七天（以工作日计算）期间之奖励

一、凡井上井下里外工工人在此期内到班工作者每一正工除给予应得之工资及面工外另加给面工一个

二、凡在此七天期内做满六个正工者加给胶皮底鞋一双

乙、二月十八日至三月六日十七天（以工作日计算）期间之奖励

一、奖励面工：凡井上井下里外工工人在此期内到班工作者每一正工除给予应得之工资及面工外另给面工一个

二、奖励物品：（按照下列[①]之一发给）

（一）不满十一个正工者、无奖励物品

（二）做满十一或十二个正工者、加给毛巾一条

（三）做满十三或十四个正工者、加给毛巾一条袜一双

（四）做满十五个正工或以上者加给毛巾一条袜一双棉布七尺

总经理　白川一雄
孙多钰
中华民国三十四年二月二日

---

① 此处"下列"为原译文。

【35】总经理通告第九十九号

春节后期奖励办法

为三月期间增产起见对于工人在春节奖励时期完毕后决继续奖励出勤兹规定办法如后列特此通告

计 开

一、凡本局正式工人在三月七日至三月二十八日二十二天（以工作日计算）期内作满二十个正工者奖给玉米面一袋

二、凡各矿里外工除砖厂及制铁局工人外均得享受上述奖励办法

总经理　白川一雄
孙多钰
中华民国三十四年三月二日

【36】总经理通告第一百号

工人零数面工折算办法

查向来不到一整面工之零数面工其折算办法先暂记账上候下次有零数时凑合整面工算面剩余零数再结存账上以备将来凑数以往零数不常有不发生困难近日零数逐渐增加有半工者有三分之一工者更有九分之四五工者似此情形极难凑合恰成整数致账上结余总不消除在工人方面得有零数面工久久不获实益在记账方面长此结余亦徒增加无谓工作兹为便于结束账目起见所有零数不再凑合整数一律按照去年十二月三十一日第八十三号通告所规定不领面面工之价值计算即按每面工四十元折给现金对于奖励面工亦按照上列[①]办法办理譬如在本春节奖励期内有做四分之三整工者除应得之四分之三正常面工外尚有四分之三奖励面工无论正常面工与奖励面工是否为同一种面工此两个四分之三面工均各按三十元计算共给六十元以清面帐以上办法对于本局特别规定之半班工作除外例如唐山矿井下外工因接班关系需要半加工此种零数仍得凑合整数面工惟以半工为限且必须系本局指派工作者上述规定即自本春节奖励期间开始时施行特此通告

---

① 此处"上列"为原译文。

总经理　白川一雄
孙多钰
中华民国三十四年三月三日

【37】总经理通告第一百零一号

为取消秘书部庶务处由

兹将民国三十二年十二月指令第一二号秘书部规程修正如下自民国三十四年三月八日起施行之
一、第一条修正如下
第一条　秘书部置下列三处
秘书处
人事处
兵事处
二、第五条删除之
三、第六条修正如下
第六条　秘书处掌管下列事项
一、总经理副经理及理事之秘书事项
二、关于议董会及其他重要会议之事项
三、不属他处主管之事项

总经理　白川一雄
孙多钰
中华民国三十四年三月八日

【38】总经理通告第一百零三号

职员徽章规程修订

兹将民国三十三年四月通达第三一号职员徽章规程修正如下自民国三十四年三月十五日起施行之

总经理　白川一雄
孙多钰
中华民国三十四年三月十五日

第五条修正如下

第五条　如遇有将徽章遗失或损坏之情形时须从速备具事由经所属长之证明向秘书部人事处提出之经人事处审核后对于损坏者征收赔偿费五十元并以损坏之徽章换领之对于遗失者自遗失之日起须经过两个月期间征收赔偿费一百元发给新徽章

【39】总经理通告第一〇五号

东京事务所规程修订

民国三十三年十二月五日总经理通告第七三号东京事务所规程兹修正如下自民国三十四年三月十六日起施行之

总经理　白川一雄
孙多钰
中华民国三十四年三月十六日

一、第一条修正如下

　　第一条　东京事务所置下列二课及大阪驻在员

　　　　　业务课

　　　　　资材课

二、第六条增添如下

　　第六条　大阪驻在员掌管下列事项

　　一　关于大阪神户地区之业务连络事项

第二节　通知与通达

本节整理了1944年8月至1945年2月开滦秘书部、总务部、会计部、福祉部、运输部等部门下发的9件通知和8件通达，内容涉及办公时间、部门设置、财务管理、事务所地址变更、开滦各学校学费、开滦洋客厅和公寓的使用以及药品管制等规定。其中，除中华民国33年11月1日的"福祉部部长通知（福祉部布告）"外，各通知与通达下发部门负责人签名均为手签。（见图1.4和图1.5）

總務總局私有產業原爲供給高級及高中
洋客廳伙役對於本總局職員以外人等除
九局外來賓擬在本總局洋客廳居住或用
請求許可所有各洋客廳承包伙食人概不
客廳承包伙食人備辦伙食等必須先向各

福祉部 竹盛猛

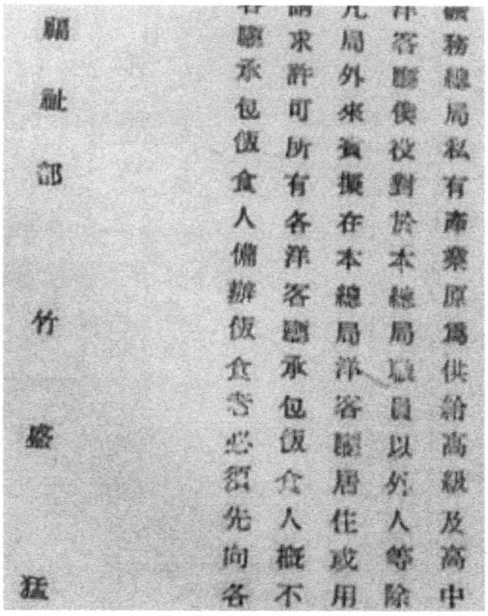

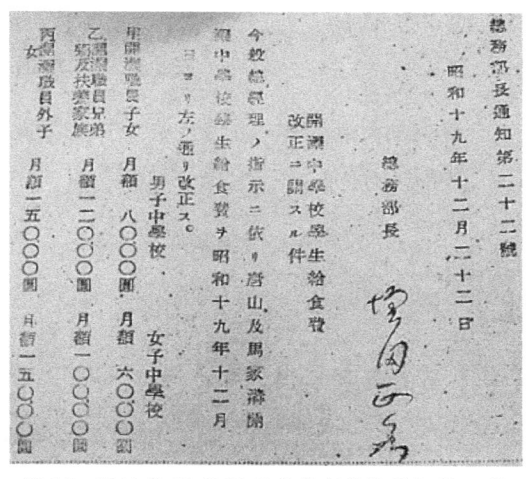

图 1.4　1944 年 11 月 1 日福祉部部长通知中的签名

總務部長通知第二十二號
昭和十九年十二月二十二日
總務部長

開灤中學校學生給食費
改正ニ關スル件

今般總經理ノ指示ニ依リ唐山及馬家溝開
灤中學校學生給食費ヲ昭和十九年十二月
ヨリ左ノ通リ改正ス。

男子中學校　女子中學校
甲開灤職員子女　月額 八〇〇〇圓　月額 六〇〇〇圓
乙開灤職員兄弟姊妹及扶養家族　月額 一二〇〇〇圓　月額 一〇〇〇〇圓
丙開灤職員外子女　月額 一五〇〇〇圓　月額 一五〇〇〇圓

图 1.5　1944 年 12 月 22 日总务部部长通知第 22 号中的签名

【40】秘书部部长通达第二十一号

变更办公时间

为通达事自九月一日起至十一月三十日止总局及采炭局（矿厂除外）办公时间规定如下①

平　日　自上午九点至下午十二点三十分

自下午二点至下午五点

星期六　自上午九点至下午一点

星期六下午及星期日之办公方法仍按照从前之规定派人员当值

除上列以外之各局（所）应由各该局（所）长自行规定办公时间并经由秘书部部长向总经理提出报告特此通达

秘书部部长　蔡光勚

中华民国三十三年八月三十日

① 原档为从右向左竖写形式，因此，原译文此处为“如左”，为方便阅读，更译为“如下”。以下同。

【41】总务局长通达第四号

关于采用新添缩写之件

查下列①新添缩写定于今后采用之特此通达

临时非常增产推进本部缩写为PH

总务局局长　罗景崇
中华民国三十三年十月五日

【42】总务部部长通知第九号

北京事务所地址

为通知事查近来寄往本总局北京事务所函件时有错书地名之情事发生该事务所现时地址为北京东单二条八号嗣后一切寄往北京事务所函件均应按上开地址书写或径寄北京邮政信箱第四十五号亦可特此通知

总务部部长　□□□□
中华民国三十三年十月二十日

【43】总务部部长通知第十一号

学校费用

为通知事查各地学校之学费现均已增加兹规定自民国三十四年二月一日起开滦各学校学费改订如下

学校等级	开滦职员之直系子女		依开滦职员为生者		矿外生	
	原额	新额	原额	新额	原额	新额
初级小学	免费	免费	免费	免费	国币一圆	国币四圆
高级小学	免费	免费	国币一圆	国币一圆	国币二圆	国币五圆
初级中学	免费	免费	国币六圆	国币六圆	国币十二圆	国币二十圆
高级中学	—	免费	—	国币九圆	—	国币三十圆

---

① 原档为从右向左竖写形式，因此，原译文此处为"左列"，为方便阅读，更译为"下列"。以下同。

　　　　　　　　　总务部部长　　□□□□
　　　　　　　中华民国三十三年十月二十一日

【44】总务部部长通知第十二号

东京事务所迁入新址

　　为通知事查东京事务所自十一月一日起迁入下列新址特此通知
　　一、新址：东京都赤坂区溜池三〇番地
　　一、电话：赤坂八八四、三九五六、三九七四
　　　　　　　　　　总务部部长　　□□□□
　　　　　　　中华民国三十三年十月二十四日

【45】会计部部长通知第七号

开滦职员开具支票兑换现款应注意之事项

　　为通知事查本部对于开滦职员所开支票向由出纳处（科）办理兑换即时支付现款以期便利惟最近因某职员所开之支票超过其银行存款数目故银行未予支付又行退回此种情事对于会计事务上防碍殊多将来如再发生此类情事时则本部或将不得已而中止兑换支票之便利故嗣后职员兑换支票时希各自预先查明银行存款确数在存款数目之范围内请求兑换是为至要特此通知
　　　　　　　　　　会计部部长　　立川敏
　　　　　　　中华民国三十三年十月二十九日

【46】福祉部部长通知（福祉部布告）

开滦矿务总局各矿洋客厅

　　为布告事查各洋客厅均系开滦矿务总局私有产业原为供给高级及高中级职员因公出差时住宿之用兹经本部严饬洋客厅仆役对于本总局职员以外人等除经特别准许者外一概不准招待或在内用餐凡局外来宾拟在本总局洋客厅居住或用餐者应向唐山福祉部福祉处或东三矿矿长请求许可所有各洋客厅承包饭食人

概不准在洋客厅以外承办饭食如职员欲使用洋客厅承包饭食人备办饭食者必须先向各该管部份①取得许可后方准照办特此布告

                 福祉部 竹盛猛

               中华民国三十三年十一月一日

各矿洋客厅食宿价目表

自民国三十三年十一月一日起有效

类别			饭费	租金	总计
因公出差之职员	甲每日	一人	二十六元	一元	二十七元
		二人	五十二元	二元	五十四元
	乙每月	一人	六百元	三十元	六百三十元
		二人	一千二百元	四十元	一千二百四十元
休假之职员及其家属	甲每日	一人	三十元	五元	三十五元
		二人	六十元	七元	六十七元
	乙每月	—	—	—	—
		—	—	—	—
局外人等	甲每日	一人	四十元	七元	四十七元
		二人	八十元	十元	九十元
	乙每月	—	—	—	—
		—	—	—	—

饭食价目表

	开滦矿务总局职员及其家属	局外人等
早点	五元	八元
午餐	十元	十三元
晚茶	五元	六元
晚餐	十二元	二十元
特餐	二十四元	三十二元
加菜每碟	十元	十二元

---

① 该"各该管部份"为原档中文译文表述，笔者根据日文原档推译应为"各该管部所"。为保留原貌，笔者文中并未更改。

附注：查上表所开本总局职员及其家属暨局外人等每日食宿价目均系最低价目凡在洋客厅内居住一夜者无论曾否用餐概按整日食宿价目收费晚茶一项并不包括在每日价目之内但可随意索要另行收费如在洋客厅以外承办饭菜时其价目均按上开饭食价目增收百分之四十

福祉部

【47】福祉部部长通知第十四号

唐山临时洋客厅开幕

为通知事查唐山临时洋客厅已定于本年十一月十五日在唐山员司俱乐部旁前中级职员宿舍内正式开幕兹附上开滦矿务总局各矿洋客厅布告及各矿洋客厅费用表各一份即希查照特此通知

福祉部部长 （代）竹盛猛
中华民国三十三年十一月十日

【48】秘书部部长通达第二十四号

变更办公时间

为通达事自民国三十三年十二月一日起至民国三十四年三月三十一日止总局及采炭局（矿厂除外）办公时间规定如下

平　　日　自上午九时三十分至下午十二时三十分
　　　　　自下午二时至下午五时
星期六　自上午九时三十分至下午一时

星期六下午及星期日各部仍按前订之办法派充足人员当值其他各局所应由各该局所长自行规定适宜之办公时间并经由秘书部部长向总经理提出报告特此通达

秘书部部长　蔡光勋
中华民国三十三年十一月二十一日

【49】临时油化工业建设事务所所长通达第一号

临时油化工业建设事务所迁入新址

为通达事查本事务所自十二月一日起迁入下列新址特此通达

新址　唐山市北郊油化工场内（制铁局第二焦炭场东侧）

电话　制铁局交换所七一号（所长室及总务系）、七二号（资材系及工事系）再者凡来本事务所之人员暂请利用开往制铁局之公用汽车

临时油化工业建设事务所所长　西迫义人
中华民国三十三年十一月二十九日

【50】秘书部部长通达第二十五号

设置理事室

为通达事兹在本局旧会议室设置理事室岩村副经理及王、中岛、魏、志道、堀江各理事等均自本日起在该室开始办公（志道及堀江两理事拟于近日迁入）理事室秘书高田美穗子、江头ヒサエ均在旧食粮部事务室办公凡关于文书及其他涉及理事室一切事务均希径向该室接洽办理

又川村监察拟于近日迁入现在之兵事处事务室办公原监察室及旧副经理室均拟改为理事用之接待室特此通达

秘书部部长　蔡光勋
中华民国三十三年十二月十一日

【51】医务所长通达第十八号

药品之统制

为通达事查民国三十二年二月十五日为限制药品之发给事务长曾发有第二十三号通告在案兹因药物异常缺乏而新货之购入日愈困难倘不严行统制势将濒于断缺故再通达所有该通告内载之药品十一种并外加四种共十五种如下[①]一律仍旧不供家庭之用务希谅察继予合作特此通达

---

① 此处"如下"为原译文。

计　开

一、酒精　　二、凡士林　　三、碘酒　　　四、甘油
五、润发水　六、润肤水　　七、来苏　　　八、去脂棉
九、纱布　　十、阿斯匹林　十一、松油擦剂　十二、绷带
十三、橡皮胶布　十四、红药水　十五、痱子粉

医务所长　贾世清

中华民国三十三年十二月十五日

【52】总务局局长通达第五号

为通达事兹规定自民国三十三年十二月六日起添用下列新缩写特此通达（采炭局）骸炭部缩写为 OK

总务局局长　罗景崇

中华民国三十三年十二月二十日

【53】总务部部长通知第二十二号

开滦各中学校学生饭费

为通知事兹奉总经理谕自民国三十三年十二月起唐山及马家沟开滦各中学校学生饭费改订如下[①]

	男子中学	女子中学
甲本局职员之子女	每月国币八十圆	每月国币六十圆
乙本局职员之兄弟侄及依本局职员为生者	每月国币一百二十圆	每月国币一百圆
丙矿外生	每月国币一百五十圆	每月国币一百五十圆

总务部部长　□□□□

中华民国三十三年十二月二十二日

---

① 此处"如下"为原译文。

【54】运输部部长通知第一号

西部运输事务所

  为通知事查西部运输事务所自今日起在唐山新电台大楼三层内正式办公嗣后凡关于唐山矿缸窑矿及制铁局之一切运输事宜均请径向该事务所接洽办理该事务所电话号码为手摇机六十三号特此通知

运输部部长　（代）朱□
中华民国三十三年十二月二十六日

【55】福祉部部长通知第十八号

开滦公寓（K. M. A Rest House）房间预定之手续

  为通知事查关于各矿开滦公寓之布告业于民国三十三年十一月一日开滦公报第十九号内揭载在案兹规定自即日起凡本局职员如欲预定该公寓房间以及局外人等请求在公寓住宿者均应先期分别向唐山总务部总务处天津事务局总务处秦皇岛港务局局长或东矿各矿长接洽是为至要特此通知。

福祉部部长　（代）竹盛猛
中华民国卅四年一月一日

【56】临时非常增产推进本部通达开滦推进二〇一第二号

设立临时非常增产推进本部事务室

  兹设立推进本部事务室如下特此通达
 一地点　本局新楼最高监督官应接室隔壁
 一电话　知久常任干事　局内二一四
    龟井常任干事　局内一六八
 一名称（日）臨時非常增產推進本部（略称推進本部）
 （华）同上①
 （英）PROVISIONAL HEADQUARTERS FOR

---

① 原档为竖写，译文为"同右"，本文为横写，笔者改译为"同上"。

THE INCREASE OF PRODUCTION.(P.H.)

　　　　临时非常增产推进本部　本部长　白川一雄
　　　　中华民国三十四年二月十九日

第三节　互助会

　　本节主要内容为 1944 年 8 月的互助会章程（1 份）以及港务局职员的互助会奖学金申请书、保证函、证明以及奖学金领取记录表（共计 54 份）。每份申请书均有编号，且同一人为多名子女申请的奖学金申请书编号相同，本部分按照由小到大的编号顺序进行排列。原档案证明书以附件形式呈现，内容多为手写（见图 1.6）。原档案中互助会奖学金申请书与申请保证函均有固定模板（分别见图 1.7 和图 1.8）。

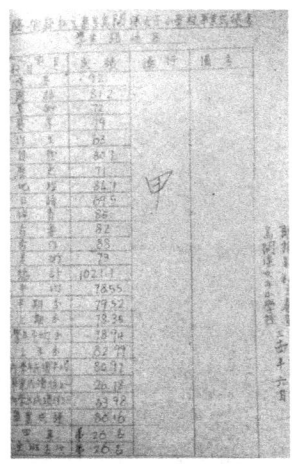

图 1.6　张绪容就读学校成绩证明

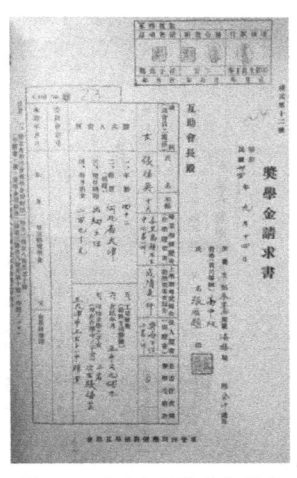

图 1.7　互助会奖学金申请书

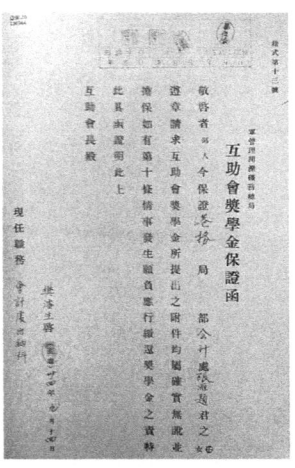

图 1.8　互助会奖学金申请保证函

【57】

兹制定互助会奖学金规程如下

　　　　　　　　互助会会长　孙多钰
　　　　　　　　　　同　　　白川一雄
　　　　　　　　中华民国三十三年八月十一日

一、兹设立互助会奖学金委员会委员长由互助会常务理事充任之委员由秘书部部长福祉部部长人事处处长及学务处处长充任之委员会之职权为审查所有代其子女请领互助会奖学金之申请人之实际状况并缮具推荐书呈请总经理即互助会会长核准之

二、请领奖学金之学生以在公立学校（包括国立、省立市立或县立之学校）或经互助会奖学金委员会认为合格之私立学校内肄业者为限

三、请领奖学金之学生以其上学年考试成绩平均在八十分或八十分以上并经学校当局发给证明书者为限

四、会员每月本薪在五百元以下者得代其子女请领奖学金会员每月本薪在五百元以上者但有一人以上之子女在初中或初中以上之学校内肄业者经特别审核后亦可请领奖学金

五、互助会奖学金依下列①原则审查给予之

甲、男生较女生有优先权

乙、家境贫寒之学生较家境充裕之学生有优先权

丙、家属人数众多之会员较家属人数较少之会员有优先权

互助会奖学金额规定如下②

学校等级	每生每年应得之金额
初级中学	六百元
高级中学	八百元
专门学校	九百元
学院或大学	一千元

在本局学生寄宿舍居住之学生仅给予上述奖学金数额之半数

互助会日籍会员之子女在日本及满洲国学校内肄业者给予上述奖学金数额半数

六、互助会奖学金申请书应于每年八九两月内呈递之过期之申请书应为无效

七、互助会奖学金以一年为有效期间期满后得继续申请

八、所有申请书均须由申请人所在部处之部长或处长推荐并须经主管局局长证明

九、呈递互助会奖学金申请书时应附呈下开各件

甲、在校肄业证明书

乙、学生最近成绩报告或证明书

---

① 此处"下列"为原译文。
② 此处"如下"为原译文。

丙、保证书

一〇、如学生于学年终了以前因故中途辍学必须将奖学金按比例成数退还互助会

【58】

奖学金请求书①

昭和十九

　　　　年九月廿九日

　　民国卅三

所属支部　秦皇岛　所属　港务　局　部　处长

资格（员司等级）高级

氏名　毕祖培　印

互助会长殿

card No.1

与会员之关系	氏名	年龄	肄业学校证书	上学期考试报告	保人证书	是否住在开滦学生宿舍
子	毕学曾	二一	北京辅仁大学证明书一件（领到补呈）	北京市立第八中学校学生成绩表一件 三十三年九月	汤泽清保证书一件 三十三年九月廿九日	否
请求人资历	一、年龄　五三 二、籍贯　河北天津 三、现任职务　港务局副局长兼劳务处长 四、每月薪金　壹仟叁佰圆			五、工单号数 六、在职年月　十五年又八月 七、现时求学之子　女子三人		
委员会意见						
承认年月日			年　月　日准给奖学金　　元		会长核准印	

注意一、请求者须注意奖学金规程第二条第三条第八条第十条

注意二、请求者附送须详细填入上列栏内并记明附件之年月日

---

① 该申请书原表为竖表，横表为笔者绘制。原表中待填写各项以及注意事项处中日表达差异较大之项括号中附有日文，为方便读者阅读，在此笔者将日文省略。为保持原档案表格样式，中日文表达差异不大处，保持原文形式，未作改译。以下申请书中各表同。

军管理开滦矿务总局

互助会奖学金保证函

敬启者 鄙人 今保证 港务 局 部 处毕祖培君之子（女）遵章请求互助会奖学金所提出之附件均属确实无讹并担保如有第十条情事发生愿负应行缴还奖学金之责特此具函证明此上

互助会长殿

汤泽清启（盖章）卅三年九月廿九日
现任职务港务局总务处长

附①：

在校证明书

学生毕学曾现在本校文学院经济学系乙组一年级肄业请求发给在校证明书前来合行给予证明此证

私立辅仁大学校长 陈垣
中华民国三十三年十月九日

北京市立第八中学校学生成绩表三十三年九月						
姓名	年龄	籍贯	肄业年级	学期平均分数	品行	备注
毕学曾	二十一	河北天津	本年在本校高中毕业	八五.八	甲	

【59】

奖学金请求书

昭和十九
　　　　年九月廿九日
民国卅三

所属支部 秦皇岛 所属 港务 局 部 处长
资格（员司等级） 高级
氏名 毕祖培 印

---

① 证明中表格除特殊注明外，均在原档中以表格形式显示，为方便读者查阅，将原表竖表更改为横表。

互助会长殿　　　　　　　　　　　　　　　　　　　　　　　card No.1

与会员之关系	氏名	年龄	肄业学校证书	上学期考试报告	保人证书	是否住在开滦学生宿舍
子	毕学程	一八	在成绩表内证明	北京市立第八中学校学生成绩表一件三十三年九月	汤泽清保证书一件三十三年九月廿九日	否
请求人资历	一、年龄　五三 二、籍贯　河北天津 三、现任职务　港务局副局长兼劳务处长 四、每月薪金　壹仟叁佰圆			五、工单号数 六、在职年月　十五年又八月 七、现时求学之子女　子三人		
委员会意见						
承认年月日			年　月　日准给奖学金　　元		会长核准印	

注意一、请求者须注意奖学金规程第二条第三条第八条第十条
注意二、请求者附送须详细填入上列栏内并记明附件之年月日

军管理开滦矿务总局

互助会奖学金保证函

敬启者　鄙人　今保证　港务　局　部　处　毕祖培　君之子（女）遵章请求互助会奖学金所提出之附件均属确实无讹并担保如有第十条情事发生愿负应行缴还奖学金之责特此具函证明此上
互助会长殿

　　　　　　　　　　　　　　　　　　　汤泽清启（盖章）卅三年九月廿九日
　　　　　　　　　　　　　　　　　　　现任职务港务局总务处长

附：

北京市立第八中学校学生成绩表三十三年九月本校以七十分为及格						
姓名	年龄	籍贯	肄业年级	学期平均分数	品行	备注
毕学程	十八	河北天津	现在本校高级二年	八六.五	甲	开滦奖金用

【60】

奖学金请求书

昭和十九　年九月廿九日
民国卅三

所属支部 <u>秦皇岛</u> 所属 <u>港务</u> 局 <u>　</u> 部 <u>　</u> 处长
资格（员司等级）<u>高级</u>
氏名 <u>毕祖培</u> 印
互助会长殿

card No.1

与会员之关系	氏名	年龄	肄业学校证书	上学期考试报告	保人证书	是否住在开滦学生宿舍
子	毕学涛	一五	在成绩表内证明	北京市立第八中学校学生成绩表一件 三十三年九月	汤泽清保证书一件三十三年九月廿九日	否
请求人资历	一、年龄　五三 二、籍贯　河北天津 三、现任职务　港务局副局长兼劳务处长			四、每月薪金　壹仟叁佰圆 五、工单号数 六、在职年月　十五年又八月 七、现时求学之子女　子三人		
委员会意见						
承认年月日		年　月　日准给奖学金　　　元			会长核准印	

注意一、请求者须注意奖学金规程第二条第三条第八条第十条

注意二、请求者附送须详细填入上列栏内并记明附件之年月日

军管理开滦矿务总局

互助会奖学金保证函

敬启者　鄙人　今保证 <u>港务</u> 局 <u>　</u> 部 <u>　</u> 处毕祖培君之子（女）遵章请求互助会奖学金所提出之附件均属确实无讹并担保如有第十条情事发生愿负应行缴还奖学金之责特此具函证明此上
互助会长殿

汤泽清启（盖章）卅三年九月廿九日
现任职务 港务局总务处长

附：

北京市立第八中学校学生成绩表三十三年九月　本校以七十分为及格							
姓名	年龄	籍贯	肄业年级	学期平均分数	品行	备注	
毕学涛	十五	河北天津	现在本校初三年级	八七.二	甲	开滦奖学金用	

【61】

奖学金请求书

昭和十九
　　　　年九月二十七日
　　民国三十三

所属支部　秦皇岛　所属　港务　局　部　总务　处长
资格（员司等级）高级
氏名　汤泽清　印
互助会长殿
　　　　　　　　　　　　　　　　　　　　card No.2

与会员之关系	氏名	年龄	肄业学校证书	上学期考试报告	保人证书	是否住在开滦学生宿舍
女	汤慧	二十	国立北京大学医学院一件	同上	吴秉权一件	未住
请求人资历	一、年龄　五十九岁 二、籍贯　江苏武进 三、现任职务　总务处长 四、每月薪金　本薪八百圆		五、工单号数 六、在职年月　十五年七月 七、现时求学之子女　汤慧之外尚有女汤懋一名现在北京中国大学上学			
委员会意见						
承认年月日	年　月　日准给奖学金　　元				会长核准印	

注意一、请求者须注意奖学金规程第二条第三条第八条第十条
注意二、请求者附送须详细填入上列栏内并记明附件之年月日

军管理开滦矿务总局
互助会奖学金保证函

敬启者　鄙人　今保证　港务　局　部　总务　处　汤泽清　君之子（女）遵章请求互助会奖学金所提出之附件均属确实无讹并担保如有第十条情事发生愿负

应行缴还奖学金之责特此具函证明此上
互助会长殿

　　　　　　　　　　　　　吴秉权启（盖章）三十三年九月二十七日
　　　　　　　　　　　　　现任职务 港务局档案室主任

　　附：

证明书

为证明事查学生汤慧女性年二十岁江苏省武进县人现在本院医学系三年级肄业特此证明此证

　　　　　　　　　　　　　国立北京大学医学院院长　鲍鉴清

国立北京大学医学院三十二年度成绩通知单

三十三年九月　日

年级	姓名	各科成绩	总评	操行	备考
二年级	汤慧	及格	甲	甲	

【62】

奖学金请求书

昭和十九
　　　　年九月廿六日
民国卅三

所属支部　所属 秦皇岛港务局　局　部 库务处　处长
资格（员司等级）高级
氏名　唐康泰　印
互助会长殿
　　　　　　　　　　　　　　　　　　　　　　　card No.4

与会员之关系	氏名	年龄	肄业学校证书	上学期考试报告	保人证书	是否住在开滦学生宿舍
父女	唐慧珍	十九	一件（民国卅三年九月十二日）	一件	一件（民国卅三年九月廿六日）	否
请求人资历	一、年龄　五十三 二、籍贯　广东香山县 三、现任职务　秦皇岛港务局库务处长 四、每月薪金　七佰圆			五、工单号数 六、在职年月　十四年 七、现时求学之子女　女二、子三		

续表

委员会意见	
承认年月日	年　月　日准给奖学金　　元　　　　会长核准印

注意一、请求者须注意奖学金规程第二条第三条第八条第十条
注意二、请求者附送须详细填入上列栏内并记明附件之年月日

军管理开滦矿务总局

互助会奖学金保证函

敬启者　鄙人　今保证　秦皇岛港务　局　部　库务处唐康泰君之子（女）遵章请求互助会奖学金所提出之附件均属确实无讹并担保如第十条情事发生愿负应行缴还奖学金之责特此具函证明此上
互助会长殿

邓燦然启（盖章）卅三年九月廿六日
现任职务秦皇岛港务局工程处副处长

附：

北京市立第四女子中学校证明书

学生唐慧珍现年十九岁系广东省香山县人现在本校高级肄业三年特此证明此证

校长　管叶羽
中华民国三十三年九月十二日

高级第二年第一二学期成绩报告表

科目	修身	体育	国文	作文	日语	英语	数学	生物学	化学	本国历史	本国地理	劳作	图画	音乐	国术	全年总平均	操行
第一期期考总分	94	94	94	80	69	82	81		73	83	95	85	75	90	93		
第二期期考总分	86	94	92	76	87	80	79		75	88	85	80	80	93	93	85	甲

【63】

奖学金请求书

昭和十九年九月廿六日

民国卅三

所属支部　　所属 秦皇岛港务局　局　部 库务处　处长

资格（员司等级）高级

氏名　唐康泰　印

互助会长殿　　　　　　　　　　　　　　　　　　card No.4

与会员之关系	氏名	年龄	肄业学校证书	上学期考试报告	保人证书	是否住在开滦学生宿舍
父子	唐崇义	十五	与考试报告书合并	一件（民国卅三年九月）	一件（民国卅三年九月廿六日）	否
请求人资历	一、年龄　五十三 二、籍贯　广东香山县 三、现任职务　秦皇岛港务局库务处长 四、每月薪金　七佰圆			五、工单号数 六、在职年月　十四年 七、现时求学之子女　女二、子三		
委员会意见						
承认年月日	年　月　日准给奖学金　　元				会长核准印	

注意一、请求者须注意奖学金规程第二条第三条第八条第十条

注意二、请求者附送须详细填入上列栏内并记明附件之年月日

军管理开滦矿务总局

互助会奖学金保证函

敬启者　鄙人　今保证 秦皇岛港务　局　部　库务处唐康泰 君之子（女）遵章请求互助会奖学金所提出之附件均属确实无讹并担保如有第十条情事发生愿负应行缴还奖学金之责特此具函证明此上

互助会长殿

邓灿然启（盖章）卅三年九月廿六日

现任职务 秦皇岛港务局工程处副处长

附：

北京市立第八中学校

　　为证明事查学生唐崇义年十五岁系广东省中山县人在本校初级第二学年第二学期肄业因拟入开滦宿舍特此证明

校长　李如拙
中华民国三十三年五月三十日

北京市立第八中学校学生成绩表　三十三年九月　本校以七十分为及格					
姓名	年龄	肄业年级	上学期平均分数	品行	备注
唐崇义	十五	现在本校初三肄业	八〇	甲	开滦奖金用

【64】

奖学金请求书

昭和十九
　　　　年九月二十九日
民国三十三

所属支部　秦皇岛　所属　港务　局　部　车务　处长

资格（员司等级）高级

氏名　贾会文　印

互助会长殿　　　　　　　　　　　　　　　　　　　card No.7

与会员之关系	氏名	年龄	肄业学校证书	上学期考试报告	保人证书	是否住在开滦学生宿舍
女	贾淑媛	二十	唐山私立培仁女子中学 三十三年七月十六日	同上三十三年七月十六日	港务局商务处李培林君	否
请求人资历	一、年龄　四十二岁 二、籍贯　河北省天津市 三、现任职务　港务局车务处助理 四、每月薪金　三百五十元				五、工单号数 六、在职年月　十二年十个月 七、现时求学之子女　六人	
委员会意见						
承认年月日	年　月　日准给奖学金　　　　元					会长核准印

注意一、请求者须注意奖学金规程第二条第三条第八条第十条
注意二、请求者附送须详细填入上列栏内并记明附件之年月日

军管理开滦矿务总局

互助会奖学金保证函

敬启者　鄙人　今保证　港务　局部　车务　处　贾会文　君之子（女）遵章请求互助会奖学金所提出之附件均属确实无讹并担保如有第十条情事发生愿负应行缴还奖学金之责特此具函证明此上
互助会长殿

李培林启（盖章）　年　月　日
现任职务秦皇岛港务局商务处职员

附：

证明书

学生贾淑媛现年十九岁河北省天津县人在本校高中第三学年第一学期肄业合行发给证明书以资凭证　此证

唐山市私立培仁女子中学校校长　陆学仁
中华民国三十三年九月　日

河北省唐山私立培仁女子中学校　戳记

三十三年七月十六日

科目	修身	国文	日文	英语	算学	化学	历史	地理	劳作	图画	音乐	体育	操行	总均
成绩	80	82	77	65	82	93	81	82	80	84	84	85	80	82

【65】

奖学金请求书

昭和十九
　　　　年九月二十日
民国三十三

所属支部　秦皇岛　所属　港务　局　部　商务　处长
资格（员司等级）高级

氏名　周良升　印
互助会长殿　　　　　　　　　　　　　　　　　　　card No.11

与会员之关系	氏名	年龄	肄业学校证书	上学期考试报告	保人证书	是否住在开滦学生宿舍
女	周竹英	十八	北京市市立第四女子中学校证书一件三十三年九月十二日	第三年第二学期考试报告一件三十三年七月一日	保人黄国祥证书一件三十三年九月二十	否
请求人资历	一、年龄　五十二 二、籍贯　江苏省嘉定 三、现任职务　商务处处长 四、每月薪金　捌贰伍圆			五、工单号数 六、在职年月　贰拾肆年肆月 七、现时求学之子女　子　大学一人　中学二人 　　　　　　　　　　　女　专科一人　高中一人		
委员会意见						
承认年月日	年　　月　　日准给奖学金　　　元			会长核准印		

注意一、请求者须注意奖学金规程第二条第三条第八条第十条
注意二、请求者附送须详细填入上列栏内并记明附件之年月日

军管理开滦矿务总局

互助会奖学金保证函

敬启者　鄙人　今保证　港务　局　部　商务　处　周良升　君之子（女）遵章请求互助会奖学金所提出之附件均属确实无讹并担保如有第十条情事发生愿负应行缴还奖学金之责特此具函证明此上
互助会长殿

　　　　　　　　　　　　　　　　　黄国祥启（盖章）三三年九月二十日
　　　　　　　　　　　　　　　　　现任职务港务局会计处长

附：

北京市市立第四女子中学校证明书

　　学生周竹英现年十八岁系江苏省嘉定县人现在本校高级肄业一年特此证明此证

　　　　　　　　　　　　　　　　　　校长　管叶羽
　　　　　　　　　　　　　　　　　中华民国三十三年九月十二日

初级第三年第二学期成绩报告表

科　　目	修身	体育	国文	作文	日语	英语	数学	化学	物理	本国历史	本国地理	劳作	图画	音乐	国术	年总平均	操行
第一期期考总分	87	85	94	79	85	85	75		97	93	90	83	72	87	93		
第二期期考总分	96	88	85	81	94	87	94		97	92	88	91	92	91	91	88	甲

【66】

奖学金请求书

昭和十九　　年九月二十日

民国三十三

所属支部　秦皇岛　所属　港务　局　部　商务　处长

资格（员司等级）高级

氏名　周良升　印

互助会长殿　　　　　　　　　　　　　　　　　　card No.11

与会员之关系	氏名	年龄	肄业学校证书	上学期考试报告	保人证书	是否住在开滦学生宿舍
女	周菊英	二十一	北京市立第一助产学校证书一件三十三年九月十四日	第一学年第二学期考试报告一件三十三年七月十日	保人黄国祥证书一件三十三年九月二十	否
请求人资历	一、年龄　五十二 二、籍贯　江苏省嘉定 三、现任职务　商务处处长 四、每月薪金　捌贰伍圆			五、工单号数 六、在职年月　贰拾肆年肆月 七、现时求学之子女　子　大学一人　中学二人 　　女　专科一人　高中一人		
委员会意见						
承认年月日	33年12月27日准给奖学金玖佰元			会长核准印		

注意一、请求者须注意奖学金规程第二条第三条第八条第十条

注意二、请求者附送须详细填入上列栏内并记明附件之年月日

军管理开滦矿务总局

互助会奖学金保证函

敬启者 鄙人 今保证 港务 局 部 商务 处 周良升 君之子（女）遵章请求互助会奖学金所提出之附件均属确实无讹并担保如有第十条情事发生愿负应行缴还奖学金之责特此具函证明此上

互助会长殿

黄国祥启（盖章）三三年九月二十日
现任职务港务局会计处长

附：

为证明事兹有本校本科第二十一班学生周菊英系江苏嘉定人现年二十一岁确于民国三十二年七月考入本校肄业特予证明此证

北京市立第一助产学校 三十三年九月十四日

学生周菊英在本校本科第一学年第二学期肄业①

解剖学	外科	日文	卫生	德文	国文	临症化验	体育	育婴学	音乐	生理产科	学业总平均	操行总平均	勤务总平均
88	99	88	70	90.5	93	79	82	95	85	95.5	87.7	80	82

【67】

奖学金请求书

昭和十九

　　　年九月廿五日

民国三十三

所属支部 秦皇岛 所属 港务 局 部 工程 处长

---

① 原档中无表格，本表格为笔者绘制。

资格（员司等级）高级
氏名　赵国梁　印
互助会长殿　　　　　　　　　　　　　　　　　card No.14

与会员之关系	氏名	年龄	肄业学校证书	上学期考试报告	保人证书	是否住在开滦学生宿舍
女	赵允安	十四	北京市立第四女子中学校三十三年九月廿日	同上初一第一学年平均八十九分	邓灿熙	否
请求人资历	一、年龄　四十四 二、籍贯　浙江兰谿 三、现任职务　工程师 四、每月薪金　五百五十元			五、工单号数 六、在职年月　十六年 七、现时求学之子女　小学一人　中学二人 　　　　　　　　　　大学一人		
委员会意见						
承认年月日	年　月　日准给奖学金　　元				会长核准印	

注意一、请求者须注意奖学金规程第二条第三条第八条第十条
注意二、请求者附送须详细填入上列栏内并记明附件之年月日

军管理开滦矿务总局

互助会奖学金保证函

敬启者　鄙人　今保证　港务　局　部　工程　处　赵国梁　君之子（女）遵章请求互助会奖学金所提出之附件均属确实无讹并担保如有第十条情事发生愿负应行缴还奖学金之责特此具函证明此上
互助会长殿

邓灿熙启（盖章）三十三年九月廿五日
现任职务 工程处副处长

附：

北京市市立第四女子中学校证明书

学生赵允安现年十四岁系浙江省兰谿县人现在本校初级肄业二年特此证明此证

校长　管叶羽
中华民国三十三年九月廿日

学生赵允安第一学年一二学期成绩表

科　　目	修身	体育	国文	作文	日语	英语	数学	动植物	卫生	历史	地理	劳作	图画	音乐	国术	全年总平均	操行
第一期期考总数	73	88	88	88	91	98	96	92	95	99	99	78	85	97	83		
第二期期考总数	87	93	87	84	86	70	95	85	87	96	97	80	88	90	84	89	甲

【68】

奖学金请求书

昭和十九

　　　　年九月三十日

民国三十三

所属支部　秦皇岛　所属　港务　局　部　工程　处长

资格（员司等级）

氏名　赵国梁　印

互助会长殿　　　　　　　　　　　　　　　　card No.14

与会员之关系	氏名	年龄	肄业学校证书	上学期考试报告	保人证书	是否住在开滦学生宿舍
子	赵允平	十三	北京市立第八中学校证书（随后补缴）	平均分八十以上报告（随后补缴）	刘锡嘏	
请求人资历	一、年龄　四十四 二、籍贯　浙江兰谿 三、现任职务　工程师 四、每月薪金　六百元			五、工单号数 六、在职年月　十六年 七、现时求学之子女　女一大学　女一中学 男一小学　男一中学		
委员会意见						
承认年月日		年　月　日准给奖学金　　　元			会长核准印	

注意一、请求者须注意奖学金规程第二条第三条第八条第十条

注意二、请求者附送须详细填入上列栏内并记明附件之年月日

军管理开滦矿务总局

互助会奖学金保证函

敬启者 鄙人 今保证 港务 局 部 工程 处 赵国梁 君之子（女）遵章请求互助会奖学金所提出之附件均属确实无讹并担保如有第十条情事发生愿负应行缴还奖学金之责特此具函证明此上
互助会长殿

刘锡瑕启（盖章）三十三年九月三十日
现任职务

附：

北京市立第八中学校

证明事查学生赵允平年十三岁系浙江省兰豀县人在本校初级第二学年第一学期肄业因请求奖金特此证明

校长 李如拙 印
中华民国三十三年十月十八日

北京市立第八中学校学生成绩表　以六十分为及格						
姓名	年龄	籍贯	肄业年级	学期平均分数	品行	备注
赵允平	十三	浙江省兰豀县	现在本校初二肄业	八二．一	乙	开滦奖金用

【69】

奖学金请求书

昭和十九
　　　　年九月廿五日
民国三十三

所属支部 秦皇岛 所属 港务 局 部 工程 处长
资格（员司等级）高级
氏名 邓灿熙 印
互助会长殿

card No.18

与会员之关系	氏名	年龄	肄业学校证书	上学期考试报告	保人证书	是否住在开滦学生宿舍
女	邓家芳	十五	北京市立第四女子中学校卅三年九月廿日	同上初中第二学年平均八十三分	唐康泰卅三年九月廿五日	否

续表

请求人资历	一、年龄　五十二岁 二、籍贯　广东东莞 三、现任职务　工程处副处长 四、每月薪金　捌佰捌拾元 五、工单号数	六、在职年月　廿五年 七、现时求学之子女　小学一人 中学三人 大学一人
委员会意见		
承认年月日	年　月　日准给奖学金　　元	会长核准印

注意一、请求者须注意奖学金规程第二条第三条第八条第十条
注意二、请求者附送须详细填入上列栏内并记明附件之年月日

军管理开滦矿务总局

互助会奖学金保证函

敬启者　鄙人　今保证　港务　局　部　工程　处　邓灿熙　君之子（女）遵章请求互助会奖学金所提出之附件均属确实无讹并担保如有第十条情事发生愿负应行缴还奖学金之责特此具函证明此上
互助会长殿

唐康泰启（盖章）卅三年九月廿五日
现任职务港务局库务处处长

附：

北京市市立第四女子中学校证明书

　　学生邓家芳现年十五岁系广东省东莞县人现在本校初级肄业三年特此证明此证

校长　管叶羽

中华民国三十三年九月二十日

学生邓家芳第二学年第一、二学期报告表

科目	修身	体育	国文	作文	日文	英文	数学	矿物	化学	历史	地理	劳作	图画	音乐	国术	年总平均	操行
第一期期考总分	96	68	89	70	78	79	69	88	82	83	97	79	68	79	81		
第二期期考总分	98	84	90	69	81	81	79	97	78	96	98	70	78	86	88	83	甲

【70】

奖学金请求书

昭和十九
　　　　年九月廿一日
民国三十三
所属支部　所属 ^{港务} 局 部 ^{工程} 处长
资格（员司等级）高级
氏名　唐溥　印
互助会长殿　　　　　　　　　　　　　　　　　　　card No.19

与会员之关系	氏名	年龄	肄业学校证书	上学期考试报告	保人证书	是否住在开滦学生宿舍
子	唐立本	十六	三十三年五月卅 北京市立八中	三十三年九月 北京市立八中	三十三年九月廿一 刘锡煆	否
请求人资历	一、年龄　五十二岁 二、籍贯　广东中山县 三、现任职务　土木工程师 四、每月薪金　七百四十元			五、工单号数 六、在职年月　民国十二年五月一〇日 七、现时求学之子女　三人		
委员会意见						
承认年月日	年　月　日准给奖学金　　元				会长核准印	

　　注意一、请求者须注意奖学金规程第二条第三条第八条第十条
　　注意二、请求者附送须详细填入上列栏内并记明附件之年月日

军管理开滦矿务总局

互助会奖学金保证函

敬启者　鄙人　今保证 ^{港务} 局 部 ^{工程} 处 ^{唐溥} 君之子（女）遵章请求互助会奖学金所提出之附件均属确实无讹并担保如有第十条情事发生愿负应行缴还奖学金之责特此具函证明此上
互助会长殿

　　　　　　　　　　　　　　　刘锡煆启（盖章）三十三年九月廿一日
　　　　　　　　　　　　　　　现任职务港务局工程处处长

附：
北京市立第八中学校证明书

证明事查学生唐立本年十六岁系广东省中山县人在本校初级第三学年第二学期肄业因拟入开滦宿舍特此证明

校长 李如枞

中华民国三十三年五月三十日

北京市立第八中学校学生成绩表 三十三年九月 本校以七十分为及格①							
姓名	年龄	籍贯	肄业年级	上学期平均分数	品行	备注	

【71】

奖学金请求书

昭和十九
　　　　年九月二十一日
民国三十三

所属支部 秦皇岛　所属 港务　局　部 会计　处长
资格（员司等级）高中级
氏名 张雁题　印
互助会长殿　　　　　　　　　　　　　　　　card No.23

与会员之关系	氏名	年龄	肄业学校证书	上学期考试报告	保人证书	是否住在开滦学生宿舍
女	张福英	十五	秦皇岛县立女中证明书一件 三十三年九月十八日	第一第二学期成绩表各一件 三十三年七月十日	李志英保证书一件	否
请求人资历	一、年龄　四十一 二、籍贯　河北省天津 三、现任职务　出纳主任 四、每月薪金　二百九十元			五、工单号数 六、在职年月　四年又九个月 七、现时求学之子女　二名（次女张福芸在天津市立一中肄业）		

---

① 因档案装订所致部分信息无法可见。

续表

委员会意见		
承认年月日	33年12月27日准给奖学金陆佰元	会长核准印

注意一、请求者须注意奖学金规程第二条第三条第八条第十条
注意二、请求者附送须详细填入上列栏内并记明附件之年月日

军管理开滦矿务总局

互助会奖学金保证函

敬启者　鄙人　今保证　港务　局部　会计　处　张雁题　君之子（女）遵章请求互助会奖学金所提出之附件均属确实无讹并担保如有第十条情事发生愿负应行缴还奖学金之责特此具函证明此上

互助会长殿

李志英启（盖章）卅三年九月廿一日
现任职务港务局会计处材料帐股主任

附：抄件

证明书

为证明事兹证学生张福英本学期确在敝校中二年级肄业特此证明此致

开滦炭矿台照

临榆县立秦皇岛初级中学校校长　范保详　印

学业成绩91.4　操行95　体育90

【72】

奖学金请求书

昭和十九
　　　　年九月二十一日
　　民国三十三

所属支部　秦皇岛　所属　港务　局　部　会计　处长
资格（员司等级）高中级
氏名　张雁题　印

互助会长殿　　　　　　　　　　　　　　　　　　　card No.23

与会员之关系	氏名	年龄	肄业学校证书	上学期考试报告	保人证书	是否住在开滦学生宿舍
女	张福芸	十八	天津市立女一中证明书一件 三十三年九月十九日	秦皇岛县立女中毕业成绩表一件 三十三年九月十八日	李志英君保证书一件	是
请求人资历	一、年龄　四十一 二、籍贯　河北省天津 三、现任职务　出纳主任 四、每月薪金　二百九十元			五、工单号数 六、在职年月　四年又九个月 七、现时求学之子女　二名（三女张福英在秦皇岛县立女中肄业）		
委员会意见						
承认年月日	年　月　日准给奖学金　　元				会长核准印	

注意一、请求者须注意奖学金规程第二条第三条第八条第十条
注意二、请求者附送须详细填入上列栏内并记明附件之年月日

军管理开滦矿务总局
互助会奖学金保证函

敬启者　鄙人　今保证　港务　局　部　会计　处　张雁题　君之子（女）遵章请求互助会奖学金所提出之附件均属确实无讹并担保如有第十条情事发生愿负应行缴还奖学金之责特此具函证明此上
互助会长殿

　　　　　　　　　　　　　　　　李志英启（盖章）卅三年九月廿一日
　　　　　　　　　　　　　　　　现任职务港务局会计处材料帐股主任

附：抄件
为证明事兹查女生张福芸本学期确在敝校高一肄业特此证明
　此致
开滦炭矿

　　　　　　　　　　　天津特别市市立第一女子中学校校长　郑镜沧　印
　　　　　　　　　　　　　　　　　　　　　　　　　卅三、九、十九

学生张福芸毕业成绩表①

科目	修身	卫生	国文	日语	英语	数学	动物	矿物	化学	物理	历史	地理	劳作	美术	音乐	总计	平均	操行	体育
成绩	91	89.7	79.7	90.7	67.1	82.7	94.7	81.2	75.5	78.5	81.8	80.8	83.7	90	84.4		83.4	84	88

【73】

奖学金请求书

昭和十九

年九月二十二日

民国三十三

所属支部 秦皇岛 所属 港务 局部 库务 处长

资格（员司等级）高中

氏名 梁镇文 印

互助会长殿　　　　　　　　　　　　　　　　　card No.27

与会员之关系	氏名	年龄	肄业学校证书	上学期考试报告	保人证书	是否住在开滦学生宿舍
女	梁淑灿	十四	一件 三十三年九月十五日	一件三十三年九月	一件三十三年九月廿二日	否
请求人资历	一、年龄　四十四 二、籍贯　广东中山县 三、现任职务　助理 四、每月薪金　二百七十五元			五、工单号数 六、在职年月　民国三十年十二月一日 七、现时求学之子女　四人		
委员会意见						
承认年月日	33 年 12 月 27 日准给奖学金陆佰元				会长核准印	

注意一、请求者须注意奖学金规程第二条第三条第八条第十条

注意二、请求者附送须详细填入上列栏内并记明附件之年月日

军管理开滦矿务总局

互助会奖学金保证函

敬启者　鄙人　今保证 港务 局部 库务 处 梁镇文 君之子（女）遵章请求互助会奖学金所提出之附件均属确实无讹并担保如有第十条情事发生愿负

---

① 原档中无表格，本表格为笔者绘制。

应行缴还奖学金之责特此具函证明此上
互助会长殿

唐康泰启（盖章）三十三年九月二十二日
现任职务港务局库务处长

附：
梁淑灿年十四岁广东中山县人现在本校初级三年肄业特此证明

天津市立浙江中学校长　姒艮成

浙江中学

科目	修身	国文	代数	日语	英语	中史	中地	卫生	化学	劳作	总分	总平均	体育	实得分数	操行
学期试验	甲上	甲上	甲上	甲上	甲上	甲上	甲上	甲上	甲上	乙			甲		
总平均	甲上	甲上	甲上	甲上	甲上	甲上	甲上	甲上	甲上	乙	940	94	甲	93.9	甲

【74】

奖学金请求书

昭和十九
　　　　年九月廿一日
　　民国卅三

所属支部　秦皇岛　所属　港务　局　部　车务　处长

资格（员司等级）高中级

氏名　岑柏年　印

互助会长殿

card No.30

与会员之关系	氏名	年龄	肄业学校证书	上学期考试报告	保人证书	是否住在开滦学生宿舍
长女	岑幻真	十八	北京市立女师范卅三、九月、十四日	同上卅三、七月	港务局会计处员司卅三、九、十九	否
请求人资历	一、年龄　卅五 二、籍贯　广东省新会县 三、现任职务　港务局车务处助理员 四、每月薪金　三百一十元			五、工单号数　二一三六 六、在职年月　十二年四个月 七、现时求学之子女　七人		

续表

委员会意见		
承认年月日	年　月　日准给奖学金　　元	会长核准印

注意一、请求者须注意奖学金规程第二条第三条第八条第十条
注意二、请求者附送须详细填入上列栏内并记明附件之年月日

军管理开滦矿务总局

互助会奖学金保证函

敬启者　鄙人　今保证 港务　局　部 车务　处 岑柏年 君之子（女）遵章请求互助会奖学金所提出之附件均属确实无讹并担保如有第十条情事发生愿负应行缴还奖学金之责特此具函证明此上

互助会长殿

徐宇光启（盖章）卅三年九月十九日
现任职务港务局会计处中级员司

附：

为证明事查学生岑幻真现年十八岁系广东省新会县人现在本校本科二年级肄业特此证明

北京市立师范

第一学年第二学期成绩

科目	修身	体育	国术	生理卫生	国文	日语	数学	历史	地理	生物学	家事裁缝	美术	音乐	教育心理	总评
成绩	85	85	90	93.5	88.5	96	76.5	87	86.2	79	90.4	80	85	98	86.6

【75】

奖学金请求书

昭和十九
　　　年九月二十三日
民国三十三

所属支部 秦皇岛　所属 港务　局　劳务处　部　处长

资格（员司等级）高中级

氏名　蓝坤　印

互助会长殿　　　　　　　　　　　　　　　　　　　card No.31

与会员之关系	氏名	年龄	肄业学校证书	上学期考试报告	保人证书	是否住在开滦学生宿舍
女	蓝佩侠	二十	北京市立第五女中高中三年级（民国三十三年九月五日）	北京市立第五女中高中二年级（民国三十三年九月六日）	夏绪昌君（民国三十三年九月二十三日）	否
请求人资历	一、年龄　五十四 二、籍贯　河北省天津县 三、现任职务　助理 四、每月薪金　三百五十元 五、工单号数			六、在职年月　三十七年七个月（光绪三十四年二月三日） 七、现时求学之子女　蓝佩侠（女）蓝佩秋（女）蓝佩云（女）蓝永蔚（子）		
委员会意见						
承认年月日			年　月　日准给奖学金　　元		会长核准印	

注意一、请求者须注意奖学金规程第二条第三条第八条第十条

注意二、请求者附送须详细填入上列栏内并记明附件之年月日

军管理开滦矿务总局

互助会奖学金保证函

敬启者　鄙人　今保证　港务　局　部　劳务　处　蓝坤　君之子（女）遵章请求互助会奖学金所提出之附件均属确实无讹并担保如有第十条情事发生愿负应行缴还奖学金之责特此具函证明此上

互助会长殿

夏绪昌启（盖章）民国三十三年九月二十三日

现任职务秦皇岛港务局劳务处主任书记

附：

证明书

为证明事兹查学生蓝佩侠系天津市人现在本校高中三年级肄业成绩优良特此证明此致

军管理唐山开滦矿务局校长　郑乃清

中华民国卅三年九月五日

科目	国文	作文	英文文法	代数	化学	物理	历史	地理	音乐	体育	家政	日文	国术	日语会话	修身	品行
第二年下学期分数表	93	89	60	60	80	73	90	80	95	80	83	70	90	85	84	甲

【76】

奖学金请求书

昭和十九
　　　　年九月二十三日
　　民国三十三

所属支部　秦皇岛　所属　港务　局　劳务处　部　处长
资格（员司等级）高中级
氏名　蓝坤　印
互助会长殿

card No.31

与会员之关系	氏名	年龄	肄业学校证书	上学期考试报告	保人证书	是否住在开滦学生宿舍
女	蓝佩秋	十五	北京市立第五女中初中三年级（民国三十三年九月五日）	临榆县秦皇岛初级中学二年级（民国三十三年九月二十二日）	夏绪昌君（民国三十三年九月二十三日）	否
请求人资历	一、年龄　五十四 二、籍贯　河北省天津县 三、现任职务　助理 四、每月薪金　三百五十元 五、工单号数			六、在职年月　三十七年七个月（光绪三十四年二月三日） 七、现时求学之子女　蓝佩侠（女）蓝佩秋（女）蓝佩云（女）蓝永蔚（子）		
委员会意见						
承认年月日	年　月　日准给奖学金　　元				会长核准印	

注意一、请求者须注意奖学金规程第二条第三条第八条第十条
注意二、请求者附送须详细填入上列栏内并记明附件之年月日

军管理开滦矿务总局

互助会奖学金保证函

敬启者 鄙人 今保证 <u>港务</u> 局部 <u>劳务</u> 处 <u>蓝坤</u> 君之子（女）遵章请求互助会奖学金所提出之附件均属确实无讹并担保如有第十条情事发生愿负应行缴还奖学金之责特此具函证明此上

互助会长殿

夏绪昌启（盖章）民国三十三年九月二十三日
现任职务秦皇岛港务局劳务处主任书记

附：

证明书

为证明事兹查学生蓝佩秋年十五岁天津市人现在本校初中三年级附读特此证明此致

军管理唐山开滦矿务局校长 郑乃清
中华民国卅三年九月五日

学生蓝佩秋 中二学年成绩表
临榆县立秦皇岛初级中学校校长 范保详

科目	修身	卫生	国文	日语	英语	数学	动植物	矿物	化学	物理	历史	地理	劳作	美术	音乐	总计	平均	操行	体育
学年成绩	95.8	/	85.5	95.2	80.4	73.8	/	93.4	76.6	/	68.5	82.4	74.5	76	82.5	984.6	82.1	95	85

【77】

奖学金请求书

昭和十九
　　　年九月廿八日
民国卅三

所属支部 <u>秦皇岛</u> 所属 <u>港务</u> 局部 <u>总务</u> 处长

资格（员司等级）<u>中级</u>

氏名 <u>秦振声</u> 印

互助会长殿　　　　　　　　　　　　　　　　　　　card No.37

与会员之关系	氏名	年龄	肄业学校证书	上学期考试报告	保人证书	是否住在开滦学生宿舍
长女	秦艳梅	十七	北京市市立第四女子中学校证明书一件三十三年九月十四日发	同上学校高级第一年第二学期成绩报告表一件	陶文辉保证书一件卅三年九月廿八日	否
请求人资历	一、年龄　四十一　　　　　　　　　五、工单号数　二〇〇二 二、籍贯　北京（河北遵化）　　　　六、在职年月　十五年 三、现任职务　港务局局长室中级职员　七、现时求学之子女　女二人 四、每月薪金　贰佰拾元						
委员会意见							
承认年月日	年　月　日准给奖学金　　　元	会长核准印					

注意一、请求者须注意奖学金规程第二条第三条第八条第十条
注意二、请求者附送须详细填入上列栏内并记明附件之年月日

军管理开滦矿务总局

互助会奖学金保证函

敬启者　鄙人　今保证　港务　局　部　总务　处　秦振声　君之子（女）遵章请求互助会奖学金所提出之附件均属确实无讹并担保如有第十条情事发生愿负应行缴还奖学金之责特此具函证明此上
互助会长殿

　　　　　　　　　　　　　　　　　陶文辉启（盖章）卅三年九月廿八日
　　　　　　　　　　　　　　　　　现任职务港务局商务处副处长

附：

北京市市立第四女子中学校证明书

　　学生秦艳梅现年十七岁系河北省大兴县人现在本校高级肄业二年特此证明此证

　　　　　　　　　　　　　　　　　　　　　　　校长　管叶羽

科目	修身	体育	国文	作文	日语	英语	数学	生物学	本国历史	本国地理	劳作	图画	音乐	国术	学期总平均	操行
第二期期考总分	92	70	92	84	90	92	92	79	85	89	80	70	92	76	85	甲

【78】

奖学金请求书

昭和十九
   年九月廿八日
民国卅三

所属支部 秦皇岛 　所属 港务 局 部 总务 处长
资格（员司等级）中级
氏名 秦振声 印
互助会长殿 　　　　　　　　　　　　　　card No.37

与会员之关系	氏名	年龄	肄业学校证书	上学期考试报告	保人证书	是否住在开滦学生宿舍
次女	秦艳英	十五	临榆县立秦皇岛初级中学校证明书一件三十三年九月廿三日发	同上学校成绩表一件（卅三年九月廿三日）通知书一件（卅三年七月十日）	陶文辉保证书一件卅三年九月廿八日	否
请求人资历	一、年龄　四十一 二、籍贯　北京（河北遵化） 三、现任职务　港务局局长室中级职员 四、每月薪金　贰佰拾元			五、工单号数　二〇〇二 六、在职年月　十五年 七、现时求学之子女　女二人		
委员会意见						
承认年月日		年　月　日准给奖学金　　　元			会长核准印	

注意一、请求者须注意奖学金规程第二条第三条第八条第十条
注意二、请求者附送须详细填入上列栏内并记明附件之年月日

军管理开滦矿务总局
互助会奖学金保证函

敬启者　鄙人　今保证　港务　局 部 总务 处 秦振声 君之子（女）遵章
请求互助会奖学金所提出之附件均属确实无讹并担保如有第十条情事发生愿负
应行缴还奖学金之责特此具函证明此上
互助会长殿

          陶文辉启（盖章）卅三年九月廿八日
          现任职务港务局商务处副处长

附：

证明书

为证明事兹查学生秦艳英本学期确在本校中三年级肄业此证

开滦炭矿台照
临榆县立秦皇岛初级中学校校长　范保详

科目	修身	国文	日语	英语	数学	化学	矿物	历史	地理	劳作	美术	音乐	总计	平均	加分	上学期成绩	体育	等第
分数	98.4	88.6	94.6	82.0	75.4	82.2	94.8	78.2	87	92	92	86	1051.4	87.6	4	88.4	90	甲二

【79】

奖学金请求书

昭和十九　　　年九月二十九日

民国三十三

所属支部　　所属　港务　局　部　　总务　处长

资格（员司等级）

氏名　王洁恒　印

互助会长殿

card No.60

与会员之关系	氏名	年龄	肄业学校证书	上学期考试报告	保人证书	是否住在开滦学生宿舍
父子	王长江	二十	北京中国大学第一学年第一学期民国三十三年九月廿二日	北京市私立北方中学校卒业民国三十三年六月	秦皇岛港务局工程处副处长民国三十三年九月廿九日	住
请求人资历	一、年龄　五十二岁 二、籍贯　河北省沧县 三、现任职务　秦皇岛港务局总务处员司 四、每月薪金　一百一十四元			五、工单号数　二〇〇六 六、在职年月　二十四年 七、现时求学之子女　大学子一名　小学女一名		
委员会意见						

续表

承认年月日	年　月　日准给奖学金　　元	会长核准印

注意一、请求者须注意奖学金规程第二条第三条第八条第十条
注意二、请求者附送须详细填入上列栏内并记明附件之年月日

军管理开滦矿务总局

互助会奖学金保证函

敬启者　鄙人　今保证　_{港务}局_部_{总务}处_{王洁恒}君之子（女）遵章请求互助会奖学金所提出之附件均属确实无讹并担保如有第十条情事发生愿负应行缴还奖学金之责特此具函证明此上
互助会长殿

邓灿熙启（盖章）三十三年九月廿九日
现任职务_{秦皇岛港务局工程处副处长}

附：抄件

中国大学肄业证明书

学生王长江系河北省临榆县人现在本校法科学院法律学系第一学年第一学期肄业特此证明此证

中国大学　戳记
卅三年九月廿二日

学业成绩表　学生王长江

科目	国文	修身	英文	日语	数学	历史	地理	物理	总均	操行	体育
毕业成绩	88	80	83	82	84	82	85	80	83	甲	85

北京市私立北方中学校校长　罗庆山　印

【80】

奖学金请求书

昭和十九
　　　年九月二十二日

民国三十三

所属支部　秦皇岛　所属　港务　局部　总务　处长

资格（员司等级）　中级员司

氏名　苑钟琳　印

互助会长殿　　　　　　　　　　　　　　　　　card No.65

与会员之关系	氏名	年龄	肄业学校证书	上学期考试报告	保人证书	是否住在开滦学生宿舍
女	苑慰慈	二十一	国立北京师范大学教务课于三十三年九月十八日发一件	同上	金美慈填一件	否
请求人资历	一、年龄　四十二 二、籍贯　河北清苑 三、现任职务　秦皇岛开滦小学校校长 四、每月薪金　二百元			五、工单号数　2062 六、在职年月　十四年又七个月 七、现时求学之子女　女二		
委员会意见						
承认年月日	年　　月　　日准给奖学金　　　元				会长核准印	

注意一、请求者须注意奖学金规程第二条第三条第八条第十条

注意二、请求者附送须详细填入上列栏内并记明附件之年月日

军管理开滦矿务总局

互助会奖学金保证函

敬启者　鄙人　今保证　秦皇岛港务　局部　总务　处　苑钟琳　君之子（女）遵章请求互助会奖学金所提出之附件均属确实无讹并担保如有第十条情事发生愿负应行缴还奖学金之责特此具函证明此上

互助会长殿

　　　　　　　　　　　　　　　金美慈启（盖章）三十三年九月二十二日
　　　　　　　　　　　　　　　现任职务秦皇岛开滦小学校教务主任

附：

查女生苑慰慈现在本大学文学院国文系肄业成绩优良操行甲等实属可造之才除抄给上学年学业成绩外特给予在校证明书此证

学业成绩为 81.7

　　　　　　　　　　　　　　　　　　　　　国立北京师范大学教务课

【81】

奖学金请求书

昭和十九
　　　　年九月二十二日
民国三十三

所属支部　秦皇岛　所属　港务　局　部　总务　处长
资格（员司等级）　中级员司
氏名　苑钟琳　印
互助会长殿　　　　　　　　　　　　　　card No.65

与会员之关系	氏名	年龄	肄业学校证书	上学期考试报告	保人证书	是否住在开滦学生宿舍
女	苑效慈	十九	河北省立保定女子师范学校于三十三年九月十一日发一件	同上	金美慈填一件	否
请求人资历	一、年龄　四十二 二、籍贯　河北清苑 三、现任职务　秦皇岛开滦小学校长 四、每月薪金　二百元			五、工单号数　2062 六、在职年月　十四年又七个月 七、现时求学之子女　二女		
委员会意见						
承认年月日	年　月　日准给奖学金　　元				会长核准印	

注意一、请求者须注意奖学金规程第二条第三条第八条第十条
注意二、请求者附送须详细填入上列栏内并记明附件之年月日

军管理开滦矿务总局

互助会奖学金保证函

敬启者　鄙人　今保证　秦皇岛港务　局　部　总务　处　苑钟琳　君之子（女）遵章请求互助会奖学金所提出之附件均属确实无讹并担保如有第十条情事发生愿负应行缴还奖学金之责特此具函证明此上
互助会长殿

　　　　　　　　　　　　金美慈启（盖章）三十三年九月二十二日
　　　　　　　　　　　　现任职务　秦皇岛开滦小学校教务主任

附：

河北省立保定女子师范学校证明书

学生苑效慈现年十九岁系河北省清苑县人于三十三年度在校高中部第三年级第一学期肄业兹因该生请求证明书证明学业成绩照章发给证明书此证

科目	修身	国文	日语	英语	算术	历史	地理	化学	劳作	美术	音乐	平均	体育	操行
第一学期成绩	90	90	80	96	80	85	90	94	87	87	85	87.64	86	90
第二学期成绩	88	90	70	85	74	90	95	93	85	88	80	85.27	70	80

【82】

奖学金请求书

昭和十九
　　　　年九月二十五日
民国三十三

所属支部　秦皇岛　所属　港务　局　部　会计　处长
资格（员司等级）中级
氏名　樊浚生　印
互助会长殿　　　　　　　　　　　　　　　card No.77

与会员之关系	氏名	年龄	肄业学校证书	上学期考试报告	保人证书	是否住在开滦学生宿舍
女	樊月贞	十五岁	临榆县立秦皇岛初级中学校在学证明书一件民国三十三年九月二十五日	秦皇岛开滦女子小学校高小毕业考试报告一件三十三年七月	保人张雁题君证书一件三十三年九月廿五日	否
请求人资历	一、年龄　四十八岁 二、籍贯　河北省天津大沽 三、现任职务　会计处副出纳主任 四、每月薪金　二百三十四元			五、工单号数　二〇七〇 六、在职年月　三十年零九月 七、现时求学之子女　子　中学一人　小学一人 女　中学一人		
委员会意见						

续表

承认年月日	年 月 日准给奖学金 元	会长核准印

注意一、请求者须注意奖学金规程第二条第三条第八条第十条
注意二、请求者附送须详细填入上列栏内并记明附件之年月日

军管理开滦矿务总局

互助会奖学金保证函

敬启者 鄙人 今保证 港务 局 部 会计 处 樊浚生 君之子（女）遵章请求互助会奖学金所提出之附件均属确实无讹并担保如有第十条情事发生愿负应行缴还奖学金之责特此具函证明此上
互助会长殿

张雁题启（盖章）三十三年九月二十五日
现任职务秦皇岛港务局会计处出纳主任

附：

证明书

为证明事兹查学生樊月贞本学期确在本校中一年级肆业特此证明此致
开滦炭矿台照
临榆县立秦皇岛初级中学校校长 范保详

附开滦小学报告表

临榆县私立秦皇岛开滦女子小学校

科目	修身	国语	算术	习字	作文	自然	历史	地理	日语	体育	音乐	劳作	美术	总计	平均	一学期	二学期	操行
成绩	84.4	82.2	74.7	90	89	82	66.3	74.3	90	83	89	96	81	1081.9	83.22	82.51	81.02	甲

【83】

奖学金请求书

昭和十九
　　　年九月二十一日
民国三十三

所属支部 秦皇岛 所属 港务 局 部 会计 处长
资格（员司等级）中级
氏名 樊浚生 印
互助会长殿

card No.77

与会员之关系	氏名	年龄	肄业学校证书	上学期考试报告	保人证书	是否住在开滦学生宿舍
子	樊本宽	十七	北京成达中学校在学证明书一件 三十三年九月十八日	第一学年第二学期考试报告一件 三十三年六月	保人张雁题证书一件 三十三年九月廿一日	否
请求人资历	一、年龄　四十八岁 二、籍贯　河北省天津大沽 三、现任职务　会计处副出纳主任 四、每月薪金　二百三十四元			五、工单号数　二〇七〇 六、在职年月　三十年零九月 七、现时求学之子女　子　中学一人　小学一人　女　中学一人		
委员会意见							
承认年月日		年　月　日准给奖学金　　元				会长核准印	

注意一、请求者须注意奖学金规程第二条第三条第八条第十条
注意二、请求者附送须详细填入上列栏内并记明附件之年月日

军管理开滦矿务总局

互助会奖学金保证函

敬启者　鄙人　今保证　港务　局　部　会计　处　樊浚生　君之子（女）遵章请求互助会奖学金所提出之附件均属确实无讹并担保如有第十条情事发生愿负应行缴还奖学金之责特此具函证明此上
互助会长殿

张雁题启（盖章）三十三年九月二十一日
现任职务秦皇岛港务局会计处出纳主任

在学证明书

　　查学生樊本宽现年十七岁系河北省天津大沽人在本校初中第二年级肄业合格证明此证

北京市私立成达中学校校长　王同烜
中华民国三十三年九月十八日

科目	修身	国文	日语	英语	数学	地理	历史	动物	植物	生理卫生	音乐	图画	体操	国术	劳作	操行	总平均
分数	76	80	38	60	65	78	80	76		76	72	89	85	85	89	乙	74.9

北京成达中学校初中部第一年级甲组学生樊本宽成绩报告表

【84】

奖学金请求书

昭和十九 年九月廿九日

民国卅三

所属支部 秦皇岛 所属 港务 局 部 会计 处长

资格（员司等级） 中级

氏名 樊子久 印

互助会长殿　　　　　　　　　　　　　　　　card No.79

与会员之关系	氏名	年龄	肄业学校证书	上学期考试报告	保人证书	是否住在开滦学生宿舍
子	樊浚琦	二十岁	北京平民中学校高中二年在学证明书一件民国三十三年	北京市市立第四中学校高中第一学年第二学期考试报告一件三十三年	保人陆关候君证书一件三十三年九月廿九日	尚未住
请求人资历	一、年龄　四十岁 二、籍贯　河北省天津大沽 三、现任职务　港务局会计处劳工科收支员 四、每月薪金　一百伍十伍元			五、工单号数　二七六八 六、在职年月　十五年又七月 七、现时求学之子女　子　中学一人　小学一人　女　小学二人		
委员会意见						
承认年月日	年　日　准给奖学金　　　元				会长核准印	

注意一、请求者须注意奖学金规程第二条第三条第八条第十条

注意二、请求者附送须详细填入上列栏内并记明附件之年月日

军管理开滦矿务总局

互助会奖学金保证函

敬启者　鄙人　今保证　港务　局　部　会计　处　樊子久　君之子（女）遵章请求互助会奖学金所提出之附件均属确实无讹并担保如有第十条情事发生愿负应行缴还奖学金之责特此具函证明此上

互助会长殿

陆关候启（盖章）三十三年九月廿九日
现任职务秦皇岛港务局会计处高中级职员

附：

证明书

查学生樊浚琦现年十七岁系河北省天津县人确在本校高中二年级读书特予证明此证

北京平民中学校校长　常玉森

科目	修身	国文	日语	英语	数学	地理	历史	生物学	商业	体育	用器画	平均	扣分	实得	操行
中一上学期	79	85	80	81	93	85	82	83	80	82	85	83.2	1.8	81.4	甲下
中一下学期	82	87	85	79	90	86	85	89	75	87	80	84.09	3	83.79	甲

【85】

奖学金请求书

昭和十九
　　　　年九月十九日
民国卅三
所属支部　秦皇岛　所属　港务　局　会计　部　处长
资格（员司等级）中级员司
氏名　徐耀九　印
互助会长殿

card No.81

与会员之关系	氏名	年龄	肄业学校证书	上学期考试报告	保人证书	是否住在开滦学生宿舍
父女	徐芸	十九	天津特别市市立师范学校高二年级肄业证明书一件（九月发）	同上高一学年第二学期考试学生通知书一件	李济普保人证书一件九月十九日	否
请求人资历	一、年龄　四十岁 二、籍贯　河北省天津市 三、现任职务　会计处员司 四、每月薪金　二百二十元 五、工单号数　No.2074			六、在职年月　十一年 七、现时求学之子女　（子一）徐宝琛小学高二　（女三）徐芸高中二年　徐茹初中二年 徐苓小学初三		
委员会意见						
承认年月日	年　月　　日准给奖学金　　　元				会长核准印	

注意一、请求者须注意奖学金规程第二条第三条第八条第十条

注意二、请求者附送须详细填入上列栏内并记明附件之年月日

军管理开滦矿务总局

互助会奖学金保证函

敬启者　鄙人　今保证 秦皇岛港务 局 部 会 计 处 徐耀九 君之子（女）遵章请求互助会奖学金所提出之附件均属确实无讹并担保如有第十条情事发生愿负应行缴还奖学金之责特此具函证明此上

互助会长殿

李济普启（盖章）卅三年九月十九日
现任职务秦皇岛开滦港务局会计处员司

附：

证明书

学生徐芸现年十九岁系天津特别市人在本校师范本科二年级肄业合予证明此证

天津特别市市立师范学校校长　刘子章
中华民国三十三年九月　日

0—59 丁 不及格　60—69 丙　70—79 乙　80—100 甲

科目	修身	卫生	国文	数学	地理	历史	生物	劳作或家事	美术	音乐	教育概论	日语
学期成绩	甲	甲	乙	丙	甲	乙	甲	甲	乙	甲	甲	乙

【86】

奖学金请求书

昭和十九

　　　　年九月二十一日

民国三十三

所属支部 _{秦皇岛} 所属 _{港务} 局 部 _{会计} 处长

资格（员司等级）_{中级}

氏名 _{黄竹楼} 印

互助会长殿　　　　　　　　　　　　　　　　　card No.85

与会员之关系	氏名	年龄	肄业学校证书	上学期考试报告	保人证书	是否住在开滦学生宿舍
子	黄铨印	十九岁	天津特别市市立师范学校在学证明书一件 民国三十三年九月日	天津慈泽中学校第三学年第二学期考试报告一件 三十三年六月十七日	保人陆关候证书一件 三十三年九月廿一日	否
请求人资历	一、年龄　五十五岁 二、籍贯　河北省天津 三、现任职务　会计处员司 四、每月薪金　九十三元 五、工单号数　二〇八四			六、在职年月　十五年 七、现时求学之子女　子三人天津工商学校　天津师范学校　秦皇岛扶轮学校 女一人秦皇岛开滦小学		
委员会意见						
承认年月日	年　月　日准给奖学金　　　元				会长核准印	

注意一、请求者须注意奖学金规程第二条第三条第八条第十条

注意二、请求者附送须详细填入上列栏内并记明附件之年月日

军管理开滦矿务总局

互助会奖学金保证函

敬启者　鄙人　今保证 _{港务} 局 部 _{会计} 处 _{黄竹楼} 君之子（女）遵章请求互助会奖学金所提出之附件均属确实无讹并担保如有第十条情事发生愿负应行缴还奖学金之责特此具函证明此上

互助会长殿

　　　　　　　　　　　　陆关候启（盖章）三十三年九月二十一日

　　　　　　　　　　　　现任职务秦皇岛港务局会计处高中级职员

附：

证明书

学生黄铨印现年十九岁系天津特别市人在校师范本科一年级肄业合予证明此证

天津特别市市立师范学校校长　刘子章
中华民国三十三年九月

天津市私立蓝卍字会慈泽中学校初中毕业生成绩通知书

中华民国三十三年

科目	修身	国文	算学	日语	英语	物理	历史	地理	劳作	图画	音乐	生理	植物	动物	矿物	总平均	体育	操行
成绩	81.1	85	85.9	93.2	80.6	80.2	83.8	91.5	88.1	84.8	85.4					85.4	79	甲上
备注																		

【87】

奖学金请求书

昭和十九

年九月三十日

民国三十三

所属支部　秦皇岛　所属　港务　局　部　会计　处长

资格（员司等级）中级

氏名　高瑞麟　印

互助会长殿　　　　　　　　　　　　　　　card No.90

与会员之关系	氏名	年龄	肄业学校证书	上学期考试报告	保人证书	是否住在开滦学生宿舍
子	高庆元	二十岁	北京工务总署土木工程专科学校在学证书一件民国三十三年九月二十二日	同上学校考试报告（第一学年二学期）民国三十三年九月二十二日	保人樊潘章证书一件三十三年九月三十日	否

续表

请求人资历	一、年龄 四十二岁 二、籍贯 河北滦县 三、现任职务 港务局会计处司员 四、每月薪金 一百二十元 五、工单号数 二〇九〇	六、在职年月 十五年又九月 七、现时求学之子女 子三人 秦皇岛开滦小学校二人 北京专科学校一人 女一人 秦皇岛开滦小学校
委员会意见		
承认年月日	年 月 日准给奖学金 元	会长核准印

注意一、请求者须注意奖学金规程第二条第三条第八条第十条
注意二、请求者附送须详细填入上列栏内并记明附件之年月日

军管理开滦矿务总局

互助会奖学金保证函

敬启者 鄙人 今保证 港务 局 部 会计 处 王荫 君之子（女）遵章请求互助会奖学金所提出之附件均属确实无讹并担保如有第十条情事发生愿负应行缴还奖学金之责特此具函证明此上
互助会长殿

樊浚章启（盖章）三十三年九月三十日
现任职务 秦皇岛港务局会计处司员

附：

工务总署土木工程专科学校学生在学证明书

三十三年九月

年级	系别	姓名	年龄	籍贯	成绩		备考
二年级	土木系	高庆元	二十	河北滦县	八〇	七三	

【88】

奖学金请求书

昭和十九
　　　　年九月二十一日
民国三十三

所属支部　秦皇岛　所属　港务　局　部　会计　处长
资格（员司等级）中级
氏名　王荫　印
互助会长殿　　　　　　　　　　　　　　　　　card No.106

与会员之关系	氏名	年龄	肄业学校证书	上学期考试报告	保人证书	是否住在开滦学生宿舍
女	王清兰	十七岁	临榆县立秦皇岛初级中学校在学证明书一件民国三十三年九月十八日	第一学年第二学期考试报告一件民国三十三年九月	保人赵善选证书一件三十三年九月廿一日	否
请求人资历	一、年龄　四十七岁 二、籍贯　河北省滦县 三、现任职务　会计处薪工科员司 四、每月薪金　一百八十三元 五、工单号数　二一〇一			六、在职年月　二十六年 七、现时求学之子女　子二人　秦皇岛开滦小学校　女二人　秦皇岛县立中学校　秦皇岛开滦小学校		
委员会意见						
承认年月日			年　月　日准给奖学金　　元		会长核准印	

注意一、请求者须注意奖学金规程第二条第三条第八条第十条
注意二、请求者附送须详细填入上列栏内并记明附件之年月日

军管理开滦矿务总局

互助会奖学金保证函

敬启者　鄙人　今保证　港务　局　部　会计　处　王荫　君之子（女）遵章请求互助会奖学金所提出之附件均属确实无讹并担保如有第十条情事发生愿负应行缴还奖学金之责特此具函证明此上
互助会长殿

　　　　　　　　　　　　　　　　　　　赵善选启（盖章）三三年九月廿一日
　　　　　　　　　　　　　　　　　　　现任职务秦皇岛港务局会计处薪工科长

附：

证明书

为证明事兹查学生王清兰本学期确在敝校中二年级肄业特此证明此致
　　　　　　　　　　　　　　　　　　　开滦炭矿台照
　　　　　　　　　临榆县立秦皇岛初级中学校校长　范保详
　　　　　　　　　中华民国卅三年九月十八日

附上学年成绩表

学生王清兰上学年成绩表

科目	修身	卫生	国文	日语	英语	数学	动植物	矿物	化学	物理	历史	地理	劳作	美术	音乐	总计	平均	操行	体育
学年成绩	89	74.8	80.6	74	75	96	60			77.6	81.4	81		81	84	954.4	79.53	79	95

【89】

奖学金请求书

昭和十九
　　　　年九月三十日
民国三十三

所属支部　秦皇岛　所属　港务　局　部　会计　处长
资格（员司等级）中级
氏名　姚秉衡　印
互助会长殿　　　　　　　　　　　　　　　　card No.108

与会员之关系	氏名	年龄	肄业学校证书	上学期考试报告	保人证书	是否住在开滦学生宿舍
子	姚家琛	十五		秦皇岛开滦小学毕业成绩单一件 卅三年七月	李志英君保证书一件	是
请求人资历	一、年龄　四十 二、籍贯　河北宝坻县 三、现任职务　中级员司 四、每月薪金　一百八十元			五、工单号数　二七六三 六、在职年月　十五年又九个月 七、现时求学之子女　五人		
委员会意见						
承认年月日	年　月　日准给奖学金　　　元				会长核准印	

注意一、请求者须注意奖学金规程第二条第三条第八条第十条
注意二、请求者附送须详细填入上列栏内并记明附件之年月日

军管理开滦矿务总局
互助会奖学金保证函

敬启者 鄙人 今保证 港务 局部 会计 处 姚秉衡 君之子（女）遵章请求互助会奖学金所提出之附件均属确实无讹并担保如有第十条情事发生愿负应行缴还奖学金之责特此具函证明此上
互助会长殿

李志英启（盖章）三十三年九月三十日
现任职务港务局会计处材料帐股主任

附：

临榆县私立秦皇岛开滦小学校毕业成绩表

学生 姚家琛

项目科目	修身	国语	算术	习字	作文	自然	历史	地理	日语	体育	音乐	劳作	美术	总计	平均	全班名次
成绩	83.6	97.3	92.4	89	92	92.1	94.3	91.5	85.6	72	76	83	95	1143.9	87.99	第6名
操行	甲															
备考																

【90】

奖学金请求书

昭和十九
　　　年九月廿一日
民国卅三

所属支部 秦皇岛 所属 港务 局部 会计 处长
资格（员司等级）中级
氏名 袁我一 印

互助会长殿　　　　　　　　　　　　　　　　　card No.110

与会员之关系	氏名	年龄	肄业学校证书	上学期考试报告	保人证书	是否住在开滦学生宿舍
子	袁礼贤	十八	北京高级工业学校证明文件一件 卅三年九月	第一学年第二学期学生家长通知书一件 卅三年七月	保人陆关侠证书一件 卅三年九月廿一日	否
请求人资历	一、年龄　卅八岁 二、籍贯　河北丰润 三、现任职务　港务局会计处中级员司 四、每月薪金　二百一十五元			五、工单号数　二〇七九 六、在职年月　七年 七、现时求学之子女　子专科一人　初中一人　小学二人　女小学二人		
委员会意见						
承认年月日	33年12月27日准给奖学金玖佰元			会长核准印		

注意一、请求者须注意奖学金规程第二条第三条第八条第十条
注意二、请求者附送须详细填入上列栏内并记明附件之年月日

军管理开滦矿务总局

互助会奖学金保证函

敬启者　鄙人　今保证　港务　局部　会计　处　袁礼一　君之子（女）遵章请求互助会奖学金所提出之附件均属确实无讹并担保如有第十条情事发生愿负应行缴还奖学金之责特此具函证明此上
互助会长殿

陆关侠启（盖章）卅三年九月廿一日
现任职务秦皇岛港务局会计处高中级职员

附：

证明书

查学生袁礼贤现年十八岁系河北丰润县人现确在敝校机械科二年级肄业事关学生权益敝校特证明此致

开滦矿务局
北京市立高级职业学校校长　李直钧

北京市立高级工业职业学校通知书成绩

学生成绩	八五.七
操行	甲

【91】

奖学金请求书

昭和十九
　　年九月二十六日
民国三十三

所属支部　秦皇岛　所属　港务　局　部　库务　处长

资格（员司等级）中级

氏名　寇惠民　印

互助会长殿　　　　　　　　　　　　　　　　　card No.116

与会员之关系	氏名	年龄	肄业学校证书	上学期考试报告	保人证书	是否住在开滦学生宿舍
子	寇用中	十七	一件三十三年九月	一件	一件三十三年九月廿六日	住
请求人资历	一、年龄　三十六 二、籍贯　天津 三、现任职务　员司 四、每月薪金　一百零二元			五、工单号数　二四二五 六、在职年月　民国十八年六月二十八日 七、现时求学之子女　子二人女二人共四人		
委员会意见						
承认年月日	年　月　日准给奖学金　　　元				会长核准印	

注意一、请求者须注意奖学金规程第二条第三条第八条第十条
注意二、请求者附送须详细填入上列栏内并记明附件之年月日

军管理开滦矿务总局
互助会奖学金保证函

敬启者　鄙人　今保证　港务　局　部　库务　处　寇惠民　君之子（女）遵章
请求互助会奖学金所提出之附件均属确实无讹并担保如有第十条情事发生愿负

应行缴还奖学金之责特此具函证明此上
互助会长殿

张孝纯启（盖章）三十三年九月二十六日
现任职务 库务处员司

附：

证明书

学生寇用中现年十七岁系天津特别市人在本校师范本科二年级肄业合予证明此证

天津特别市市立师范学校校长　刘子章

第一学年第二学期成绩

科目	修身	卫生	国文	数学	地理	历史	生物	劳作	美术	音乐	教育概论	日语	操行	体育
成绩	甲	乙	乙	甲	甲	甲	甲	甲	甲	甲	甲	乙	甲	甲

【92】

奖学金请求书

昭和十九
　　　　年九月二十六日
民国三十三

所属支部　秦皇岛　所属　港务　局部　库务　处长
资格（员司等级）中级
氏名　宋恩起　印
互助会长殿

card No.122

与会员之关系	氏名	年龄	肄业学校证书	上学期考试报告	保人证书	是否住在开滦学生宿舍
女	宋锡珍	二十	一件 三十三年九月	一件	一件三十三年九月廿六日	否
请求人资历	一、年龄　五十二岁 二、籍贯　河北省天津县 三、现任职务　职员 四、每月薪金　二百九十元			五、工单号数　二四一六 六、在职年月　一九一三年十一月 七、现时求学之子女　子二人 女二人		

续表

委员会意见		
承认年月日	年　月　日准给奖学金　　元	会长核准印

注意一、请求者须注意奖学金规程第二条第三条第八条第十条

注意二、请求者附送须详细填入上列栏内并证明附件之年月日

军管理开滦矿务总局

互助会奖学金保证函

敬启者 鄙人 今保证 秦皇岛港务 局 部 库务 处 宋恩起 君之子（女）遵章请求互助会奖学金所提出之附件均属确实无讹并担保如有第十条情事发生愿负应行缴还奖学金之责特此具函证明此上

互助会长殿

张孝纯启（盖章）三十三年九月廿六日
现任职务秦王岛港务局库务处职员

附：

证明书

学生宋锡珍年十八岁系河北省天津县人现在本校师范三年级肄业合予证明此证

天津特别市市立师范学校校长　刘子章

第二学年第二学期成绩通知书

科目	修身	国文	数学	地理	历史	化学	劳作或家事	美术	音乐	心理	教育史	日语	矿物	图画	操行	体育
成绩	甲	甲	甲	甲	甲	甲	甲	甲	甲	甲	甲	甲	甲	甲	甲	甲

【93】

奖学金请求书

昭和十九

　　　　　年九月二十九日
　　　民国三十三
所属支部　秦皇岛　所属　港务　局部　船务　处长
资格（员司等级）中
氏名　杨春芳　印
互助会长殿　　　　　　　　　　　　　　card No.140

与会员之关系	氏名	年龄	肄业学校证书	上学期考试报告	保人证书	是否住在开滦学生宿舍
父女	杨佩璋	十六	证明书补寄淑德□据一纸 33-8-26	秦皇岛开滦小学分数单一纸三十三年七月	一纸三十三年九月二十九日	住校
请求人资历	一、年龄　四十七 二、籍贯　河北武清 三、现任职务　船务处员 四、每月薪金　二一八元			五、工单号数　二一一九 六、在职年月　一九一二年九月 七、现时求学之子女　女二人		
委员会意见						
承认年月日	年　月　日准给奖学金　　元				会长核准印	

　　注意一、请求者须注意奖学金规程第二条第三条第八条第十条
　　注意二、请求者附送须详细填入上列栏内并记明附件之年月日

军管理开滦矿务总局

互助会奖学金保证函

敬启者　鄙人　今保证　港务　局部　船务　处　杨春芳　君之子（女）遵章请求互助会奖学金所提出之附件均属确实无讹并担保如有第十条情事发生愿负应行缴还奖学金之责特此具函证明此上
互助会长殿
　　　　　　　　　　　　佐藤金助启（盖章）三十三年九月二十九日
　　　　　　　　　　　　现任职务 港务局船务处职员

附：

证明书

　　查杨佩璋现年十六岁河北省武清县人确系本校初中一年级学生特此证明此证

冀东特别区唐山市私立淑德女子中学校校长　王承瀛

中华民国三十三年十一月三日

临榆县私立秦皇岛开滦女子小学校成绩表

学生　杨佩璋

科目项目	修身	国语	算术	习字	作文	自然	历史	地理	日语	体育	音乐	劳作	美术	总计	平均	本期分	甲等	全班名次
成绩	96.2	84.3	84.7	77	84.8	88.5	82.3	85.6	87.9	85.5	87	89	76.5	1108.9	85.3	87.4	第三名	三
操行	甲																	
备考																		

【94】

奖学金请求书

昭和十九

　　　　年九月廿二日

　　民国三十三

所属支部　秦皇岛　所属　港务　局　部　车务　处长

资格（员司等级）中级

氏名　刘德全　印

互助会长殿　　　　　　　　　　　　　　　　　　card No.150

与会员之关系	氏名	年龄	肄业学校证书	上学期考试报告	保人证书	是否住在开滦学生宿舍
女	刘玉斌	十八	昌黎女子师范学校 三十三年九月十四日	同上三十三年九月十七日	秦王岛开滦小学校长苑钟琳	否
请求人资历	一、年龄　四十四 二、籍贯　河北省天津 三、现任职务　港务局车务处职员 四、每月薪金　九十八			五、工单号数　二六二二 六、在职年月　十八年十一个月 七、现时求学之子女　六人		

续表

委员会意见		
承认年月日	年　月　日准给奖学金　　元	会长核准印

注意一、请求者须注意奖学金规程第二条第三条第八条第十条

注意二、请求者附送须详细填入上列栏内并记明附件之年月日

军管理开滦矿务总局

互助会奖学金保证函

敬启者　鄙人　今保证　秦皇岛港务　局　部　车务　处　刘德全君之子（女）遵章请求互助会奖学金所提出之附件均属确实无讹并担保如有第十条情事发生愿负应行缴还奖学金之责特此具函证明此上

互助会长殿

苑钟琳启（盖章）三十三年九月廿二日

现任职务秦皇岛开滦小学校长

附：

证明书

为证明事查学生刘玉斌现年十八岁天津特别市人现在本校师范二年级肄业特此证明

昌黎县女子师范校长　王千秋

科目	修身	生理	国文	日语	算学	生物	历史	地理	劳作	美术	音乐	教育概论	总计	平均	操行	体育
第一学期	93.6	94	78	95	92	96	91	97	81.2	86	88	88.8	1080.6	90.1	87	87
第二学期	88	92	84.1	85	92	96	89.6	92	88	87	90	85	1044.7	87.1	90	92

【95】

奖学金请求书

昭和十九

年九月二十五日

民国三十三

所属支部 秦皇岛 所属 港务 局 部 车务 处长

资格（员司等级）中级

氏名 王连祐 印

互助会长殿

card No.156

与会员之关系	氏名	年龄	肄业学校证书	上学期考试报告	保人证书	是否住在开滦学生宿舍
女	王善菊	十七	天津市市立师范三十三年九月	临榆县立秦皇岛初级中学	港务局车务处职员	否
请求人资历	一、年龄　四十一岁 二、籍贯　河北省滦县 三、现任职务　车务处职员 四、每月薪金　一百五十四元			五、工单号数　二六二一 六、在职年月　十五年又十一月 七、现时求学之子女　三人		
委员会意见						
承认年月日	年　月　日准给奖学金　　元				会长核准印	

注意一、请求者须注意奖学金规程第二条第三条第八条第十条
注意二、请求者附送须详细填入上列栏内并记明附件之年月日

军管理开滦矿务总局

互助会奖学金保证函

敬启者　鄙人　今保证　港务　局　部　车务　处　王连祐　君之子（女）遵章请求互助会奖学金所提出之附件均属确实无讹并担保如有第十条情事发生愿负应行缴还奖学金之责特此具函证明此上

互助会长殿

丁传富启（盖章）三十三年九月二十五日
现任职务港务局车务处职员

附：

证明书

学生王善菊年十七岁系丰润县人现在本校师范一年级肄业合予证明此证

天津特别市市立师范学校校长　刘子章
秦皇岛县立中学校校长　范保详

科目	修身	卫生	国文	日语	英语	数学	动植物	矿物	化学	物理	历史	地理	劳作	美术	音乐	平均	操行	体育
毕业成绩	81.5	72.2	72.7	92.3	84	77.4	84.2	74.3	75	69.3	76.1	91.1	82.8	85.2	84.4	80.1	80	90

【96】

奖学金请求书

昭和十九

　　　年九月二十六日

民国三十三

所属支部　秦皇岛　所属　港务局　车务处　部处长

资格（员司等级）中级

氏名　张墨轩　印

互助会长殿

card No.162

与会员之关系	氏名	年龄	肄业学校证书	上学期考试报告	保人证书	是否住在开滦学生宿舍
子	张国樑	十九	北京市立第八中学高中二年级（民国三十三年九月十五日）	北京市立第八中学高中一年级（民国三十三年九月十五日）	丁传富君（民国三十三年九月二十六日）	否
请求人资历	一、年龄　四十一 二、籍贯　河北省沧县 三、现任职务　书记 四、每月薪金　七十五元 五、工单号数　二六五六			六、在职年月　二十一年十个月（民国十一年十一月） 七、现时求学之子女　张国樑（子） 张国英（女）		
委员会意见						
承认年月日	33年12月27日准给奖学金捌佰元				会长核准印	

注意一、请求者须注意奖学金规程第二条第三条第八条第十条

注意二、请求者附送须详细填入上列栏内并记明附件之年月日

军管理开滦矿务总局

互助会奖学金保证函

敬启者 鄙人 今保证 港务 局 部 车务 处 张墨轩 君之子（女）遵章请求互助会奖学金所提出之附件均属确实无讹并担保如有第十条情事发生愿负应行缴还奖学金之责特此具函证明此上
互助会长殿

丁传富启（盖章）民国三十三年九月二十六日
现任职务秦皇岛港务局车务处书记

附：

北京市立第八中学校

为证明事查学生张国樑年十九岁系河北省沧县人在本校高级第二学年第一学期肄业因请求奖金特此证明

校长 李如拙
中华民国三十三年十月一日

抄 件

北京市立第八中学校学生成绩表			三十三年九月十五日本校以七十分为及格			
姓名	年龄	籍贯	肄业年级	上学期平均分数	品行	备注
张国樑	十九	河北沧县	现在本校高级二年级肄业	九一.二	甲	开滦奖金

【97】

奖学金请求书

昭和十九
　　　　年九月十九日
民国三十三

所属支部 秦皇岛 所属 港务 局 劳务 部 处长
资格（员司等级）中级
氏名 夏绪昌 印

互助会长殿　　　　　　　　　　　　　　　　　　　card No.169

与会员之关系	氏名	年龄	肄业学校证书	上学期考试报告	保人证书	是否住在开滦学生宿舍
女	夏宗琳	二十	国立北京大学工学院建筑学系（民国三十三年九月十六日）	北京市立第四女中高中毕业（民国三十三年九月十日）	蓝坤君（民国三十三年九月十九日）	否
请求人资历	一、年龄　四十三 二、籍贯　江西省新建县 三、现任职务　主任书记 四、每月薪金　二百九十元 五、工单号数　二七〇四			六、在职年月　十五年八个月（民国十八年一月就职） 七、现时求学之子女　夏宗琳（女）夏宗琅（子）夏宗玕（女）夏宗瑛（女）		
委员会意见						
承认年月日	年　月　日准给奖学金　　　元				会长核准印	

注意一、请求者须注意奖学金规程第二条第三条第八条第十条
注意二、请求者附送须详细填入上列栏内并记明附件之年月日

军管理开滦矿务总局

互助会奖学金保证函

敬启者　鄙人　今保证　港务　局　部　劳务　处　夏绪昌　君之子（女）遵章请求互助会奖学金所提出之附件均属确实无讹并担保如有第十条情事发生愿负应行缴还奖学金之责特此具函证明此上
互助会长殿

　　　　　　　　　　　　　蓝坤启（盖章）民国三十三年九月十九日
　　　　　　　　　　　　　现任职务秦皇岛港务局劳务处助理

附：抄件

证明书

学生夏宗琳年二十岁江西新建县人现在本院建筑学系一年级肄业特此证明

　　　　　　　　　　　　　国立北京大学工学院院长　阮尚介
　　　　　　　　　　　　　卅三、九、十六

第一二学期报告表

第一学期	94	90	90	78	65	82	97	79	92	91	91	85	89	70	
第二学期	93	90	91	80	82	80	97	90	90	94	98	80	85	85	87	甲

北京市市立第四女子中学校教务课　戳

【98】

奖学金请求书

昭和十九

　　　　年九月十九日

民国三十三

所属支部　秦皇岛　所属　港务　局　劳务　部　处长

资格（员司等级）中级

氏名　夏绪昌　印

互助会长殿　　　　　　　　　　　　　　　　card No.169

与会员之关系	氏名	年龄	肄业学校证书	上学期考试报告	保人证书	是否住在开滦学生宿舍
子	夏宗琅	十九	国立北京大学工学院土木工学系（民国三十三年九月十六日）	北京市立第八中学高中毕业（民国三十三年九月八日）	蓝坤君（民国三十三年九月十九日）	否
请求人资历	一、年龄　四十三 二、籍贯　江西省新建县 三、现任职务　主任书记 四、每月薪金　二百九十元 五、工单号数　二七〇四			六、在职年月　十五年八个月 （民国十八年一月就职） 七、现时求学之子女　夏宗琳（女）夏宗琅（子）夏宗玗（女）夏宗璜（女）		
委员会意见						
承认年月日	33年12月27日准给奖学金壹仟元			会长核准印		

注意一、请求者须注意奖学金规程第二条第三条第八条第十条

注意二、请求者附送须详细填入上列栏内并记明附件之年月日

军管理开滦矿务总局

互助会奖学金保证函

敬启者　鄙人　今保证　港务　局　部　劳务　处　夏绪昌　君之子（女）遵章请求互助会奖学金所提出之附件均属确实无讹并担保如有第十条情事发生愿负应行缴还奖学金之责特此具函证明此上
互助会长殿

蓝坤启（盖章）民国三十三年九月十九日
现任职务秦皇岛港务局劳务处助理

附：抄件

证明书

学生夏宗琅年十九岁江西新建县人现在本院土木工学系一年级肄业特此证明

国立北京大学工学院　阮尚介
卅三、九、十六

【99】

奖学金请求书

昭和十九
　　　　年九月二十九日
民国三十三
所属支部　秦皇岛　所属　港务　局　劳务　部　处长
资格（员司等级）中级
氏名　石宝霖　印
互助会长殿　　　　　　　　　　　　　　　　　card No.177

与会员之关系	氏名	年龄	肄业学校证书	上学期考试报告	保人证书	是否住在开滦学生宿舍
子	石春来	十四	马家沟开滦中学校初中二年级	临榆县立秦皇岛中学校初中一年级（民国三十三年七月十日）	夏绪昌君（民国三十三年九月二十九日）	是

续表

请求人资历	一、年龄　五十 二、籍贯　河北省新海县 三、现任职务　助理员 四、每月薪金　二百五十元 五、工单号数　二七〇九	六、在职年月　十一年六个月（民国二十二年三月一日） 七、现时求学之子女　石春来（子） 石东来（子）
委员会意见		
承认年月日	年　月　日准给奖学金　　元	会长核准印

注意一、请求者须注意奖学金规程第二条第三条第八条第十条

注意二、请求者附送须详细填入上列栏内并记明附件之年月日

军管理开滦矿务总局

互助会奖学金保证函

敬启者　鄙人　今保证　港务　局　部　劳务　处　石宝霖　君之子（女）遵章请求互助会奖学金所提出之附件均属确实无讹并担保如有第十条情事发生愿负应行缴还奖学金之责特此具函证明此上

互助会长殿

夏绪昌启（盖章）民国三十三年九月二十九日
现任职务秦皇岛港务局劳务处主任书记

附：

证明书

兹证明学生石春来现年十四岁新海县人在本校二年级甲组肄业此证

河北省私立开滦初级中学校校长　贺子远
中华民国三十三年十月三日

马家沟开滦中学证书补送（石春来）

学业成绩　84.9

体育成绩　80

操行成绩　90

临榆县立秦皇岛中学校　戳记

【100】

奖学金请求书

昭和十九 年九月二十五日
民国三十三

所属支部 秦皇岛　所属 港务　局　商务　部　处长
资格（员司等级）中级
氏名 寇赓舜 印
互助会长殿　　　　　　　　　　　　　　card No.206

与会员之关系	氏名	年龄	肄业学校证书	上学期考试报告	保人证书	是否住在开滦学生宿舍
子	寇用义	二十一			保人宋恩起证书一件 三十三年九月廿五日	否
请求人资历	一、年龄　四十八岁 二、籍贯　河北省天津县大沽 三、现任职务　商务处职员 四、每月薪金　壹百柒拾陆圆			五、工单号数　二五〇五 六、在职年月　二十八年零八个月 七、现时求学之子女　长子大学一人次子东亚学校高等科一人（日本东京女高中一人）		
委员会意见						
承认年月日		年　月　日准给奖学金　　元			会长核准印	

注意一、请求者须注意奖学金规程第二条第三条第八条第十条
注意二、请求者附送须详细填入上列栏内并记明附件之年月日

军管理开滦矿务总局

互助会奖学金保证函

敬启者 鄙人 今保证 港务　局 部 商务　处 寇赓舜 君之子（女）遵章请求互助会奖学金所提出之附件均属确实无讹并担保如有第十条情事发生愿负应行缴还奖学金之责特此具函证明此上
互助会长殿

宋恩起启（盖章）三十三年九月二十五日
现任职务港务局库务处中级职员

附：

学生寇用义系在日本东京东亚学校高等科理科肄业已遵章专函去要最近之证明文件但上学期该校所发之证件前已随同请求函呈交如不合用则待新证件寄到再行补交谨此附

寇赓舜
三十三、九、二十五

东亚高庶第五〇号

在学证明书①

中华民国河北省天津市
寇用义
大正十三年二月十五日生

兹证明上述者在本校高等科理科第二学年肄业

昭和十九年九月廿七日
东亚学校校长　侯爵　细川护立

【101】

奖学金请求书

昭和十九
　　　年九月二十五日
民国三十三
所属支部　秦皇岛　所属　港务　局　商务　部　处长
资格（员司等级）中级
氏名　寇赓舜　印
互助会长殿　　　　　　　　　　　　　　　　card No.206

与会员之关系	氏名	年龄	肄业学校证书	上学期考试报告	保人证书	是否住在开滦学生宿舍
女	寇用经	十八	天津特别市市立师范学校肄业证书一件 三十三年九月	三十三年度第二学年第二学期成绩单一件 三十三年	保人宋恩起证明一件 三十三年九月廿五日	否

---

① 本证明书原文为日文，此为笔者译。

续表

请求人资历	一、年龄　四十八岁 二、籍贯　河北省天津县大沽 三、现任职务　商务处职员 四、每月薪金　壹百柒拾陆圆	五、工单号数　五〇五 六、在职年月　二十八年零八个月 七、现时求学之子女　长子大学一人次子东亚学校高等科一人（日本东京）女高中一人
委员会意见		
承认年月日	33年12月27日准给奖学金玖佰元	会长核准印

注意一、请求者须注意奖学金规程第二条第三条第八条第十条
注意二、请求者附送须详细填入上列栏内并记明附件之年月日

军管理开滦矿务总局

互助会奖学金保证函

敬启者　鄙人　今保证　<u>港务</u>局<u>商务</u>处<u>寇赓舜</u>君之子（女）遵章请求互助会奖学金所提出之附件均属确实无讹并担保如有第十条情事发生愿负应行缴还奖学金之责特此具函证明此上
互助会长殿

宋恩起启（盖章）三十三年九月二十五日
现任职务港务局库务处中级职员

附：

证明书

学生寇用经现年十九岁系天津特别市人在本校师范本科三年级肄业合予证明此证

天津特别市市立师范学校校长　刘子章
中华民国三十三年九月

天津特别市立师范学校通知书

第二学年第二学期

科目	修身	卫生	国文	数学	地理	历史	生物	化学	美术	音乐	心理	教育史	日语	矿物
成绩	甲		甲	甲	甲	甲		甲	甲	甲	甲	甲	甲	甲

【102】

奖学金请求书

昭和十九
　　　　年九月二十五日
民国三十三

所属支部　秦皇岛　所属　港务　局　商务　部　处长
资格（员司等级）　中级
氏名　寇賡舜　印
互助会长殿　　　　　　　　　　　　　　　　　card No.206

与会员之关系	氏名	年龄	肄业学校证书	上学期考试报告	保人证书	是否住在开滦学生宿舍
子	寇用礼	二十三	国立北京大学医学院肄业证书（生字第四十三号）一件 三十三年九月	三十三年度上学期三年级成绩单一件 三十三年九月	保人宋恩起证书一件 三十三年九月廿五日	否
请求人资历	一、年龄　四十八岁 二、籍贯　河北省天津县大沽 三、现任职务　商务处职员 四、每月薪金　壹百柒拾陆圆 五、工单号数　二五〇五			六、在职年月　二十八年零八个月 七、现时求学之子女　长子大学一人　次子东亚学校高等科一人（日本东京）女高中一人		
委员会意见						
承认年月日	年　月　日准给奖学金　　　元			会长核准印		

注意一、请求者须注意奖学金规程第二条第三条第八条第十条

注意二、请求者附送须详细填入上列栏内并记明附件之年月日

军管理开滦矿务总局
互助会奖学金保证函

敬启者　鄙人　今保证　港务　局　部　商务　处　寇賡舜　君之子（女）遵章请求互助会奖学金所提出之附件均属确实无讹并担保如有第十条情事发生愿负应行缴还奖学金之责特此具函证明此上

互助会长殿

宋恩起启（盖章）三十三年九月二十五日
现任职务 港务局库务处中级职员

附：

证明书

为证明事查学生寇用礼男性二十三岁河北省天津县人现在本院医学系三年级肄业特此证明此证

国立北京大学医学院院长　鲍鉴清

科目	全身	内科学	外科学	整形学	皮肤花柳科学	便尿器病学	耳鼻咽喉学	绷带学	小儿科学	放射线学	总计	平均	操行
分数	90	75	86	73	93	88	80	70	83	75	813	81.3	甲

【103】

奖学金请求书

昭和十九
　　　年九月三十日
民国三十三

所属支部　秦皇岛　所属　港务　局　部　商务　处长
资格（员司等级）
氏名　李恩春　印
互助会长殿

card No.210

与会员之关系	氏名	年龄	肄业学校证书	上学期考试报告	保人证书	是否住在开滦学生宿舍
女	李秀芸	十九	天津特别市市立师范学校证书一件三十三年九月	第二学年第一学期考试成绩书一件	保人樊鸿文证书一件九月三十日	否
请求人资历	一、年龄　四十二 二、籍贯　天津 三、现任职务　商务处职员 四、每月薪金　捌拾伍圆			五、工单号数　二二三一 六、在职年月　二十六年零四个月 七、现时求学之子女　子一人　小学　女一人师范一人小学		
委员会意见						

续表

承认年月日	年 月 日准给奖学金　元	会长核准印

注意一、请求者须注意奖学金规程第二条第三条第八条第十条
注意二、请求者附送须详细填入上列栏内并记明附件之年月日

军管理开滦矿务总局

互助会奖学金保证函

敬启者　鄙人　今保证　港务　局部　商务　处　李恩春　君之子（女）遵章请求互助会奖学金所提出之附件均属确实无讹并担保如有第十条情事发生愿负应行缴还奖学金之责特此具函证明此上
互助会长殿

樊鸿文启（盖章）三十三年九月三十日
现任职务秦皇岛港务局商务处职员

附：抄件

证明书

学生李秀芸现年十九岁系河北省临榆县人在本校师范本科二年级肄业合予证明此证

天津特别市市立师范学校校长　刘子章
三十三年九月

学业成绩　甲
操行成绩　甲

【104】

奖学金请求书

昭和十九
　　　年九月二十八日
民国三十三

所属支部　秦皇岛　所属　港务　局部　商务　处长
资格（员司等级）中级
氏名　李培林　印

互助会长殿　　　　　　　　　　　　　　　　card No.214

与会员之关系	氏名	年龄	肄业学校证书	上学期考试报告	保人证书	是否住在开滦学生宿舍
子	李学文	二十	北京市立第八中学校证书一件三十三年九月三十一日	北京市立第八中学校成绩表三十三年九月	保人贾会文证书一件三十三年九月二八	否
请求人资历	一、年龄　五十五 二、籍贯　天津县大沽 三、现任职务　商务处职员 四、每月薪金　二百八十元			五、工单号数　二二二四 六、在职年月　三十一年零七个月 七、现时求学之子女　子一人在高中		
委员会意见						
承认年月日	年　月　日准给奖学金　　元				会长核准印	

注意一、请求者须注意奖学金规程第二条第三条第八条第十条
注意二、请求者附送须详细填入上列栏内并记明附件之年月日

军管理开滦矿务总局

　　　　　　　　　互助会奖学金保证函

敬启者　鄙人　今保证　港务　局　部　商务　处　李培林　君之子（女）遵章请求互助会奖学金所提出之附件均属确实无讹并担保如有第十条情事发生愿负应行缴还奖学金之责特此具函证明此上
互助会长殿

　　　　　　　　　　　　　　贾会文启（盖章）卅三年九月廿八日
　　　　　　　　　　　　　　现任职务秦皇岛港务局车务处

　　附：

　　　　　　　　　北京市立第八中学校

　　为证明事查学生李学文年二十岁系天津市人在本校高级第二学年第一学期肄业因请求奖金特此证明

　　　　　　　　　　　　　　　　校长　李如拙
　　　　　　　　　　　　　　　　中华民国三十三年十月四日

北京市立第八中学校学生成绩表　三十三年九月　本校以七十分为及格						
姓名	年龄	籍贯	肄业年级	学期平均分数	品行	备注
李学文	二十	天津市	现在本校高级二年	八三	乙	开滦奖金用

【105】

奖学金请求书

昭和十九
　　　　年九月二十七日
民国三十三

所属支部　秦皇岛　所属　港务　局　商务　部　处长
资格（员司等级）中级
氏名　刘绍康　印
互助会长殿　　　　　　　　　　　　　　　card No.224

与会员之关系	氏名	年龄	肄业学校证书	上学期考试报告	保人证书	是否住在开滦学生宿舍
女	刘砚春	十六	临榆县立秦皇岛初级中学校肄业证明书一件三十三年九月十九日	同上初中第二学年第二学期通知书一件三十三年七月十五日	保人陆克勤保证函一件三十三年九月廿七日	否
请求人资历	一、年龄　四十岁 二、籍贯　河北省保定府下博村 三、现任职务　商务处职员 四、每月薪金　贰佰柒拾伍圆			五、工单号数　二五○三 六、在职年月　十八年零一个月 七、现时求学之子女　女　初中一人　子　小学一人　女　小学二人		
委员会意见						
承认年月日		年　月　日准给奖学金　　元			会长核准印	

注意一、请求者须注意奖学金规程第二条第三条第八条第十条
注意二、请求者附送须详细填入上列栏内并记明附件之年月日

军管理开滦矿务总局

互助会奖学金保证函

敬启者　鄙人　今保证　港务　局　部　商务　处　刘绍康　君之子（女）遵章请求互助会奖学金所提出之附件均属确实无讹并担保如有第十条情事发生愿负应行缴还奖学金之责特此具函证明此上
互助会长殿

　　　　　　　　　　　　　陆克勤启（盖章）三十三年九月二十七日
　　　　　　　　　　　　　现任职务港务局总务处中级职员

附：

证明书

为证明事兹学生刘砚春本学期确在本校中三年级肄业特此证明此致

开滦炭矿台照

临榆县秦皇岛县立初级中学校校长　范保详

中华民国三十三年九月十九日

第二学年第二学期通知书

科目	修身	国文	日语	英语	数学	化学	矿物	历史	地理	劳作	美术	音乐	总计	平均	实得	体育	操行	等第
分数	94.7	83	90.5	80.2	60	63.6	92	83.2	88.4	83	81	83	982.3	81.9	81.9	80	85	甲 6

【106】

奖学金请求书

昭和十九
　　　　年九月二十二日
民国三十三

所属支部　秦皇岛　所属　港务　局　部　商务　处长

资格（员司等级）中级

氏名　马振芳　印

互助会长殿

card No.229

与会员之关系	氏名	年龄	肄业学校证书	上学期考试报告	保人证书	是否住在开滦学生宿舍
女	马秀凤	十六	秦皇岛县立初中学校肄业证书一件三十三年九月廿二日	秦皇岛开滦小学校毕业成绩表一件三十三年七月	樊鸿文君保证书一件三十三年九月廿二日	否
请求人资历	一、年龄　四十六 二、籍贯　河北省通县 三、现任职务　商务处职员 四、每月薪金　壹佰贰拾伍圆			五、工单号数　二一四八 六、在职年月　二十三年八月（民国拾年壹月入局） 七、现时求学之子女　女初中一人　马秀凤　子开滦小学一人马骏良		
委员会意见						

续表

承认年月日	年　月　日准给奖学金　　元	会长核准印

注意一、请求者须注意奖学金规程第二条第三条第八条第十条
注意二、请求者附送须详细填入上列栏内并记明附件之年月日

军管理开滦矿务总局

互助会奖学金保证函

敬启者　鄙人　今保证　港务　局部　商务　处　马振芳　君之子（女）遵章请求互助会奖学金所提出之附件均属确实无讹并担保如有第十条情事发生愿负应行缴还奖学金之责特此具函证明此上
互助会长殿

樊鸿文启（盖章）三十三年九月二十二日
现任职务秦皇岛港务局商务处职员

附：

证明书

为证明事兹查学生马秀凤本学期确在本校中一年级肄业特此证明此致
开滦炭矿台照
临榆县立秦皇岛初级中学校校长　范保详
中华民国卅三年九月廿二日

附秦王岛开滦女子小学毕业成绩报告表

科目项目	修身	国语	算术	习字	英文	自然	历史	地理	日语	体育	音乐	劳作	美术	总计	平均	□期	本期分	平均分	□分	学业分	操行
成绩	97	89.9	68.8	91	85	86.8	74.2	83.9	94.9	84	83	90	73	1101.5	84.73	83.88	82.9	83.39		82.41	83.5	甲

【107】

奖学金请求书

昭和十九
　　　　年九月二十六日
民国三十三

所属支部　秦皇岛　所属　港务　局部　工程　处长　邓灿熙代
资格（员司等级）监工等级
氏名　贾福诠　印
互助会长殿　　　　　　　　　　　　　　　　card No.254

与会员之关系	氏名	年龄	肄业学校证书	上学期考试报告	保人证书	是否住在开滦学生宿舍
子	贾秉贵	十八	天津特别市私立志达中学校证明书一件（民国卅三年八月廿九日）	临榆县立秦皇岛初级中学校毕业成绩表一件（民国卅三年六月）	本局样式第十三号保证函一件（民国卅三年九月廿六日）	现住天津开滦学生宿舍
请求人资历	一、年龄　六十岁 二、籍贯　河北省天津县 三、现任职务　发电厂监工 四、每月薪金　叁佰肆拾圆			五、工单号数　二三三六 六、在职年月　三十三年 七、现时求学之子女　二人		
委员会意见						
承认年月日		年　月　日准给奖学金　　　元			会长核准印	

注意一、请求者须注意奖学金规程第二条第三条第八条第十条
注意二、请求者附送须详细填入上列栏内并记明附件之年月日

军管理开滦矿务总局

互助会奖学金保证函

敬启者　鄙人　今保证　秦皇岛港务　局部　工程　处　贾福诠　君之子（女）遵章请求互助会奖学金所提出之附件均属确实无讹并担保如有第十条情事发生愿负应行缴还奖学金之责特此具函证明此上
互助会长殿

　　　　　　　　　　　　　向于阳启（盖章）三十三年九月二十六日
　　　　　　　　　　　　　现任职务　秦皇岛港务局发电厂电气师

附：

证明书

查学生贾秉贵确系本校高中壹年级学生特此证明此证
　　　　　　　　天津特别市私立志达中学校校长　陈存诚

学生贾秉贵毕业成绩

科目	修身	卫生	国文	日语	英文	数学	动植物	矿物	化学	物理	历史	地理	劳作	美术	音乐	总计	平均	操行	体育
毕业成绩	81.6	80	79.6	94	83.6	83.2	88.3	88.1	72.2	84	79	79.2	78.3	76.7	80	1227.8	81.9	83	87

【108】

奖学金请求书

昭和十九
　　　　年九月　日
民国三十三

所属支部　秦皇岛　所属　港务　局　部　工程　处长
资格（员司等级）监工级
氏名　廖鸿恩　印
互助会长殿　　　　　　　　　　　　　　　card No.261

与会员之关系	氏名	年龄	肄业学校证书	上学期考试报告	保人证书	是否住在开滦学生宿舍
女	廖佩瑛	十八岁	临榆县立秦皇岛初级中学校毕业证明书卅三年六月	同上毕业成绩表卅三年六月	保证书一纸卅三年九月	是（天津）
请求人资历	一、年龄　四十四岁 二、籍贯　河北省天津 三、现任职务　汽车厂匠目 四、每月薪金　一百二十元			五、工单号数　二四一四号 六、在职年月　二十九年 七、现时求学之子女　五人		
委员会意见						
承认年月日	年　月　日准给奖学金　　　元				会长核准印	

注意一、请求者须注意奖学金规程第二条第三条第八条第十条
注意二、请求者附送须详细填入上列栏内并记明附件之年月日

军管理开滦矿务总局

互助会奖学金保证函

敬启者 鄙人 今保证 港务 局 部 工程 处 廖鸿恩 君之子（女）遵章请求互助会奖学金所提出之附件均属确实无讹并担保如有第十条情事发生愿负应行缴还奖学金之责特此具函证明此上
互助会长殿

邓灿熙启（盖章）卅三年九月　日
现任职务 秦皇岛港务局工程处副处长

附：

为证明事兹查女生廖佩瑛本学期确在本校高一肄业特此证明此致

开滦炭矿
天津特别市市立第一女子中学校校长　郑镜沧
中华民国三十三年九月十九日

附初中三年级成绩报告表一份

临榆县立秦皇岛中学校

科目	修身	国文	日语	英语	数学	历史	地理	劳作	图画	音乐	总计	平均	实得	体育	等第	操行
分数	85.6	85	87.4	96	88.3	69	95.2	75	73	86	923.5	84	84	78	甲6	83

【109】

奖学金请求书

昭和十九
　　　　　年九月　日
民国三十三

所属支部 秦皇岛　所属 港务 局 部 工程 处长
资格（员司等级）监工级
氏名 刘朝选 印

互助会长殿　　　　　　　　　　　　　　　　　card No.262

与会员之关系	氏名	年龄	肄业学校证书	上学期考试报告	保人证书	是否住在开滦学生宿舍
子	刘立田	十八岁	临榆县立秦皇岛初级中学校毕业证书三十三年六月	同上毕业成绩表三十三年六月	保证书一纸三十三年九月	是（天津）
请求人资历	一、年龄　五十三岁 二、籍贯　河北省宁河县 三、现任职务　机器厂匠目 四、每月薪金　一百八十五元			五、工单号数　二三九二号 六、在职年月　三十三年 七、现时求学之子女　四人		
委员会意见						
承认年月日	年　月　日准给奖学金　　元				会长核准印	

注意一、请求者须注意奖学金规程第二条第三条第八条第十条
注意二、请求者附送须详细填入上列栏内并记明附件之年月日

军管理开滦矿务总局
　　　　　　　　　　互助会奖学金保证函
敬启者　鄙人　今保证　港务　局部　工程　处　刘朝选　君之子（女）遵章请求互助会奖学金所提出之附件均属确实无讹并担保如有第十条情事发生愿负应行缴还奖学金之责特此具函证明此上
互助会长殿

　　　　　　　　　　　　　　　　邓灿熙启（盖章）　年　月　日
　　　　　　　　　　　　　　　　现任职务秦皇岛港务局工程处副处长

附：
　　　　　　　　　　肄业证明书
　　查学生刘立田年十八岁河北省宁河县人现在本校高中一年肄业中合行发给证明书以资证明此证
　　　　　　　　　　　　天津特别市市立第三中学校校长　钱宝煜
　　　　　　　　　　　　中华民国三十三年十月五日

【110】

奖学金请求书

昭和十九年九月廿四日
民国三十三

所属支部　　所属 港务 局 部 工程 处长
资格（员司等级）中级
氏名 杨凤岐 印
互助会长殿

card No.271

与会员之关系	氏名	年龄	肄业学校证书	上学期考试报告	保人证书	是否住在开滦学生宿舍
父女	杨淑秋	十五	临榆县立秦皇岛中学校 民国三十三年九月十二日	临榆县立秦皇岛中学校民国三十三年七月十日	港务局工程处副处长 民国三十三年九月廿四日	否
请求人资历	一、年龄　四十二岁 二、籍贯　河北天津 三、现任职务　秦皇岛港务局工程处员司			四、每月薪金　一百七十六元 五、工单号数　二三八七 六、在职年月　十六年 七、现时求学之子女　女二名中学		
委员会意见						
承认年月日	33年12月27日准给奖学金陆佰元				会长核准印	

注意一、请求者须注意奖学金规程第二条第三条第八条第十条
注意二、请求者附送须详细填入上列栏内并记明附件之年月日

军管理开滦矿务总局

互助会奖学金保证函

敬启者　鄙人　今保证 港务 局 部 工程 处 杨凤岐 君之子（女）遵章请求互助会奖学金所提出之附件均属确实无讹并担保如有第十条情事发生愿负应行缴还奖学金之责特此具函证明此上
互助会长殿

邓灿熙启（盖章）卅三年九月廿四日
现任职务 秦皇岛港务局工程处副处长

附：

证明书

为证明事兹查学生杨淑秋本学期确在本校中三年级肄业特此证明此致

开滦炭矿台照

临榆县立秦皇岛初中学校校长 范保详

附第二学年第二学期报告表

科目	修身	国文	日语	英语	数学	化学	矿物	历史	地理	劳作	美术	音乐	总计	平均	加分	实得	上学期	体育	等第
分数	99	85.4	95	82.4	92	86.4	92	79.6	97.6	90	86	87	1072.4	89.4	2	91.4	83.9	85	甲三

【111】

奖学金领取记录表

学生	性别	肄业学校	等级	准给金额	领收日期	附注
张福英	女	秦皇岛县立中学	初级	600	44.12.27	
夏宗琅	子	北京大学	大学	1000	44.12.27	
杨淑秋	女	秦皇岛县立中学	初级	600	44.12.27	
袁礼贤	子	北京高级工业学校	专门	900	44.12.27	港务局会员请领奖学金者共百十三人核准者只左记九人 吕学忠印
周菊英	女	北京第一助产学校	专门	900	44.12.27	
张国樑	子	北京第八中学	高级	800	44.12.27	
梁淑灿	女	天津浙江中学	初级	600	44.12.27	
寇用经	女	天津师范学校	专门	900	44.12.27	
毕学曾	子	北京辅仁大学	大学	1000	44.12.27	

【本章前两节所整理档案为秦皇岛港藏"日本军管时期开滦行政、人事等规定办法（1941—1945）"和"有关学校、药费、职员提升事（1944—1945）"，保管卷号分别为24和28；第三节档案为秦皇岛港藏"有关1944年秦皇岛港互助会章程事宜"，原卷号C.N.A459，新卷号5704和"互助会会员申请奖学金"，保管卷号40。】

第二章 教育管理

第一节 华语教育

本节共选译华语教育相关档案6份，内容为日军侵占时期在秦皇岛港为日籍员司设置的华语班情况，包括华语班的具体实施方法、检定试验委员任命事宜、考试与学习奖励规定等。（见图2.1和图2.2）

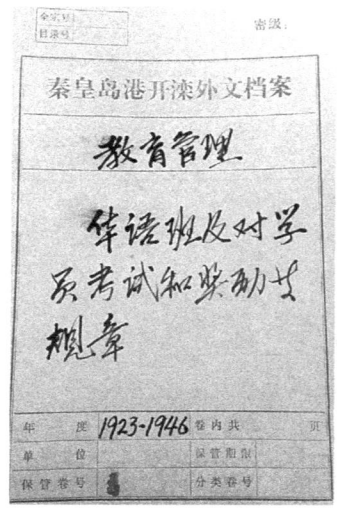 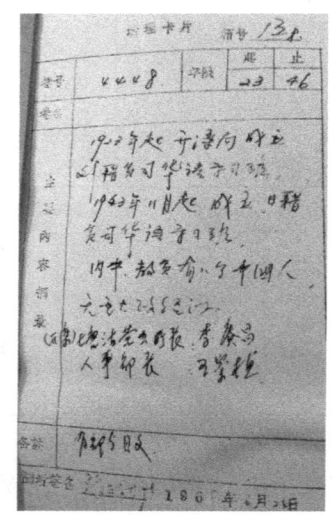

图2.1 本卷档案封皮　　图2.2 本卷档案内容摘要页

【1】

开滦0603号

　　昭和18年10月18日

　　　　　　　　　　　　　　　　　　　　　　　　人事部部长　王崇植

港务局局长　柴田一美先生

有关日本人职员华语学习班实施方法事宜

　　标题之事按附件实施之，以供参考，敬请知悉。

附件

华语讲习会实施要领　1 册

以上

华语学习班实施要领

一、目的

鉴于本煤矿人员配置特点，兹对中国人职员进行日语讲习，复行对全体日本人职员（中年以上者除外）讲习，以达其初级水平华语会话能力。以此增进日华职员间的相互沟通，提高工作效率，以备将来废除英文，采用华文之需。

二、时间

自 10 月 18 日起至明年 3 月末为第 1 期，每周 3 次，下午 5 点开始，每次 1 小时（星期六下午 1 点开始）。

三、课程

初级水平（以会话为主）

四、讲习生

天津在职全体未满 40 岁日本人职员，经委员长指定为学员（但目前已具备初级水平者除外）。

其余人员可自愿参与。（指名讲习生姓名另附）

五、讲师

尾坂嘱讬

六、教科书

《急就篇》，指名讲习生免费领取。

七、日程表

男子班　星期一、三、五

女子班　星期二、四、六

八、会场

总局会议室

九、奖励办法

指名讲习生无故缺席次数多者，经委员长申报，由总经理以玩忽职守论处。出席情况良好且成绩优秀者，课程结束后给予表彰。关于日华语检定考试及奖金规则目前正在商讨中，另行安排。

十、主管人员

为本讲习会顺利实施，特设指导、监督及总务等管理人员如下：

委员长　峰间副局长
委　员　尾坂、大津、手塚、寺本
班　长　男子班　班　长　岸野
　　　　　　　　副班长　平山
　　　　　女子班　班　长　长泽
　　　　　　　　副班长　市原

指名讲习生姓名

男子班

川村旋儿、小久保卓雄、岸野龙三、林田隆介、山岸要三、西田寿一、伊藤七郎、高桥幸雄、平山增一、三原久雄、寺本正文、立川敏、吉田泰藏、住谷茂、大江宪二、中岛福市、山内照夫、河村正太郎、奥泰造、饭塚正治、二宫正都、土屋利彦、垣内康宏、国居实、堀源八郎

以上25名

女子班

宇都见系子、手岛蓉子、山崎贞子、前川幸子、柴田芳江、竹中光子、佐藤加代子、木原スエ、宫本ふき、植田喜代子、阿部古登、矢野千代子、大出登志子、白石绫子、绫部ハナ、宇尾荣子、吉田テル、高间とみ、高杉かね子、山内淑子、兼安文子、市原美佐子、长泽淑子

以上23名

【2】①

谛青吾兄左右敬启者关于矿区华语班事为适应现时需要起见业经呈准总经理自本年11月1日起设立日籍员司华语讲习会原有之西籍员司华语班一仍旧贯兹送上传单一份用备

参考是荷专此饰请

台安

　　附件

翁之熹（签章）拜启

---

① 原档案即为中文，本文依照原文誊录，为便于阅读，仅数字由汉语数字改用阿拉伯数字。

【3】
G—3123 号

昭和 18 年 11 月 6 日

港务局局长　柴田一美

人事部部长　王崇植先生

关于日本人职员华语学习班事宜

标题之事，本港务局依照附件要点预计近日开始实施，敬请知悉。
附件
对港务局日本人职员实施华语讲习要领　一册

【4】
G—3123 号

昭和 18 年 11 月 5 日

关于面向日本人职员开设华语学习班事宜

港务局局长　柴田

　　对中国人职员的日语讲习一直进行中，此番实施华语讲习，以日本人职员掌握华语为目的。在港务局日语讲习会内设华语部，实施要领如下：
一、时间
　　开课时间定为 11 月 15 日，亦即日华善邻周第 1 天，至明年 7 月末为第 1 期，开课时间另行通知。
　　第 2 期以后的开课时间每次另行告知。
二、课程
　　初等水平的会话及现代文猜读
三、讲习生
　　港务局未满 40 岁在职日本人职员，均有接受讲习的义务，称之为义务学员。40 岁以上者亦应尽量参与讲习，但如确有无法参加讲习事由，应事先经港务局长同意。
四、教科书
　　翁克齐著《开滦炭矿华语课程》

五、教室
　　甲组　总务处建筑内
　　乙组　船务处建筑内
六、奖励办法
　　依据日语讲习生实施细则
七、负责人及讲师
　　干事　荒木忠次郎
　　同　　汤泽清
　　讲师　陶文辉
　　同　　岳家光

　　　　　　　　　　　　　　　　　　　　　　　　　　　　以上

【5】

开滦 0603 号
　　昭和 18 年 11 月 19 日

　　　　　　　　　　　　　　　　　　　　　　　人事部部长　王崇植

矿务局局长　　　中岛龟吉先生
港务局局长　　　柴田一美先生
北京事务所所长　永井克太郎先生
东京事务所所长　大平进一先生
塘沽营业所所长　李赓昌先生
上海经理处经理　三井俊雄先生

关于日、华语学奖励事宜

　　题目之事按照附页实施之，敬请知悉。
　　另"语学讲习会制"和"语学检定试验[①]及语学奖金规则"预计以日、华文在公报刊载。
　　附件
　　一、语学讲习会制（日文）
　　二、语学检定试验及语学奖金规则（日文）
　　三、其他（日文）

---

① 该处"语学"与"检定试验"等译文作者依据原档中中文译法。

目录

一、语学讲习会制（方案）

二、语学检定试验及语学奖金规则（方案）

三、其他

（一）改善日语结业人员待遇

（二）日语竞演会

语学讲习会制

第一条　面向职员的日语与华语讲习会，除特殊情况外，依本则执行。

第二条　各局应于适当场地举办讲习会。

第三条　每种语言的讲习会应以6个月为1期，每年举办两期，每周讲习时长为3小时以上，于不影响正常之时间实行之。

第四条　讲习的语学水平分为初等、中等、高等、研究科四类。

第五条　参加讲习会的学员根据需要可由局长指定。被指定的学员作为经局长承认人员参加讲习会，可免费领取教材。

第六条　讲习会讲师由局长委任职员或职员以外者担任，经总经理同意后，可支付其报酬或谢礼。

第七条　局长应根据需要从部门职员中任命负责人，使之负责讲习会的指导、监督以及日常事务。

第八条　局长应监督被指名学员的出勤情况，针对出勤欠佳者以玩忽职守论处。

第九条　完成各期规定课程的学员，以局长之名义颁发其结业证书。

第十条　出勤良好且成绩优秀的学员，结业后经总经理同意，由局长授予其奖状和奖金（或奖品），奖金金额每人不超过百元。

第十一条　局长应在各期讲习会开始前，向总经理提交实施纲要，并征得同意。各期讲习会结束后，应及时向总经理提交附有对学员评价的成绩及出勤状况一览表。

语学检定试验及语学奖金规则

第一条　日语及中国语检定试验（以下简称"试验"）的等级及标准如下所示，标准细则另行规定。

一、日语

特等　普通报纸杂志的报道，论说水平的现代文及近古文的译读，口语、书面语及候文作文，高雅会话及日本概况。

一等　日语讲习会研究科结业水平。

二等　日语讲习会高等结业水平。

三等　日语讲习会中等结业水平。

四等　日语讲习会初等结业水平。

二、中国语

特等　报纸杂志程度白话文、现代文的译读、白话体作文及书信体文语法、高雅会话及中国概况。

一等　《谈论新篇》程度白话文、现代文的译读、主要语法及普通会话、白话体作文及中国地理、历史等概况。

二等　《官话指南》程度白话文的译读、日常会话及白话体作文。

三等　《急就篇》程度白话文的译读、简单会话。

四等　《急就篇》中问答程度的译读、简单会话。

第二条　试验分为预备试验和正式试验，通过预备试验者方可参加正式试验。

第三条　考试科目如下：

预备试验：翻译阅读、作文。

正式试验：会话、听写、翻译阅读。

第四条　试验应每年于春季举行一次，但亦可根据需要随时举行。

第五条　试验语言如为日语，参考人员限非日本人职员；试验语言如为中国语，参考人员限除中国人、满洲国人以外职员。有意参考者每次应在规定日期前提交指定的申请书。通过正式试验者不可再次参加同等级以下的考试，但经特别许可者除外，总经理认为必要时可指定参考者。

第六条　向通过正式考试人员颁发合格证书，并发放下一条例中规定的语学奖金（以下简称"奖金"）。

第七条　奖金自通过试验的次月始，按照以下标准，以两年为限发放。

特等　每月 200 元

一等　每月 100 元

二等　每月 60 元

三等　每月 30 元

四等　无奖金

亦可依每次评议结果，一次性发放奖金或奖品。

第八条　已获得奖金者，如通过了更高等级的考试，于次月依照更高等级的奖金标准发放。

第九条　对于以下一、二所述人员，即便通过考试，也不发放奖金。但经特别同意者不受此限。
　　一　从事日语或中国语翻译工作者。
　　二　因掌握日语或中国语能力已获得待遇提升者。
　　三　除上述两项外，认为无须发放奖金者。

其 他

（一）改善日语结业人员待遇

关于语学检定试验及奖金规则第九条，以日语口译、笔译为本职工作或同等资格者，以擅长日语为条件被录用人员等，无领受奖金之资格。取而代之，以升职加薪等方式改善待遇（今后新录用者同）。另外，在升职加薪评议时对于通过检定试验者应优先考虑，在津贴制以外的基本工资方面需给予优待，以期良好运用此奖励，发挥最大之效果。

关于以上内容，慎重研究后，于明年 4 月为期实施之。

（二）日语竞演会

各地派遣参赛人员参加，在讲演、作文、朗读等方面的，经审查冠军获得者，授予总经理奖。举办方准备明年（1944 年）春举行第一次竞演会。

【6】
开滦秘人第 259 号
　　昭和 19 年 4 月 21 日
秘书部部长　蔡光勋

天津事务局局长　　魏　胙
　　　　　　　　先生
秦皇岛港务局局长　柴田一美

日华语学检定试验委员任命事宜

题目谈及任命之事另件通知。
日华语学检定试验委员
委员长　　王崇植
副委员长　尾坂一佐
委　　员　蔡光勋　寺本正文　川村旋儿　荒木忠次郎（秦皇岛）
　　　　　翁之熹　手塚安一（天津）

干　　事　饭塚计作　　周成棣　　郗毅仲　　松村实　　香月达男
池田静（天津）　　　小林义　男马雄

第二节　日语教育

本节共选译日语教育相关档案 37 份，真实还原了日军侵占秦皇岛港时期实施日语教育的情况，主要内容包括与开滦往来函件、日语讲习会实施细则、语学检定试验以及语学奖励规定等。（见图 2.3、图 2.4 和图 2.5）

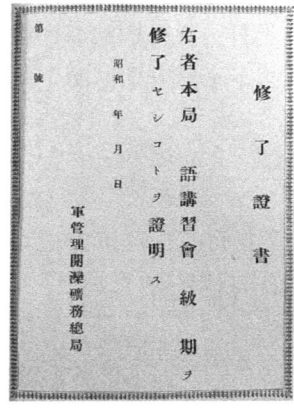

图 2.3　日语讲习会推荐书

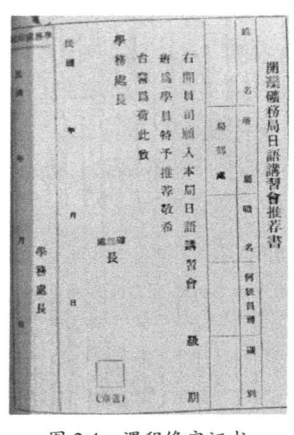

图 2.4　课程修完证书

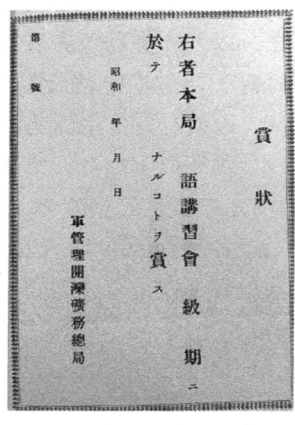

图 2.5　奖状

【7】
军管开滦总秦 18 第 1 号 83 之 1
　　昭和 18 年 6 月 19 日

　　　　　　　　　　　　　　　　　　　　　　　　　港务局局长　柴田一美
东京事务所所长　大平进一先生

求购日语教科书事宜

曾购入的日本语教育振兴会发行《日本语读本》对中国人职员的日语教学上效果显著，讲习生学习进步，高级读本数量不足。请按如下明细寄送。

　　《日本语读本》卷之二　　　　　　　　　80 册
　　同　　　　　卷之三　　　　　　　　　80 册
　　同　　　　　卷之四　　　　　　　　　50 册

| 同 | 卷之五 | 50 册 |
| 同 | 卷之六 | 50 册 |

卷四、五、六不急于购入，今年内得到即可。敝方得知与以上《日本语读本》相对应的教师参考书《日本语读本学习指导书》亦已发行，如若可以，希望购买各卷各3册。

【8】①

昭和18年7月31日

日语讲习会干事　荒木忠次郎
日语讲习会干事　汤泽清

贵处职员日语讲习会成绩通知

本年度贵处职员于本会初等科修业生中之成绩为参考起见兹特随关附送一份希作为次期保荐增薪进级之资料。

船务处

序列	姓名	出席率	口试	笔试	平均	总评	
1	徐汝璋	100	90	93	94.3	甲上	港务局长奖、全勤奖
3	张继声	99	88	93	93.3	甲上	讲习会奖、准全勤奖
5	白玉山	100	78	97	91.6	甲上	讲习会奖、全勤奖
8	冯玉衡	99	78	88	88.3	甲	准全勤奖
9	寇乃沄	98	83	80	87.0	甲	精勤奖
24	邓家铎	90	70	70	76.6	乙	
39	王兰玉	90	60	40	63.3	乙	

工程处

序列	姓名	出席率	口试	笔试	平均	总评	
4	王玉堂	99	93	85	92.3	甲上	讲习会奖、准全勤奖
10	田端	99	84	78	87.0	甲	准全勤奖
17	张宝玉	87	80	75	80.6	甲	

---

① 原档即有中文译文，本文依照原译文誊录，为便于阅读，仅数字由汉语数字改用阿拉伯数字。

续表

序列	姓名	出席率	口试	笔试	平均	总评	
45	田宝书	71	70	40	60.3	乙	
47	张聚方	68	60	40	56.0	丙	
	王杏莛	96				甲	精勤奖

劳务处

序列	姓名	出席率	口试	笔试	平均	总评
16	郑秉辅	87	80	75	80.6	甲
23	吴朝元	91	65	75	77.0	甲
25	张石麟	81	68	80	76.3	乙
29	蓝永庄	76	53	80	69.6	乙
40	曹云祥	94	45	45	61.3	乙
43	张子荣	68	50	65	61.0	丙
51	崔殿鹤	44	45	75	54.6	
	姚秉衡	84				乙
	陈延和	71				乙
	田忠	66				
	李少琴	62				

车务处

序列	姓名	出席率	口试	笔试	平均	总评
27	任家耀	82	62	80	74.6	乙
35	丁传富	76	50	75	67.0	乙
36	王占元	54	54	88	65.3	丙
44	薛永励	67	75	40	60.7	丙
	梁锦诚	74				乙
	王连佑	69				丙
	李德祥	61				丙

医院

序列	姓名	出席率	口试	笔试	平均	总评	
13	葛鸣山	88	78	85	83.6	甲	
49	曹鸿宾	75	60	40	58.3	乙	

会计处

序列	姓名	出席率	口试	笔试	平均	总评	
11	樊浚章	99	75	78	84.0	甲	准全勤奖
15	李春和	99	60	88	82.3	甲	准全勤奖
18	樊浚涵	93	60	85	79.3	甲	
19	宋思潭	80	75	83	79.3	甲	
22	赵善选	90	65	80	78.3	甲	
31	高文祥	66	65	75	68.6	乙	
37	任家辉	70	65	60	65.0	乙	
48	袁我一	62	74	40	58.7	丙	

商务处

序列	姓名	出席率	口试	笔试	平均	总评	
7	何桂元	93	84	93	90.0	甲	
12	樊鸿文	95	63	93	83.6	甲	精勤奖
14	陈国璋	93	80	75	82.6	甲	
20	刘秀山	94	65	78	79.0	甲	
21	刘连步	85	68	83	78.6	乙	
26	王子珍	94	55	78	75.6	甲	
28	张恩强	97	40	78	71.6	甲	精勤奖
32	洪万禄	80	50	75	68.3	乙	
34	王郁文	74	55	73	67.3	乙	
41	孙广英	81	63	40	61.3	乙	
	候万刚	64				丙	

库务处

序列	姓名	出席率	口试	笔试	平均	总评	
2	黄金印	99	97	85	93.44	甲上	讲习会奖、准全勤奖
6	张孝纯	97	80	95	90.6	甲	精勤奖
30	刘绍祺	73	55	80	69.3	乙	
33	李秀峰	88	40	75	67.6	乙	
46	卢家祯	58	81	40	59.6	丙	
	靳连志	81				乙	

总务处

序列	姓名	出席率	口试	笔试	平均	总评	
38	陆克勤	69	55	68	64.0	丙	
42	李连第	81	63	40	61.3	乙	
50	霍庆恩	79	55	40	58.0	丙	

【9】

庶11第42号　昭和18年8月2日　　　　　　　　　　（抄送敝秦皇岛驻在员）
开滦炭贩卖株式会社总务部庶务科

荒木忠次郎先生

关于寄送日华大辞典事宜

敬启者　酷暑之时，恭祝您日益康健。

　　上次您所托购买标题所示辞典23册，按照如下各项邮寄，敬请知悉，特此告知。

敬上

记

一、全册如下分为两次邮寄
　　8月2日发送
　　寄给阁下　3册
　　寄给敝公司驻在员岩本、米山、近藤各3册

共计12册

8月4日发送
与上地址同　　　　　　　　　　　　　　　　　　　　　共计11册
　　　　　　　　　　　　　　　　　　　　　　　　　　　总计23册
一、您所托之书一册4.20元现已无出版，仅有缩印版3.50元，敬请知悉。
　　　　　　　　　　　　　　　　　　　　　　　　　　　　　　以上

【10】

庶11第50号（付四）　　　　　　　　　　　　（抄送敝公司秦皇岛驻在员）
　　　　　　　　　　　　　　　　　　　　开滦炭贩卖株式会社总务部庶务科
开滦炭矿秦皇岛港务局　荒木忠次郎先生

关于日华大辞典货款件

敬启者　恭祝您日益康泰

　　按照2日附件庶11第42号敝信通知，前段时间购买的标题所述辞典23册，已于7日最后全部寄送完毕。辞典签收后请按照以下所示将辞典款项以及邮费支付给敝公司秦皇岛驻在员。特此通知。

　　　　　　　　　　　　　　　　　　记

一、日华大辞典　23册
　　货款单价　3.50元　共计80.50元（按附页凭信）
一、邮费
　　8月3日　邮包　寄至敝公司岩本　3册　0.60元
　　寄至敝公司米山　3册　0.60元
　　同　4日　第四种邮寄　寄至贵处　3册　0.60元
　　寄至敝公司近藤　3册　0.60元
　　同　7日　第四种邮寄　寄至贵处　4册　0.76元
　　寄至敝公司岩本　4册　0.76元
　　寄至敝公司米山　3册　0.60元
　　合计　23册　4.52元（按附页凭信）
　　辞典货款和邮寄费　共计85.02元
　　　　　　　　　　　　　　　　　　　　　　　　　　　　　　　　　以上

【11】

昭和 18 年 8 月 5 日

北支那秦皇岛军管理开滦炭矿港务局

奉天千代田通 40 番地满洲图书文具株式会社　公启

敬启者　祝贵公司日益昌盛。

敝局拟使用贵公司发售的如下书籍为日语讲习会的参考书，在此问询当前是否有断货等情况。如果能够寄送，包含包装、邮费在内多少费用，请一并告知，随即汇款给贵方。

敬上

下记

一、大出正笃编《日语研究宝鉴》　5 册

【12】

昭和 18 年 8 月 5 日

北支那秦皇岛军管理开滦炭矿港务局

新京市西长春大街新京书店出版部　公启

敬启者　祝贵公司日益昌盛。

敝局拟使用贵公司发售的如下书籍为日语讲习会的参考书，在此问询当前是否有断货等情况。如果能够寄送，包含包装、邮费在内多少费用，请一并告知，随即汇款给贵方。

敬上

下记

王玉泉著《日本口语文法》　12 册

【13】

昭和 18 年 8 月 13 日

秦皇岛军管理开滦炭矿港务局　荒木忠次郎

北京东城西总布胡同甲 15 号满洲图书文具株式会社北京办事处　公启

敬启者　恭祝日益昌荣。

曾向贵总公司求购以下书籍，回复为由于管理上的原因，希望向贵处求购。兹将货款及邮寄费合计 8.50 元随信奉上，多有叨扰，万望速寄。

敬上

　　　　　　　　　　　记
大出正笃编《日本语研究宝鉴》 五册

【14】
抄送　人事部部长
G—3450
　　昭和 18 年 8 月 16 日

　　　　　　　　　　　　　　　　　港务局局长　柴田一美
总经理先生

关于港务局日语讲习会

　　本港务局自去年 7 月对中级职员开始实施日语讲习以来，已满 1 年，今年 7 月 3 日举行了初等科结业式。当初，参与讲习者 133 名，初等科结业者按照附表所记为 61 名，落伍者为 72 名，甚为遗憾。但所幸 61 名结业者均取得了不错的成绩，如此学习热情，倘能继续足以增强其信心。此 61 名学员本年度将升入普通科一年、普通科二年，以共计 3 年的学习为一阶段，至此暂且终止讲习。如能从中遴选出优秀人员在高等科学习两年，即可完成培养未来有为职员之计划，所列课程如下：

　　初等科一年　会话　《ハナシコトバ》东亚同文会发行上、中、下
　　　　　　　　阅读　《日本语读本》日语教育振兴会发行卷一、二
　　普通科两年　会话　一级会话（重点在于成为业务上参考）
　　　　　　　　阅读　《日本语读本》卷三、四、五、六
　　　　　　　　作文　汉译日、自由作文、书信文

　　高等科两年以会话、阅读、作文均可达到毫无障碍地使用日语，并成为日常工作语言为培养目标。

　　除以上外，自去年九月以高级员司、高中级员司为一级，称之为特别科。教授要领依照前项，采用英语解释方法。

　　本年度成绩表依据附件，以出勤率的百分比作为衡量讲习生学习热情度的标准。对此以全勤、准全勤、精勤的顺序奖励相应日语学习参考书，且对五名成绩优秀者分别奖予了一等 100 元，二等 50 元，三、四、五等各 30 元的书费。

　　对特别科讲习生未进行特别考查，依据平时成绩以最优、优、良、可来表示其学习能力。

大部分讲习生人过中年，结束日常的工作，在回家应休息的时间，勤于日语学习，确为难得之事。但倘若学习日语者与未学习日语者在待遇上并无二异，势必会削弱难得的学习热情，进而对何时能够摆脱依存英语的现状深表堪忧。故烦请务必在权衡升职加薪之时参照附表，考虑学习日语者与未学习日语者之间的显著差异。

如满铁、华北交通实施口译考试，并分别授予四等、三等、二等、一等、特等局里公认的证书，并一次性或按月分发奖金亦可作为一种方法，另外，每年举行一次日语竞演会，由各局选拔选手，并对优秀者授予总经理奖等亦为提高日语学习热情的权宜之计。总而言之，现在各局各自实施的日语讲习如果仅仅依靠教师势必收效甚微，故务必在各局安排日本人干部监督指导。教授方法亦应适当。再者，本年度将进一步从低级员司及日工中挑选年轻人，简单考查，约择选 60 名，旨在培养未来精通日语的职员。

新建初等科二班，预计 9 月开课。

以上
荒木

【15】

昭和 18 年 9 月 3 日

军管理开滦炭矿秦皇岛港务局　荒木忠次郎

北京东城西总布胡同甲 15 号满洲文具株式会社　公启

敬复者　新秋之时，恭祝贵公司日益兴盛。

以昭和 18 年 8 月 28 日附件贵信第 68 号传达之，《日语研究宝鉴》5 册昨日已收到。货款不足部分 1.50 元经许可随同本信一并邮寄，敬请查收。

匆匆

【16】

G—3450

昭和 18 年 9 月 28 日

港务局局长　柴田一美

东京事务所所长　大平进一先生

领取日本语读本及接收报告书

拜读9月7日附件贵信军管开滦东18第11105号，关于购买及寄送《日本语读本》之事，不胜劳烦，万分感谢。

今已顺利收到如下书籍，特此报告。

下记

《日本语读本》 卷之一　　　50册
同　　　　　　卷之二　　　79册
同　　　　　　卷之三　　　81册

《日本语读本》卷之四、五、六一旦能够购入，万望费心。

与以上书籍一并领取接收报告书80包直接转寄天津总务局。

以上

【17】

G—3450号

昭和19年5月9日

港务局语学检定试验委员　荒木忠次郎

总务局总务部学务处处长　翁文熹先生

寄送第一届日语语学检定预备试验应考者名簿

题目所提之名簿整理如下随信寄送

记

四等应考者　　　　31名
三等应考者　　　　23名
共计　　　　　　　54名

照片收齐后寄送

三等试验应考者

杨凤岐	纪云峰	张金镗	赵　珍	袁我一	白玉山	张继声	黄金印
张孝纯	何桂元	李春和	樊浚章	冯玉衡	郑秉辅	寇乃沄	徐汝璋
姚秉衡	孙广英	王玉堂	李秀峰	张雁题	关鹤田	卢家祯	23名

四等试验应考者

陆克勤	王清华	李金声	蓝永惠	董承恩	张　祥	王甲元	庞锡煆
张聚才	田　瑞	樊浚涵	宋恩潭	刘秀山	田宝书	刘连步	邓家铎
薛勇励	张国樑	杨金山	刘绍祺	梁镇文	陶文辉	贾会文	赵国梁

李茂德　张广文　谢天福　徐泽霖　邓灿熙　张成格　李家祐　31 名

【18】
第一届日语语学检定预备试验施行①

军管理开滦矿务总局　总务局（1941）

一、试验等别

　　二等·三等·四等

二、试验日期及时间

　　5月28日（日曜）自14时30分至16时30分之2小时

三、举行地址及试场之规定

　　唐　山　唐山开滦小学校

　　马家沟　开滦中学校

　　林　西　林西开滦小学校

　　赵各庄　赵各庄小学校

　　唐家庄　唐家庄开滦小学校

　　天　津　（由天津事务局长规定之）

　　塘　沽　塘沽开滦小学校

　　北　京　（由北京事务所长规定之）

　　秦皇岛　秦皇岛开滦男子小学校

四、试验方法

　　各等级均一律规定笔试

五、应考者资格

　　1. 在日本语讲习会进学者

　　2. 未在日本语讲习会进学而志愿应考经有所属部处长之推荐者亦可参加考试

六、报名方法

　　1. 在日本语讲习会进学者

　　在日本语讲习会进学者经各该地讲习会主事（无主事时由主任讲师负责）缮具应验者名簿两份于4月30日以前送交矿务总局总务部学务处俾便预备受验者名簿式样由学务处规定之

　　2. 未在日本语讲习会进学者

---

① 原档即有中文译文，本文依照原译文誊录，为便于阅读，仅数字由汉语数字改用阿拉伯数字。

未在日语讲习会进学而志愿应试者依照报名簿所列填写清楚并将该所属部处长之推荐书应向该地讲习会主事缴交

讲习会主事应于该名簿上红笔字希字样连同前项受验者名簿一并送交学务处注受验者名簿用纸于 4 月 20 日以前由学务处发给之

七、其他注意事项

1. 受验者报名后倘因转勤公伍或其他情形不能在原定地点应试时由本人以电报或以电话向学务处联络之

2. 倘依前项所定连络困难时持有所属部处长证明文件当向举行考试责任者缴交经许可后方能参加考试

3. 凡报名应试于考试必须携带本处发给之受验证及身份证明书或居住证入场

4. 关于本试验倘有不明事项可直接向学务处询问

以上

【19】

第一届日语检定预备试验等级、考场分数分布表

（昭和 19 年 5 月 28 日实施）　　饭塚计作

2等	申请者	应试者	100—90	89—80	79—70	69—60	59—50	49—40	39—30	29—20	19—10	9—0分	备注
唐山	4	4		1		3							
林西	6	6	1		2	3							
唐家庄	4	4					3		1				
天津	2	2								1	1		
计	16	16	1	1	2	6	3		2	1	1		

3等	申请者	应试者	100—90	89—80	79—70	69—60	59—50	49—40	39—30	29—20	19—10	9—0分	备注
唐山	57	54		5	13	7	13	8	3	3	2		至林西1名
马家沟	2	2			1	1							
林西	26	22	1	5	5	2	2	5		1	1		来自唐山1名

续表

3等	申请者	应试者	100—90	89—80	79—70	69—60	59—50	49—40	39—30	29—20	19—10	9—0分	备注
赵各庄	17	16		4	2	1	1	5	1	2			
唐家庄	22	20				3	1	4	5	4	2	1	
天津	21	20		2	2	7	1	1	2	3	1	1	
秦皇岛	23	23	1		2	1	8	4	4	1	2		
计	168	157	2	16	25	22	26	27	15	14	8	2	

4等	申请者	应试者	100—90	89—80	79—70	69—60	59—50	49—40	39—30	29—20	19—10	9—0分	备注
唐山	79	74	15	24	14	5	6	4	4	1		1	
马家沟	22	22		1	6	4	2	2	1	1	4	1	
林西	20	15			3	3	4	2	2		1		
赵各庄	11	11		1	1	1	5	1	1	1			
唐家庄	0	1			1								来自天津1名
天津	11	10					3	1	3	2	1		至唐家庄1名
秦皇岛	31	30		1	1	4	6	6	4	5	3		
计	174	163	16	28	25	21	22	16	15	9	9	2	

【20】

第一届日语检定预备试验各等级个人得分一览表

(昭和19年5月28日施行)饭塚计作

（1）二等之部

考点	准考号	第一题	第二题	第三题	第四题	平均分	作文分数	得分	是否合格
唐山	1	50	75	70	50	61.25	65	63.25	
	2	30	75	75	60	60	75	67.5	

续表

考点	准考号	第一题	第二题	第三题	第四题	平均分	作文分数	得分	是否合格
林西	3	30	80	60	100	67.5	60	63.75	
	4	40	80	60	60	60	80	70	
	5	50	70	60	80	65	75	70	
	6	40	90	75	100	76.25	60	68.125	
	7	50	65	90	90	73.75	55	64.375	
唐家庄	8	50	60	60	30	50	55	52.5	
	9	10	55	25	0	22.5	50	36.25	
	10	10	75	0	90	43.75	70	56.875	
	11	10	70	30	70	45	70	57.5	
天津	12	0	40	0	10	12.5	65	38.75	
	13	20	65	0	0	21.25	0	10.625	
唐山	14	90	100	75	80	86.25	90	88.125	
	15	10	80	75	80	61.25	75	68.125	
林西	16	60	90	95	90	83.75	100	91.875	

（2）三等之部

考点	准考号	第一题	第二题	第三题	第四题	得分	参考分（作文）	是否合格
唐山	1	10	80	90	40	55	65	
	2	50	75	90	5	55	70	
	3	70	80	95	35	70	70	
	4	80	45	75	15	53.75	65	
	5	90	100	95	65	87.5	90	
	6	80	80	85	55	75	90	
	7	90	80	85	50	76.25	90	
	8	缺席						
	9	40	60	75	25	50	50	

续表

考点	准考号	第一题	第二题	第三题	第四题	得分	参考分（作文）	是否合格
唐山	10	10	0	50	15	18.75	40	
	11	50	50	90	50	60	90	
	12	20	15	30	0	16.25	45	
	13	70	80	90	45	71.25	90	
	14	0	30	40	45	28.75	55	
	15	40	80	90	30	60	70	
	16	90	85	90	60	81.25	75	
	17	40	60	75	5	45	40	
	18	100	80	90	45	78.75	100	
	19	70	70	100	45	71.25	90	
	20	10	40	50	5	26.25	45	
	21	70	60	80	5	53.75	60	
	22	50	80	80	50	65	65	
	23	30	40	50	35	38.75	45	
	24	50	65	85	25	56.25	60	
	25	50	60	80	45	58.75	80	
	26	90	90	75	25	70	90	
	27	80	90	80	40	72.5	65	
	28	50	70	70	35	56.25	90	
	29	60	65	80	35	60	85	
	30	70	95	100	65	82.5	95	
	31	90	60	85	45	70	50	
	32	70	90	95	55	77.5	80	
	33	40	80	65	30	53.75	75	
	34	50	95	75	15	58.75	60	
	35	90	80	95	65	82.5	90	
	36	70	35	70	60	58.75	45	

续表

考点	准考号	第一题	第二题	第三题	第四题	得分	参考分（作文）	是否合格
唐山	37	80	85	90	55	77.5	85	
	38			缺席				
	39	30	65	55	15	41.25	40	
	40	80	90	95	85	87.5	85	
	41	30	60	80	20	47.5	40	
	42	20	30	70	5	31.25	45	
	43	20	20	85	45	42.5	65	
	44	70	70	55	50	61.25	50	
	45	60	70	95	60	71.25	80	
	46	30	35	90	10	42.25	60	
	47	40	45	75	10	42.5	65	
	48	60	80	90	40	67.5	75	
	49	50	45	85	10	47.5	40	
	50	30	65	75	65	58.75	75	
	51	10	60	85	40	48.75	65	
	52	50	30	0	45	31.25	70	
	53	60	55	65	50	57.5	75	
马家沟	54	30	85	90	35	60	65	
	55	60	85	85	50	70	65	
林西	56	100	70	80	85	83.75	70	
	57	60	60	75	55	62.5	65	
	58	70	70	70	10	55	50	
	59	100	85	95	80	90	55	
	60	10	20	35	15	20	30	
	61	100	75	75	70	80	65	
	62	80	70	90	80	80	40	
	63	90	80	100	65	83.75	85	

续表

考点	准考号	第一题	第二题	第三题	第四题	得分	参考分（作文）	是否合格
林西	64	60	75	75	50	65	70	
	65	70	90	75	70	76.25	85	
	66	80	75	85	40	70	70	
	67	缺席						
	68	缺席						
	69	缺席						
	70	40	35	70	65	52.5	60	
	71	0	0	55	5	15	35	
	72	60	70	85	70	71.25	50	
	73	缺席						
	74	缺席						
	75	70	80	85	90	81.25	65	
	76	50	70	70	95	71.25	50	
	77	70	30	60	45	41.25	40	
	78	60	85	90	45	70	75	
	79	30	70	45	25	42.5	30	
	80	30	70	70	5	43.95	60	
	81	20	60	65	25	42.5	60	
赵各庄	82	30	40	65	55	47.5	60	
	83	30	40	75	25	42.5	30	
	84	90	50	60	70	67.5	50	
	85	100	85	95	15	73.75	80	
	86	100	85	75	45	76.25	75	
	87	40	65	75	40	55	65	
	88	缺席						
	89	50	55	40	15	40	75	
	90	10	0	80	40	32.5	55	

续表

考点	准考号	第一题	第二题	第三题	第四题	得分	参考分（作文）	是否合格
赵各庄	91	90	80	90	60	80	85	
	92	100	95	90	35	80	75	
	93	90	75	95	60	80	70	
	94	30	40	55	35	40	35	
	95	0	40	40	5	21.25	60	
	96	80	95	85	80	85	40	
	97	50	50	60	25	46.25	50	
	98	10	20	55	25	27.5	50	
唐家庄	99	缺席						
	100	缺席						
	101	10	0	20	15	11.25	40	
	102	0	0	45	20	16.25	35	
	103	30	0	60	25	28.75	65	
	104	50	0	50	30	32.5	50	
	105	10	0	40	75	31.25	60	
	106	20	30	70	25	36.25	50	
	107	0	0	0	15	3.75	40	
	108	30	0	55	15	25	30	
	109	20	35	85	25	41.25	75	
	110	10	20	70	5	26.25	50	
	111	70	50	65	35	55	75	
	112	20	55	55	40	42.5	65	
	113	70	15	65	15	41.25	60	
	114	0	35	55	10	25	50	
	115	60	65	70	45	60	70	
	116	80	40	85	40	61.25	60	
	117	20	40	60	35	38.75	75	

续表

考点	准考号	第一题	第二题	第三题	第四题	得分	参考分（作文）	是否合格
唐家庄	118	10	35	70	15	42.5	45	
	119	60	90	85	25	65	80	
	120	20	20	55	25	30	50	
天津	121	50	75	90	35	62.5	70	
	122	70	80	80	75	76.25	75	
	123	40	50	75	20	46.25	75	
	124	0	0	30	5	8.75	30	
	125	30	50	100	65	61.25	85	
	126	90	85	95	60	82.5	80	
	127	20	25	70	35	37.5	35	
	128	40	75	85	65	66.25	70	
	129	40	90	75	65	67.5	75	
	130	10	0	60	15	21.25	60	
	131	20	20	50	50	35	60	
	132	30	70	80	45	56.25	80	
	133	30	90	80	60	65	80	
	134	90	80	85	65	80	85	
	135	40	70	95	80	71.25	75	
	136	0	0	30	15	11.25	0	
	137	50	80	90	55	68.75	70	
	138	20	10	45	35	27.5	75	
	139	缺席						
	140	10	0	50	40	25	75	
	141	20	90	95	60	66.25	90	
秦皇岛	142	100	90	95	100	96.25	95	
	143	20	50	70	30	42.5	35	
	144	0	0	60	10	17.5	30	

续表

考点	准考号	第一题	第二题	第三题	第四题	得分	参考分（作文）	是否合格
秦皇岛	145	30	50	75	75	57.5	80	
	146	10	0	55	5	17.5	30	
	147	60	70	75	15	55	60	
	148	60	50	95	15	55	65	
	149	30	15	45	25	28.75	30	
	150	0	35	70	60	41.25	30	
	151	10	20	60	30	30	65	
	152	90	80	75	40	71.25	40	
	153	50	0	65	20	33.75	35	
	154	10	0	95	15	30	50	
	155	50	50	65	40	51.25	70	
	156	40	40	75	40	48.75	65	
	157	10	60	80	20	42.5	65	
	158	60	70	85	65	70	55	
	159	80	50	45	30	51.25	55	
	160	10	50	60	20	35	55	
	161	40	65	70	70	61.25	55	
	162	30	65	95	25	53.75	50	
	163	60	75	80	40	63.75	65	
	164	40	35	90	35	50	50	
林西	165	30	80	65	15	47.5	70	在唐山申请者
唐山	166	0	10	50	25	21.25	40	
	167	70	70	75	40	63.75	75	
	168	80	80	95	65	77.5	70	

（3）四等之部

考点	准考号	第一题	第二题	第三题	第四题	得分	参考分	是否合格
唐山	1	30	50	60	0	35	60	
	2	30	80	40	35	46.25	20	
	3	缺席						
	4	70	50	70	70	65	60	
	5	90	70	85	95	85	60	
	6	100	90	55	85	82.5	70	
	7	100	90	70	95	88.75	90	
	8	70	90	70	100	82.5	90	
	9	100	90	80	90	90	90	
	10	60	50	50	80	60	0	
	11	70	80	85	95	82.5	90	
	12	90	90	65	85	82.5	60	
	13	80	60	90	75	76.25	60	
	14	90	80	85	90	86.25	70	
	15	100	80	75	85	85	40	
	16	70	80	70	90	77.5	90	
	17	100	100	75	95	92.5	70	
	18	100	80	70	85	83.75	60	
	19	50	60	55	50	53.75	65	
	20	70	30	40	35	43.75	0	
	21	100	80	60	95	83.75	50	
	22	60	50	40	45	48.75	50	
	23	90	80	75	100	86.25	50	
	24	100	100	60	90	87.5	60	
	25	100	90	50	95	83.75	60	
	26	90	70	65	80	76.25	40	
	27	缺席						

续表

考点	准考号	第一题	第二题	第三题	第四题	得分	参考分	是否合格
唐山	28	80	50	65	95	72.5	70	
	29	70	80	45	65	65	20	
	30	80	80	40	70	67.5	40	
	31	100	90	80	95	91.25	85	
	32	100	90	60	95	86.25	75	
	33	100	100	75	95	92.5	100	
	34	80	40	35	40	48.75	30	
	35	50	40	50	10	37.5	50	
	36	50	70	65	50	58.75	0	
	37	50	60	60	55	56.25	65	
	38	100	100	85	100	96.25	95	
	39	80	60	60	80	70	0	
	40	100	90	70	90	87.5	100	
	41	100	100	75	95	92.5	90	
	42	100	100	60	80	85	0	
	43	90	80	55	70	73.75	0	
	44	100	100	90	90	95	90	
	45	30	50	60	60	50	0	
	46	90	60	80	75	76.25	80	
	47	100	100	80	75	88.75	90	
	48	100	90	70	100	90	0	
	49	90	100	65	90	86.25	0	
	50	60	80	50	60	62.5	50	
	51	70	90	70	90	80	80	
	52	100	90	65	95	87.5	0	
	53	90	90	75	100	88.75	90	
	54	70	80	75	70	73.75	90	

续表

考点	准考号	第一题	第二题	第三题	第四题	得分	参考分	是否合格
唐山	55	缺席						
	56	90	90	90	95	91.25	85	
	57	70	40	30	75	53.75	70	
	58	70	80	75	70	73.75	90	
	59	70	90	55	75	72.5	75	
	60	90	80	80	95	86.25	90	
	61	100	90	75	95	90	75	
	62	缺席						
	63	90	100	70	95	88.75	0	
	64	100	100	80	100	95	80	
	65	100	100	75	95	92.5	90	
	66	80	80	50	90	75	55	
	67	20	30	60	20	32.5	65	
	68	30	50	60	10	37.5	30	
	69	100	90	90	90	92.5	0	
	70	60	60	80	90	72.5	80	
	71	100	100	95	95	97.5	80	
	72	60	100	85	55	75	80	
	73	20	20	50	15	26.25	0	
	74	50	70	55	60	58.75	0	
	75	80	80	75	80	78.75	85	
马家沟	76	90	100	75	90	88.75	80	
	77	90	40	70	95	73.75	100	
	78	70	50	55	75	62.5	80	
	79	90	70	60	95	78.75	90	
	80	100	70	65	75	77.5	70	
	81	90	30	70	55	61.25	60	

续表

考点	准考号	第一题	第二题	第三题	第四题	得分	参考分	是否合格
马家沟	82	90	50	40	55	58.75	45	
	83	50	40	50	45	46.25	65	
	84	0	0	10	0	2.5	20	
	85	50	90	70	90	75	75	
	86	50	20	40	15	31.25	0	
	87	10	0	45	0	13.75	0	
	88	50	10	45	0	26.25	0	
	89	90	60	60	90	75	85	
	90	80	50	55	60	61.25	70	
	91	90	90	65	70	78.75	85	
	92	60	40	65	30	48.75	50	
	93	20	40	75	70	51.25	80	
	94	0	20	45	0	16.25	20	
	95	10	20	45	0	18.75	10	
	96	10	0	45	0	13.75	0	
	97	90	50	70	65	68.75	50	
林西	98	20	20	30	0	17.5	0	
	99	30	50	50	0	32.5	40	
	100	70	50	50	15	46.25	0	
	101	20	60	70	55	51.25	0	
	102	40	90	75	15	55	40	
	103	缺席						
	104	70	60	70	50	62.5	0	
	105	缺席						
	106	80	100	70	60	77.5	85	
	107	80	100	70	25	68.75	20	
	108	80	70	60	80	72.5	65	

续表

考点	准考号	第一题	第二题	第三题	第四题	得分	参考分	是否合格
林西	109	50	70	55	80	63.75	75	
	110	70	80	65	100	78.75	40	
	111	30	50	65	0	36.25	50	
	112	缺席						
	113	40	50	55	60	51.25	70	
	114	50	50	40	30	42.5	80	
	115	70	50	55	60	58.75	75	
	116	缺席						
	117	缺席						
赵各庄	118	70	60	60	85	68.75	0	
	119	60	70	70	80	70	70	
	120	100	70	70	100	85	75	
	121	50	40	40	15	36.25	35	
	122	100	100	95	95	97.5	85	
	123	50	60	85	60	63.75	85	
	124	70	70	55	70	66.25	20	
	125	60	70	55	65	62.5	55	
	126	70	60	50	40	55	70	
	127	60	30	60	40	47.5	0	
	128	60	80	75	55	67.5	60	
天津	129	20	10	40	0	17.5	0	
	130	10	40	45	10	26.25	0	
	131	30	20	65	35	37.5	0	
唐家庄	132	60	100	80	85	81.25	0	天津申请考试
天津	133	20	10	60	55	36.25	35	
	134	10	20	40	15	21.25	0	

续表

考点	准考号	第一题	第二题	第三题	第四题	得分	参考分	是否合格
天津	135	20	20	55	60	38.75	0	
	136	20	30	60	60	42.5	0	
	137	20	40	70	70	50	0	
	138	30	20	75	85	52.5	70	
	139	30	60	60	60	52.5	75	
秦皇岛	140	70	80	90	85	81.25	65	
	141	40	80	55	60	58.75	65	
	142	20	80	35	40	43.75	0	
	143	50	90	45	85	67.5	0	
	144	30	40	60	70	50	40	
	145	50	80	65	55	62.5	35	
	146	0	20	55	10	21.25	0	
	147	0	30	30	0	15	0	
	148	30	40	55	35	40	40	
	149	20	40	60	70	47.5	30	
	150	0	20	50	0	17.5	0	
	151	20	20	80	70	47.5	60	
	152	20	40	45	65	42.5	75	
	153	20	40	40	0	25	0	
	154	40	60	70	95	66.25	65	
	155	10	10	55	20	23.75	20	
	156	50	50	55	55	52.5	60	
	157	40	40	50	20	37.5	0	
	158	缺席						
	159	0	40	25	0	16.25	40	
	160	0	60	50	30	35	30	
	161	40	20	35	15	27.5	25	

续表

考点	准考号	第一题	第二题	第三题	第四题	得分	参考分	是否合格
秦皇岛	162	80	70	75	25	62.5	55	
	163	30	60	60	60	52.5	40	
	164	10	40	35	0	21.25	25	
	165	40	70	55	45	52.5	75	
	166	80	90	65	75	77.5	85	
	167	30	10	65	20	31.25	0	
	168	40	50	70	40	50	50	
	169	50	30	55	40	43.75	20	
	170	10	40	35	50	33.75	20	
唐山	171	90	100	75	80	86.25	25	
	172	100	100	75	100	93.75	100	
	173	缺席						
	174	缺席						

以上

【21】[①]

昭和 19
　　　年 6 月 14 日
民国 33

　　　　　　语学检定试验委员会委员长　王崇植

兹将民国 33 年 5 月举行之第一届日本语语学检定预备试验合格者揭示于后，本试验预定在 8 月 10 日前后举行，受验者务希熟记下列各项以备奖试为要。

一、试验日期　（将来详细发表）
二、试验地点　唐山　马家沟　林西　赵各庄　唐家庄　天津　秦皇岛
三、试验程度　二等　标准日本语读本卷三学习完了之程度

[①] 本件遵照原文中文译文未作改动，为方便阅读，标点为作者加入，数字采用阿拉伯数字。

三等　同上　　卷二　同上
　　四等　同上　　卷一　同上
四、试验方法会话讲读笔试听写

以上

记

预备试验合格者姓名发表①

等级	地名	准考号	姓名	等级	地名	准考号	姓名
二等	唐山	1	俞凤英	四等	唐山	4	赵珊
		2	冯兴华			5	刘福禄
		14	高聪敏			6	孙桂庭
		15	霍维通			7	张祯
	林西	3	李天佐			8	何涤非
		4	李志忠			9	王学成
		5	李福茂			10	王锦辉
		6	赵葆光			11	郑怀之
		7	周秀江			12	佟凯勋
		16	刘丕坤			13	邓廷文
	唐家庄	8	关永伦			14	侯海山
		10	刘继曾			15	王大陆
		11	宁玉华			16	孙鸿才
三等	唐山	1	朱逊人			17	魏履泰
		2	闫遇勃			18	吴泽普
		3	王士华			19	李树本
		4	孙鹤庭			21	史志勇
		5	徐世柣			23	孙鸿德
		6	赵豁通			24	康孝先
		7	马维藩			25	夏永

---

① 原档无表格且为日文，本表格为作者制和译。

续表

等级	地名	准考号	姓名	等级	地名	准考号	姓名
三等	唐山	9	王有才	四等	唐山	26	李中香
		11	张文阁			28	王宗圣
		13	寇汪华			29	魏钟灵
		15	高增识			30	高文卿
		16	刘全民			31	史光耀
		18	刘起发			32	张德海
		19	陈维勤			33	孙关炳
		21	王维礼			36	刘迁勋
		22	王守堂			37	范锦江
		24	李文璋			38	曹金岚
		25	高文俊			39	梁树森
		26	白宝琳			40	檀广成
		27	杨玉成			41	何荫基
		28	张雅轩			42	戚荣昌
		29	刘尚文			43	颜荣贵
		30	刘恩充			44	柱明广
		31	王池			45	计庚祥
		32	雷春茂			46	王忠信
		33	刘振声			47	卢达生
		34	朱熙			48	徐瑞华
		35	杨华柱			49	冯如珠
		36	徐春霖			50	苏玉田
		37	陆成桂			51	米成玉
		40	王弼			52	赵淑贞
		43	赵福永			53	李菊
		44	吕茂萱			54	潘洪仁
		45	高组业			56	徐孟琏
		46	陈国英			57	赵明德

续表

等级	地名	准考号	姓名	等级	地名	准考号	姓名
三等	唐山	47	朱履和	四等	唐山	58	郭维垿
		48	郑庆隆			59	张锡珍
		50	张奕华			60	吴自刚
		51	陈显第			61	张增贤
		53	王鹤兰			63	卢达成
	马家沟	54	相金生			64	郑永昌
		55	刘汉忠			65	宋文郁
	林西	56	汤继安			66	曹金峰
		57	张敬波			69	孟广誉
		58	张万泽			70	薄宽
		59	张贺中			71	孙孝恩
		61	吴泽润			72	卢贺恭
		62	张春山			74	刘鸿武
		63	刘仲全			75	刘国华
		64	孙璋焕			76	李福伦
		65	高秀夫			77	叶竞存
		66	王家贵			78	耿锡慧
		70	万守义			79	王菊如
		72	程蕴良			80	贾维经
		75	萧曹智			81	陈桂杰
		76	刘治华		马家沟	82	田琇瑛
		78	马沄			83	梁合胜
		80	刘献荣			85	王其汶
		81	胡定一			89	刘相彬
	赵各庄	82	楚书琴			90	门连仲
		84	曹德本			91	陈佑之
		85	提倬云			93	冯寿龄
		86	王僧林			97	李□光

续表

等级	地名	准考号	姓名	等级	地名	准考号	姓名
三等	赵各庄	87	丁润	四等	林西	101	董堃
		89	张锡之			102	孙桐
		91	郑世芳			104	王绍品
		92	董志中			106	王锡棠
		93	赵荣祥			107	徐和
		96	陈冠宇			108	张慕仁
	唐家庄	109	孙华庭			109	王凤彩
		111	李立堂			110	缪斯
		112	陈有继			113	陈维宝
		113	王金波			114	鲁渊如
		115	王锡铎			115	徐树声
		116	李文辉			118	杨维宗
		119	李文祥			119	张书田
	天津	121	宫延纲		赵各庄	120	刘喆
		122	张学清			122	刘金池
		123	陈继荣			123	晏恩璧
		125	董宝光			124	郑绍臣
		126	韩镇			125	刘宗尧
		128	曹智			126	许文华
		129	金凌晖			128	张连仲
		131	刘式琪		天津	132	吴金藻
		133	张仲诚			137	张光辉
		134	黄秉纶			138	汤恩荣
		135	吴禄夫			139	林宝镩
		137	何清伦		秦皇岛	140	李家祐
		141	王君筹			141	陶文辉
	秦皇岛	142	关鹤日			143	贾会文
		145	张金镗			144	张成格

续表

等级	地名	准考号	姓名	等级	地名	准考号	姓名
三等	秦皇岛	147	王玉堂	四等	秦皇岛	145	赵国梁
		148	孙广英			151	刘连步
		150	徐汝璋			152	刘秀山
		152	郑秉辅			154	宋恩覃
		155	何桂元			162	李茂德
		156	白玉山			163	张国良
		157	张继声			165	李金声
		158	黄金印			166	王清华
		159	张孝纯			168	张广文
		161	袁我一			156	樊浚涵
		162	赵珍			171	牛振英
		163	杨凤岭			172	刘静愧
		164	卢家祯				
	唐山	165	张国权				
		167	徐蕙贞				
		168	李恩共				

合格者数：二等 13　三等 107　四等 116　合计：236

以上

【22】[①]

日语语学检定试验正式试验日程

日期　星期　　　考试地点　　　上午　　　　下午　　　　住在地
　　　　　　　　　　　　　9 时—12 时　2 时—5 时
8 月 14 日（星期一）天　津　　三等 13 名　　四等 4 名　　天　津

---

① 原档案即为中文，为便于阅读，数字改用阿拉伯数字。

同15日（星期二）				秦皇岛
同16日（星期三）	秦皇岛	三等14名	四等14名	秦皇岛
同17日（星期四）	唐家庄		二等3名	
			三等7名	林　西
同18日（星期五）	赵各庄	三等10名	四等9名	林　西
同19日（星期六）	林　西	二等6名		
		四等11名	三等17名	唐　山
同21日（星期一）	马家沟	三等2名		
		四等14名		
同22日（星期二）	唐　山	四等20名	四等20名	
		（4号至25号）	（26号至48号）	
同23日（星期三）	唐　山	四等24名	二等4名	
		（49号至172号）		
同24日（星期四）	唐　山	三等20名	三等23名	
		（1号至27号）	（28号至168号）	

【23】①

荒木委员先生

第四期日语讲习会开讲通告

本局第四期日语讲习会按照下列要项开始讲授，志愿入学者可填具申请书经由所属各部处长之推荐向本局学务处报名。

注意　报名期限　7月15日止　过期概不接受

申请书格式　可向各矿讲习会主事（开滦小学校长）索取

　　　　　　　　　计　开

一、开讲起止期间

自民国33年8月1日起至34年1月31日止计6个月

二、开讲时间

每星期一、三、五三日下午5时半至7时讲授1小时或1个小时半

---

① 原档案即为中文，为便于阅读，数字改用阿拉伯数字。

三、开讲地点及班别

	中级后期班	中级前期班	初级后期班	初级前期班	合计班数
唐山	3	3	3	3	12
马家沟	1	0	1	1	3
林西	1	0	1	1	3
赵各庄	1	1	1	1	4
唐家庄	1	1	1	1	3
合计	7	4①	7	7	25

  备　考　各班程度

    中级后期班　标准日本语读本卷三自第 1 课起讲授

    中级前期班　标准日本语读本卷二自第 15 课起讲授

    初级后期班　标准日本语读本卷一自第 41 课起讲授

    初级前期班　标准日本语读本卷一自第 1 课起讲授

四、入学考试

  1 第三期日语讲习会修了者各按照程度无试升级

  2 初级前期班无试验入学

  3 非第三期日语讲习会学员愿入初级后期以上班次者于 7 月 24 日下午 5 时半举行编级考试及格者许可入学

五、特典

  1 入学学员无费发给教科书

  2 期满经考试及格者授奖修了证书

  成绩优良者授奖优良证书

  从无缺席者授奖精勤奖状

六、其他

  关于本讲习会有不详细之处可直接向本局学务处询问之

总务部　学务处
民国 33 年 6 月 15 日

---

① 原档案即为此数目，根据合计班数数量推测或为唐家庄中级前期班数量有误。

【24】

开滦语学讲习会课程表[①]

周数	月	日	星期	初级前期	初级后期	中级前期	中级后期
1	8	16	星期三	开课仪式标准日语读本卷一	开课仪式标准日语读本卷一、二	开课仪式标准日语读本卷二	开课仪式标准日语读本卷三
		18	星期五				
2	8	21	星期一	发音基础	第41課 野原 第42課 物の数え方	第15課 本屋の買い物 第16課 金銭	第1課 新年
		23	星期三				
		25	星期五				
3		28	星期一	发音基础	第43課 何処の学校 第44課 原籍と現住所	第17課 電話 第18課 取次	第2課 日本の祝祭日
		30	星期三				
		1	星期五				
4		4	星期一	第1課 何ですか 第2課 だれですか	第45課 冬 第46課 動詞の用法	第19課 訪問 第20課 秋	第3課 為替と小包
		6	星期三				
		8	星期五				
5	9	11	星期一	第3課 これ・それ・あれは何ですか 第4課 何がありますか	第47課 雑貨屋 第48課 田中さん	第21課 小包 第22課 習字	第4課 物の数え方
		13	星期三				
		15	星期五				
6		18	星期一	第5課 誰がいますか 第6課 はい	第49課 応接室 第50課 時計	第23課 ラジオ体操 第24課 スケート	第5課 語学試験を受けて
		20	星期三				
		22	星期五				
7		25	星期一	第7課 いいえ 第8課 誰の靴	第51課 小さい妹 （月末考査）	第25課 雪の日 （月末考査）	第6課 汚れた靴 （月末考査）
		27	星期三				
		29	星期五				

① 原表为竖表，此表为作者制，为方便阅读，教材各课题目改为现代日语书写，数字改用阿拉伯数字。

续表

周数	月	日	星期	初级前期	初级后期	中级前期	中级后期
8	10	2	星期一	第9課 ここ・そこ・あそこ 第10課 数	第52課 兎と亀 第53課 缺勤	第26課 山田先生 第27課 不幸なの	第7課 プラットホームにて
		4	星期三				
		6	星期五				
9		9	星期一	第11課 おはようございます 第12課 先生の詞	第54課 小鳥 第55課 遠足	第28課 動詞の活用 第29課 公園	第8課 奉天から北京まで
		11	星期三				
		13	星期五				
10		16	星期一	第13課 読みました 第14課 学校	第56課 日本の貨幣 第57課 万年筆	第30課 朝の挨拶 第31課 百貨店	第9課 案内依頼問答
		18	星期三				
		20	星期五				
11		23	星期一	第15課 缺席 第16課 昨日	第58課 靴屋 第59課 旅行 （月末考査）	第32課 マッチ 第33課 カレンダー （月末考査）	第10課 銀行 （月末考査）
		25	星期三				
		27	星期五				
12		30	星期一	第17課 日曜日 第18課 今日は何日ですか	第60課 御土産 卷二第1課 畑	第34課 鵜と鳥 第35課 夏は暑い	第11課 日本の家
	11	1	星期三				
		3	星期五				
13		6	星期一	第19課 春 第20課 反対語	第2課 杏の花 第3課 仮名遣	第36課 片仮名と平仮名 第37課 友人の手紙	第12課 大掃除
		8	星期三				
		10	星期五				
14		13	星期一	第21課 姓名 第22課 何歳ですか	第4課 新しい帽子 第5課 種痘	第38課 招待状 第39課 初対面の挨拶	第13課 訪問の作法
		15	星期三				
		17	星期五				
15		20	星期一	第23課 私は 第24課 私の教室	第6課 語学試験 第七課 弟	第40課 ダリヤの花 第41課 南京虫と蚤	第14課 就職依頼
		22	星期三				
		24	星期五				

续表

周数	月	日	星期	初级前期	初级后期	中级前期	中级后期
16	11	27	星期一	第25課 掃除 （月末考査）	第8課 私の家の猫 第9課 隣の犬 （月末考査）	第42課 形容詞の活用 第43課 大豆 （月末考査）	第15課 葉書文 （月末考査）
		29	星期三				
		1	星期五				
17	12	4	星期一	第26課 今日の天気 第27課 時間	第10課 国旗 第11課 恩	第44課 鏡 第45課 賢い兄弟	第16課 時計の話
		6	星期三
		8	星期五
18		11	星期一	第28課 一日 第29課 朝の仕事	第12課 父の病気 第13課 電報	第46課 口頭試問 第47課 会社のボーイ	第17課 日本語の代名詞
		13	星期三
		15	星期五
19		18	星期一	第30課 反対語 第31課 今年	第14課 町並木 第15課 本屋の買い物	第48課 道を聞く 第49課 すき焼き	第18課 病気と衛生
		20	星期三
		22	星期五
20		25	星期一	第32課 四季 （月末考査）	第16課 金銭 第17課 電話 （月末考査）	第50課 笑話 第51課 果物 （月末考査）	第19課 暑さ （月末考査）
		27	星期三
		29	星期五
21		1	星期一	停课	停课	停课	停课
		3	星期三
		5	星期五
22	1	8	星期一	第33課 夏 第34課 私の家	第18課 取次 第19課 訪問	第52課 新しい洋服 第53課 貯金	第20課 日本の大都会
		10	星期三
		12	星期五
23		15	星期一	第35課 私の家族 第36課 方角	第20課 秋 第21課 小包	第54課 年末賞与 第55課 買物依頼	第21課 日本人の衣服
		17	星期三
		19	星期五

续表

周数	月	日	星期	初级前期	初级后期	中级前期	中级后期
24	1	22	星期一	第37课 町 第38课 乗物	第22课 習字 第23课 ラジオ体操	第56课 転勤 第57课 見送り	第22课 暦
		24	星期三				
		26	星期五				
25		29	星期一	结课考查	结课考查	结课考查	结课考查
		31	星期三				

注：

初级前期班完全以原型基础学习为重点，以会话为中心进行反复练习。鉴于词汇较少、原型简单，反复练习容易使学习者丧失兴趣，因此，教师应注重经常改革教学方法。本期结束务必学习至第35课。

初级后期班与前期班同样为巩固基础的时期，仍需要致力于反复地会话练习。本期结束应学习至第20课。

中级前期班的前半期教学采用初级后期班的方法和概略。实行概略一时应将重点由听力方法转移至说话方法，作为准备时期，应采取多听、多想、多说式的教学方法，中级前期班的后半期则由以说话方法为中心进而转入重视阅读方法的阶段。作为准备时期，需要特别考量教学方法。应充分注意教授平假名的使用、正确书写字体。如果完成中级前期班的课程，全体学员能够通过日语语学检定试验四等，会话、讲读、听写等各方面均较为熟练，这些需要在平时教学中进行指导。本期结束应学习至卷二第55课。

中级后期班应逐渐展开以阅读方法为中心的教学，说话方法的教学也不可忽视，仔细推敲教材内容，作为说话方法的教材很合适，对话教材等不言而喻，还应钻研练习问题的使用。为避免陷入会读句子但说不出来的现象之中，需要用心揣摩教学方法。

以本期修完者全体学员通过三等本试验为教学目标，本期结束应学习至卷三第20课。

以上

【25】①
敬启者
　　贵处司员靳达志君年龄在本会全体学员中为最长自本会成立伊始即随班受课至今已逾二载虽学业成绩不若青年等进步之速但孜孜不倦之志足为本会全班学员之模楷殊堪钦佩除俟机本会予以表彰外于该员升薪之际尚希处长予以协助以示鼓励而资表率是为至荷此致
库务处长
抄送　港务局长

　　　　　　　　　　　　港务局语学讲习会干事　荒木忠次郎　汤泽清
　　　　　　　　　　　　民国33年7月26日

【26】
G—3450号
　　昭和19年9月27日

　　　　　　　　　　　　　　秦皇岛港务局　荒木忠次郎
总务局总务部学务处　饭塚计作先生
敬启者　早晚寒凉，恭祝康健。
　　上次语学考试之时，感谢您特地来秦皇岛亲切指导。
　　港务局因一直使用《日本语读本》(日本教育振兴会编纂)，上次通过考试者甚少，遗憾之至。对于初学者来说，考试问题从教材以外出，结果有所差异。我方今后也准备使用《速成式标准日本语读本》，但该教材在本地甚难获得，因此，劳烦您按照下列内容紧急订货、发货。
　　另，货款请经贵方结算划拨至我方。

　　　　　　　　　　　　下　记
速成式效果的标准日本语读本　卷一　30册
速成式效果的标准日本语读本　卷二　25册
速成式效果的标准日本语读本　卷三　8册
　　　　　　　　　　　　　　　　　　　　以上

---

① 原档案即为中文。

【27】①

港务局语学讲习会通知第 1 号

  本会日语班兹定于本月 5 日下午 5 时于开滦男子小学校举行本学期开学式同时授予上学期中出席优良者奖状届时希各级学员来校参加是为至盼特此通知

      港务局语学讲习会干事 荒木忠次郎 汤泽清

              昭和 19 年 10 月 3 日

同第 2 号

  本会高级职员班及学校教职员班因学员鲜少本学期已决定不另组班除由局长指定之学员数名已分函通知外其他各级学员继续学习者即希报名以便编入新班特此通知

      港务局语学讲习会干事 荒木忠次郎 汤泽清

              昭和 19 年 10 月 3 日

  敬启者 本会高级职员班因人员甚少本学期已不另行组班只将指定学员数名斟酌程度编入普通班内以期班次减少便于教授因台端成绩优良热心上课

  局长已指定为指定学员编入普通班内（即等目标程度）即希参照本会通知第一号之开学日期届期出席贯彻前志是为至荷此致

  关鹤田 张雁题 李家祐 贾会文 赵国梁 张成格 梁镇文 关文辉先生

              民国 33 年 10 月 3 日

【28】②

  G—3450 号

  昭和 19 年 10 月 9 日

      日语讲习会干事 荒木忠次郎（印） 汤泽清（印）

各处处长先生

关于讲习生出席

  本会自本学期起上课时间已改定如下普通科二年级之学员如于职务无妨凡有讲习之日特希准予早退数分其他低级职员及日工等如有因职务关系不能出席者亦希于可能范围使其调换班次俾于讲习时得能出席听讲

  上记事项希鉴日语讲习之重要特予协力是为至盼

---

① 原档案即为中文，为便于阅读，数字改用阿拉伯数字。
② 本内容遵照原档中中文译文誊录，未作改动。为便于阅读，数字改用阿拉伯数字。

记

10月中每星期一、三、五

普通科二年　　　　　　　　　　　　普通科一年

午后4：50—5：30　　　　　　　　　5：30—6：10

自11月1日起每星期一、三、五

午后5：20—6：00　　　　　　　　　6：00—6：40

【29】

日语讲习会特别科成绩表

姓名	所属	出勤率	学力	摘要
毕祖培	副局长	54	良	因赴日本旅行缺勤
汤泽清	总务处处长	97	优	精勤奖
刘锡嘏	工程处处长	70	良	
邓燦熙	同	84	良	
赵国樑	同	99	良	准全勤奖
唐溥	同	95	良	精勤奖
张成格	同	92	良	
向于阳	同	83	良	
陈宗尧	同	96	良	精勤奖
黄国祥	会计处处长	83	优	
张雁题	会计处	96	最优	精勤奖
唐康泰	库务处处长	82	优	
梁镇文	库务处	75	优	
李家佑	劳务处副处长	81	良	
蓝坤	劳务处	100	优	全勤奖
陶文辉	营业处	89	优	
关鹤田	同	95	最优	精勤奖
徐泽霖	船务处	79	良	
贾汇文	车务处	70	优	因值班全部上课数的三分之一缺勤

续表

姓名	所属	出勤率	学力	摘要
岑柏年	车务处（原辅平无线技士）	34	良	
贾富文	医院院长	60	良	因工作缺勤较多
杨宝璋	医院	78	最优	同上

高级职员中无法参加讲习会者
周良升　营业处处长
顾肃臣　车务处副处长
蒋大恩　工程处
樊宝筬　会计处副处长
关仲石　车务处
以上 5 名

【30】①

昭和 19 年 10 月 9 日

日语讲习会干事　荒木忠次郎
日语讲习会干事　汤泽清

贵处职员日语讲习会成绩通知

本学年内贵处职员于本会修业生中之成绩为参考起见兹特随关附送一份希作为次期保荐增薪进级之资料

工程处

普通科

序列	姓名	出席率	笔试	听写	平均	总评	
2	王玉堂	100	95	94	96.3	甲上	讲习会奖、全勤奖
16	田瑞	96	60	76	77.3	乙	精勤奖
21	田宝书	64	60	50	58	丙下	
22	杨凤岐		83	94			

---

① 本文遵照原档中文译文未作改动。其中，原表为竖表，为便于阅读，横表为作者所绘，表格内容为笔者译，为便于阅读，原表内中文数字均改为阿拉伯数字表示。

初等科

2	王清华	88	92		91.5	甲上	四等合格
3	王喜元	98	80		89	甲	
4	纪云峰	88	75		81.5	甲	
5	杨金山	87	75		81	甲	
9	谢天福	88	60		74	乙	

会计处

普通科

序列	姓名	出席率	笔试	听写	平均	总评	
12	李春和	89	88	78	85	甲	
13	宋恩潭	84	87	80	83.6	甲	四等合格
15	樊浚涵	97	80	55	77.3	乙	精勤奖
20	袁我一	38	81	65	61.3	丙	
未参与试验者							
	樊浚璋	86					

船务处

普通科

序列	姓名	出席率	笔试	听写	平均	总评	
1	白玉山	100	93	100	97.6	甲上	港务局局长奖、全勤奖、三等合格
4	张继声	100	89	95	94.6	甲上	讲习会奖、全勤奖
8	冯玉衡	95	84	95	91.3	甲上	精勤奖
10	寇乃沄	95	80	82	85.6	甲	精勤奖
19	卢家祯	44	87	70	67	丙	
未参与试验者							
	徐汝璋	99					准全勤奖
	邓家铎	59					

劳务处

普通科

序列	姓名	出席率	笔试	听写	平均	总评	
5	郑秉辅	93	95	96	94.6	甲上	讲习会奖、三等合格
18	姚秉衡	78	76	70	74.6	乙	

库务处

普通科

序列	姓名	出席率	笔试	听写	平均	总评	
6	张孝纯	99	91	85	91.6	甲上	准全勤奖
7	孙广英	95	90	90	91.6	甲上	精勤奖
11	黄金印	93	70	93	85.3	甲	三等合格
14	李秀峰	87	79	70	78.6	乙	
未参与试验者							
	靳连志	35					

商务处

普通科

序列	姓名	出席率	笔试	听写	平均	总评	
3	何桂元	100	93	95	96	甲上	讲习会奖、全勤奖
9	刘连步	92	87	82	87	甲	四等合格
17	刘秀山	91	65	72	76	乙	四等合格

初等科

序列	姓名	出席率	笔试	听写	平均	总评	
1	李茂德	94	90		92	甲上	四等合格
3	王嘉元	98	80		89	甲	精勤奖
未参与试验者							
	庞锡煆	91					
	张国梁	86					

总务处

初等科

序列	姓名	出席率	笔试	听写	平均	总评	
6	蓝永惠	99	60		79.5	乙	准全勤奖
未参与试验者								
	张金铛	87					三等合格

车务处

初等科

序列	姓名	出席率	笔试	听写	平均	总评	
7	李金声	76	90		78	乙	
8	张广文	61	95		78	乙	
10	张祥	76	70		73	乙	
11	董承恩	78	60		69	丙	

【31】

第一届日语语学检定预备试验问题答卷①

　　二等　　考点　　　准考号　　　号

一、次ギノ漢字ニ読仮名ヲツケナサイ

　　風光明媚　　武者人形　　取引先　　出納係　　日和下駄
　　航空便　　体裁美　　参詣人　　小豆飯　　素人

二、次ギノ文章ヲ読ンデ問ヒニ答ヘナサイ。

　　前線の勇士は銃後からの手紙や慰問袋の渡されるのを何よりの楽しみとしてゐる。殊に千人針は兵士たちを感奮せしめるとのことである。それは腹巻の一種であって弾よけになり武運の長久を真心から祈る日本女性の優しい温かい心の結晶だからであらう。即ち一枚の千人針を作りあげるには千人の手を要し千人の真心が縫ひ込められてゐるのである。人通りの多い町の辻に立って、"千人針をお願ひします。"と道行く婦人に一針を頼んでゐるのは床

---

① 为保持原档原貌，试卷内容未作翻译。

しい戦時風景の一つである。
　（1）此の文章の大意を書きなさい。
　（2）千人針というのは何のことですか。
　（3）何故千人針がよろこばれるのですか。
　（4）つぎの語を日本語で分かり易く説明しなさい。
　　　前線の勇士
　　　銃後の人達
　　　腹巻
　　　温い心の結晶
　　　真心を縫ひ込める
　　　人手を要します
　　　町の辻
　　　床しい心
　　　戦時風景
　　　感奮する
三、次ギノ語ヲ使ッテ夫夫十五字以上ノ短文ヲ作リナサイ
　　　どんどん
　　　あくまで
　　　思ひ切って
　　　間に合わせの
　　　ほっとした
四、動詞ト形容詞ノ文法上ノ区別ヲ説明シ且ツ動詞ノ読ム、形容詞ノ高イノ活用形ヲ例ヲ挙ゲテ説明シナサイ。
五、作文
　　　私と職場（口語文）

【32】

G—3450 号
　　昭和 19 年 10 月 10 日

　　　　　　　　　　　　　　　　　　港务局　荒木忠次郎（印）

总务局学务处　饭塚计作先生

送交语学检定合格者照片

前日您所托语检合格者照片 21 张，有所迟延，在此同封奉上，敬请查收。另借用的应试者名簿也同封寄送。

语检合格者照片　　21 张
应试者名簿　　　　2 册

【33】

第一回日本语语学检定试验合格者

二等（6 名）

唐　山	俞凤英	高聪敏	霍维通			
林　西	李大佐	李志中	刘丕坤			

三等（53 名）

唐　山	孙鹤庭	赵豁通	寇江华	高增识	刘全民	刘起发	陈维勤
	王守堂	高文儒	白宝琳	杨玉成	张雅轩	刘恩充	王　池
	雷春茂	杨华柱	陆文桂	王　弼	高组业	朱履和	王鹤兰
	徐蕙贞	李恩洪	马家沟	刘汉忠			
林　西	汤继安	刘仲全	萧普智				
赵各庄	提倬云	王僧林	郑世芳	董志中	赵荣祥	陈冠宇	
唐家庄	李文堂	李文辉	李文祥				
天　津	宫延纲	张学涛	董宝光	韩镇	曹　智	金凌晖	刘世洪
	张仲诚	黄秉纶	吴禄夫	何清伦	王君筹		
秦皇岛	关鹤田	张金镗	郑秉辅	白玉山	黄金印		

四等（65 名）

唐　山	赵　珊	刘福禄	孙桂庭	张　祯	何涤非	王学成	邓廷文
	侯海山	王大陆	孙鸿才	魏履泰	吴泽普	孙鸿德	康孝先
	王宗圣	史光耀	孙关炳	刘廷勋	曹金岚	檀广成	何荫基
	戚荣昌	颜荣贵	王忠信	卢达生	米成玉	潘洪仁	郭维塀
	张锡珍	吴自刚	张增贤	卢达成	郑永昌	宋文郁	薄　宽
	孙孝恩	卢贺恭	刘洪武	刘国华	刘静忱	马家沟	叶竟存
	王菊如	贾维经	梁合胜	王其汶	林　西	孙　桐	王锡棠
	张慕仁	王凤彩	缪　斯	徐树声			
赵各庄	杨维宗	张书田	刘　喆	刘金池			

天　津　吴金藻　张光辉　汤恩荣

秦皇岛　贾会文　刘连步　刘秀山　宋恩覃　李茂德　王清华

以上

【34】
第二回日本语语学检定预备试验施行[①]

军管理开滦矿务总局　语学检定试验委员长　王崇植（印）

一、试验等别　二等、三等、四等

二、试验日期及时间　4月22日（日曜）自14时30分至16时30分之2小时

三、举行地址及试场之规定

　　唐　山　唐山开滦小学校

　　马家沟　开滦中学校

　　林　西　林西开滦小学校

　　赵各庄　赵各庄小学校

　　唐家庄　唐家庄开滦小学校

　　天　津　（由天津事务局长规定之）

　　塘　沽　塘沽开滦小学校

　　北　京　（由北京事务所长规定之）

　　秦皇岛　秦皇岛开滦男子小学校

四、试验方法

　　各等级均一律规定笔试

五、应考者资格

　　1. 在日本语讲习会进学者

　　2. 未在日本语讲习会进学而志愿应者经有所属部处长之推荐者亦可参加考试

六、报名方法

　　1. 在日本语讲习会进学者

　　在日本语讲习会进学者经各该地讲习会主事（无主事时由主任讲师负责）缮具应验者名簿2份于3月31日以前送交矿务总局总务部学务处俾使预备受验者名簿式样由学务处规定之

---

① 原档案兼有中、日文，为方便阅读，仅数字改用阿拉伯数字。

2.未在日本语讲习会进学者

未在日本语讲习会进学而志愿应试者依照报名簿所列填写清楚并将该所属部处长之推荐书应向该地讲习会主事缴交

讲习会主事应于该名簿连同前项受验者名簿一并送交学务处

七、其他注意事项

1.受验者报名后倘因转勤公伍或其他情形不能在原定地点应试时由本人以电报或以电话向学务处联络之

2.倘依前项所定联络困难时持有所属部处长证明文件当向举行考试责任者缴交经许可后方能参加考试

3.凡报名应试者于考试必须携带本处发给之受验证入场

4.关于本试验倘有不明事项可直接向学务处询问

凡本届预备试验合格者预定本年 7 月举行本试验

以上

【35】

昭和 20 年 3 月 8 日

语学检定试验委员长　王崇植（印）

秦皇岛荒木委员先生

第二回日语检定预备试验实施事宜

关于题之件，近日将提交详细实施方案，下列要点敬请了解，做好准备。

记

一、申请书受理时间　截止至 3 月最后一日

二、实施等级　二等、三等、四等

三、考试日期及时间　4 月 22 日自下午 2 时半约两小时

四、考场　各事务所所在地

以上

【36】

昭和 20

　　年 3 月 9 日

民国 34

开滦语学检定试验委员长　王崇植

秦皇岛港务局荒木参事先生
第二回日本语语学检定预备试验日期变更事宜①

首题之件兹变更如下

一、送交应考报告单截止日期 4 月 25 日（不再展期）

二、预备试验日期　5 月 13 日（星期日）下午 2 点半起约 2 小时

以上

【37】

G—3450 号

　　昭和 20 年 3 月 24 日

秦皇岛港务局　荒木忠次郎

总务局总务部学务处饭塚计作先生

请求寄送参考书

敬启者　春来之时，恭祝康健。

　　昨日敝局职员小森赴贵地出差，您委托其带回诸多讲习会参考资料回秦皇岛，十分感谢。

　　此次需要面向语学检定试验二等应试者的下列参考书，如贵处有所剩余，劳烦寄送之。

匆匆

记

标准日本语读本卷四　　　　8 册

学员出席簿　　　　　　　　60 份

【38】

G—3450 号

　　昭和 20 年 4 月 19 日

港务局语学检定试验委员　荒木忠次郎（印）

港务局总务部学务处　饭塚计作先生

---

① 本件内容遵照原档中文译文誊录，未作改动。为方便阅读，数字改用阿拉伯数字。

寄送第二回日本语语学检定预备试验应试者名单

首题所提之名簿如下，同封寄送，敬请查收。

记

二等应试者　　6 名
三等应试者　　6 名
四等应试者　　14 名
总计　　　　　26 名

【39】

昭和 20 年 4 月 26 日

开滦外语检定考试委员会会长

秦皇岛港务局荒木委员先生

寄送准考证件

二等 6 名　三等 6 名　四等 14 名　共计 26 名的准考证同封寄出，敬请查收，并劳烦分别交与应试者。

以上

【40】

第二回日语检定预备试验合格者①

昭和 20 年 6 月 2 日

开滦语学检定委员会会长　王崇植（印）

第二回日语检定预备试验合格者如下对于合格者在本年 7 月 10 日以前举行本试至于考试细则及确定日期候另函通知

二等　30 名

唐　山　1. 王竞远　　2. 王万来　　3. 高组业　　7. 孙秉权　　9. 张汝堃
　　　　10. 曹兆荣　13. 杨达伦　14. 陆骏龙　15. 徐纯素　16. 杨玉成
　　　　18. 王呈祥　41. 刘全民　57. 徐蕙贞　60. 陆文桂　61. 朱履和

马家沟　21. 刘汉忠

赵各庄　25. 王僧林

天　津　31. 张仲诚　32. 苏铭组　33. 黄秉伦　34. 黄秉绅　35. 曹　智

---

① 原档案即为中文，为方便阅读，数字改用阿拉伯数字。

37. 韩　镇　38. 陈秀兰　39. 金凌晖

秦皇岛　52. 张金镗　53. 郑秉辅　54. 关鹤田　55. 徐永馨　56. 杨凤岐

三等 48 名

唐　山　1. 张增贤　2. 线鹤鸣　3. 闫遇勃　4. 候海山　6. 吴自刚
　　　　7. 郑永昌　8. 何涤非　10. 卢景寿　11. 王守志　12. 郭振治
　　　　13. 刘振声　14. 刘静忱　15. 王大陆　16. 王忠信　17. 郑翰泉
　　　　18. 史光耀　19. 米成玉　21. 宋文郁　22. 邓廷文　23. 卢达成
　　　　24. 曹金岚　25. 刘福禄　26. 卢达生　27. 孙关炳　45. 吴月峰
　　　　46. 张　文　47. 刘鸿旭　60. 王维礼　61. 闫克信　69. 孙鸿德
　　　　70. 张瑞云　73. 檀广成　74. 颜荣贵　75. 孙孝恩　76. 薄　宽
　　　　77. 樊金成

林　西　31. 刘克有　32. 孙璋焕

赵各庄　36. 王之屏

塘　沽　39. 林宝锋

天　津　43. 崔泠文

唐家庄　48. 曹德源　49. 王锡铎　50. 孙华庭　51. 张松林

秦皇岛　62. 何桂元　63. 赵盛铎　66. 王清华

四等 49 名

唐　山　1. 马　雄　2. 贾惠普　3. 郭泽普　4. 郑世荣　5. 刘起功
　　　　6. 李芝林　7. 王本光　8. 徐树溢　9. 黎寿凤　10. 张学庭
　　　　11. 么炳文　13. 魏钟灵　14. 闫文炯　15. 顾连扬　16. 王嘉魁
　　　　18. 李梦才　75. 马素贤　93. 耿春雨　94. 陈廷铨　97. 于　兰
　　　　98. 崔福卓　102 徐淑华

马家沟　19. 耿锡慧　21. 田琇瑛　22. 陈桂杰　23. 姜燕铎　24. 相金生
　　　　25. 李福伦　31. 刘秉刚　32. 唐鹤瀛

林　西　41. 杨振华

赵各庄　44. 尹乐华　45. 李镜湖　46. 潘廷琦　49. 赵民悦

塘　沽　54. 周乃弘

天　津　55. 张志信　57. 张盈增

唐家庄　58. 陈宝亭　59. 龚万源　60. 郭东晶　101. 马国勋

秦皇岛　76. 徐汝璋　77. 张广文　79. 赵国梁　81. 薛永励　82. 寇乃沄
　　　　86. 李春和　88. 张鹤峰

（姓名上之号码是受验证番号）

【41】

第二回日语检定本试实施日期①
民国 34 年 7 月 1 日

开滦语学检定委员会委员长　王崇植（印）

　　查第二回日语检定预试合格人员名单业于本年 6 月 2 日通达周知兹定于下列各日在各地举行本试除分函外相应布达至希对各合格人员准予给假与试是为至荷此致

港务局长

计　开

　　7 月 2 日　塘沽

　　　　3 日　天津

　　　　5 日　秦皇岛

　　　　6 日　林西（赵各庄唐家庄合格者均来此与试）

　　　　7 日　马家沟

　　　　9 日　唐山

　　　　10 日　唐山

　　　　11 日　唐山

【42】

第二回日语检定合格者名单②
昭和 20 年 8 月 9 日

开滦语学检定委员会会长　王崇植（印）

　　第二回日语检定合格者如下其未交像片者请即日补交 2 寸半身免冠像片 2 张

　　二等 12 名

　唐　山　王万来　高组业　曹兆荣　杨达伦　陆骏龙　徐纯素

　秦皇岛　关鹤田　徐永馨

　天　津　苏铭组　黄秉绅　韩　镇　陈秀兰

　　三等 25 名

　唐　山　线鹤鸣　闫遇勃　吴自刚　何涤非　卢景寿　王守志　郭振治

---

① 原档案即为中文，为方便阅读，数字改用阿拉伯数字。
② 原档案即为中文，为方便阅读，数字改用阿拉伯数字。

	刘振声	王大陆	王忠信	郑翰泉	史光耀	宋文郁	曹金岚
	刘福禄	吴月峰	刘鸿旭	孙孝恩	薄 宽	樊金城	
林 西	刘克有	孙璋焕					
唐家庄	张松林						
秦皇岛	何桂元						
塘 沽	林宝峰						
四等 28 名							
唐 山	马 雄	贾惠普	郭泽普	郑世荣	刘起功	李芝林	王本光
	黎寿凤	张学庭	么炳文	魏钟灵	闫文炯	顾连扬	马素贤
	于 兰	马家沟	耿锡慧	陈桂杰	姜燕铎	相金生	李福伦
	刘秉刚	唐鹤瀛					
林 西	杨振华						
秦皇岛	徐汝璋	张广文	赵国梁	寇乃沄			
塘 沽	周乃弘						

以上

第三节 电影放映

本节涉及电影放映相关档案共 33 份，内容包括日军侵占时期在开滦及其所属秦皇岛港放映电影的规定、日程、电影名目以及具体报告表等。从档案可知，电影放映主要面向秦皇岛港的日本人和中国人职工，所放映电影根据受众群体不同，有所择选。面向中国人职工的影片题材多为企图麻醉中国人的抗日意志，描写风花雪月和身边琐事的色情文艺作品，也有一些美化日本的影片。面向日本人职员及日军的多为为了团结军民、振作士气的宣导电影。（本卷档案封面见图 2.6）

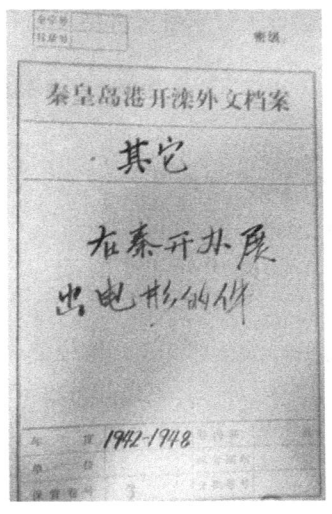

图 2.6 本卷档案封皮

【43】

G—3045 号

昭和 19 年 1 月 29 日

港务局局长　柴田一美

总务部部长　川村旋儿（福利处）先生

华北电影巡回放映电影事宜

1 月 26 日，华北电影公司职员丸田登治先生来到本局视察了放映场等后离秦。27 日除同公司放映技师石井先生之外，另有 1 名华人来秦，当日从午后 5 点半在职员俱乐部，从午后 8 点在劳工俱乐部放映了两次电影。

然而，最初丸田先生来秦之时谈及只在秦皇岛放映一次，后经敝局相关观览人员考虑，全体人员一次进行无法实现，恐在职员间酿成不公，与石井先生商议后决定放映两次，关于此事敬请海涵。今后也预计在本地实施两次放映，敬请安排。

以上提及人员的住宿费另请指示，虽经其本人口述在矿务局相关各地费用均由开滦承担，但为方便我方工作，敬请今后以文件形式指示此事如何处理。巡回放映计划今后也请事先通知。

原曾有一俄罗斯人从事此放映工作，本次突然从华北电影公司派人来秦放映，对于我方来说，由哪个公司放映完全无所谓，只要得到观看电影的机会即十分满足。关于电影放映次数以及电影放映员的住宿费等，为了不给全局以及会计上带来种种麻烦，今后万望请将计划与实施事先以文书形式联络。

以上

【44】

G—3045 号

昭和 19 年 2 月 21 日

港务局局长　柴田一美

总务局福祉部部长　增田正名先生

华北电影公司电影班日本人摄影技师住宿费问题

2 月 16 日附件贵信英文版 0263 号已告知，华北电影公司电影班于 2 月 19 日到达本地，19、20 日两日公演，本日乘 401 次列车去往林西，摄影员中两名华人住宿安排至支那客栈自行办理，但日本人技师石井依照贵方请求安排至招待所。依其本人所言，费用将总计各地住宿费经贵方精算合议一并支付。请按照信中的结算书，将征收的24元转寄至我方，不胜劳烦。

【45】
G—3045号

昭和19年3月21日

港务局局长　柴田一美

总务局福祉部部长　增田正名先生

华北电影公司电影班住宿费等事宜

题目中谈及的电影班按照预定于3月17、18两日在当地结束公演，3月19日乘401次列车去往林西，该班日本人电影技师石井招待所费用结算结果（如下）连同贵方商议后的结算书同封邮寄贵方，精算结束后敬请向我方汇款。

下　记

石井技师住宿　两晚开滦@12元	24元
松崎技师住宿两晚　外来者	24元
华人技师餐费	36元
放映场华人技师晚餐费（附件结算）	20元
	104元

【46】
昭和19年5月8日

北京市王府井大街135号

兴亚文化协会

会长　陆军中将　荻洲立兵

代表理事　西仓俊一

柴田港务局局长先生

谨启　前几日在贵地召开的兼具思想工作的电影会，在您的特别指导下成为盛会。接到报告不甚欣喜，兹深表谢意。

望今后共同一如既往相互支持在贵地的活动。

以上

【47】

开滦 0263 号

　　昭和 19 年 6 月 7 日

　　　　　　　　　　　　　　　　　　　　总务局福祉部部长　罗景崇

港务局局长　柴田一美先生

关于电影放映日程事宜

　　6 月 2 日附件 3045 号（英文）有所通知

　　电影日程变更之件如下，敬请知悉。

一、前后变更上映日程事宜经与巡回班交涉后无碍实行之

二、希望第 3 日一日上映 3 次（面向日本军人慰问一次，华人两次）。但因电影放映机器在性质方面有一日两次的限制，较为困难。

三、日华胶片的分配、场所、时间的决定等，所定次数（第 1 日 1 次、第 2 日两次、第 3 日两次）的范围内，按照您的希望处理无碍。（应与巡回班联络后得到谅解）

　　　　　　　　　　　　　　　　　　　　　　　　　　　　以上

【48】

抄送　秦皇岛港务局局长、林西山村副矿长

开滦 0263 号

　　昭和 19 年 7 月 13 日

　　　　　　　　　　　　　　　　　　　　总务局福祉部部长　罗景崇

天津分室主任　手塚安一先生

关于编制巡回电影节目事宜

　　鉴于当地领事馆警察署考虑时局，禁止一切以娱乐为主的慰劳活动的方针旨意，因此联络。一直以来于贵室实施的总局定期巡回电影节目编制工作，按照上述宗旨严选内容，同时每次须在节目上映一周前将内容解说书提交至本部，敬请知悉。

　　关于 7 月上映节目本部希望上映电影已事先联络贵室，其中，7 月 20 日以后预定巡映的"お馬は七十七万石"，经思量再三深感不甚合适。与贵地华北电影办事处商议后决定依前所述，重新编制后速将其结果通知本部。

　　　　　　　　　　　　　　　　　　　　　　　　　　　　以上

【49】

开滦矿务总局放映电影明细

简略电文号	片名	简略电文号	片名	简略电文号	片名
1	新婚大血案	69	铁汉	137	琵琶记
2	情天血泪	70	黄金梦	138	三集化身姑娘
3	如此繁华	71	岳飞	139	四集化身姑娘
4	金刚钻	72	落金扇	140	播音台大血案
5	影城记	73	忠义千秋	141	国色天香
6	芦花泪	74	潇湘秋雨	142	海棠红
7	武则天	75	碧玉簪（国华）	143	地狱探艳记
8	舞后泪史	76	荒塘英雄	144	杜十娘
9	茶花女	77	她的秘密	145	白蛇传
10	歌声泪痕	78	玫瑰飘零	146	王先生作寿
11	刺秦皇	79	僵尸奇案	147	人间仙子
12	燕子盗	80	森林恩仇记	148	枪挑小梁王
13	中国太山历险记	81	薄命佳人	149	神秘夫人
14	三娘教子宁武关	82	歌舞艳史	150	春之花
15	秦良玉	83	天作之合	151	小玲子
16	满江红	84	夜半歌声	152	社会之花
17	碧云宫	85	四千金	153	方芸英
18	王先生与三房客	86	飞来福	154	银星幸运
19	舞宫血泪	87	古塔奇案	155	西湖女
20	情海航程	88	有声红莲寺	156	桃李争艳
21	喜临门	89	恐怖之夜	157	秘密女探
22	阎惜姣	90	船家女	158	亡命之徒
23	杨乃武	91	六十年后上海滩	159	刁刘氏
24	李阿毛与唐小姐	92	风流冤魂	160	玉蜻蜓
25	梁山伯祝英台	93	姊妹花	161	吉地
26	艺苑情侣	94	夜来香	162	百宝图

续表

简略电文号	片名	简略电文号	片名	简略电文号	片名
27	三笑	95	孟姜女	163	一集化身姑娘
28	新盘丝洞	96	小孤女	164	二集化身姑娘
29	女儿经	97	王宝钏	165	压岁钱
30	风潮	98	女少爷	166	弹性女儿
31	有朋自远方来	99	貂蝉	167	神秘之花
32	生死恨	100	雷雨	168	清明时节
33	描金凤	101	乞丐千金	169	永远的微笑
34	上集双珠凤	102	儿女英雄传	170	斩经堂
35	下集双珠凤	103	胭脂泪	171	珍珠衫
36	碧玉簪	104	夫妇之道	172	潇湘夜雨
37	秦香莲	105	秦淮世家	173	四郎探母
38	王老虎抢亲	106	李香君	174	更生
39	乡下大姑娘	107	织女下凡	175	桃源春梦
40	王先生夜探殡仪馆	108	欲魔	176	园林春色
41	观世音	109	绝代佳人	177	奇童历险记
42	爱焰	110	化身人猿		————
43	啼笑姻缘	111	四潘无敌	179	舞台风光
44	薄命花	112	典型的母亲	180	苏三艳史
45	济公活佛	113	流氓小姐	181	大破隐身盗
46	刘先生回头	114	弃爱	182	夜深沉
47	患难交响乐	115	三剑客	183	梅妃
48	春风回梦记	116	冷月诗魂	184	摩登地狱
49	西厢记	117	日出	185	新茶花女
50	玉连环	118	长恨歌	186	上集龙争虎斗
51	续集三笑	119	王老五	187	下集龙争虎斗
52	谁知她的心	120	新旧时代	188	玉堂春
53	人马平安	121	镀金的城	189	欲焰

续表

简略电文号	片名	简略电文号	片名	简略电文号	片名
54	现代日本	122	人海遗珠	190	黑衣盗
55	雪艳娘	123	艺海风光	191	铁扇公主
56	上集红杏出墙记	124	难姊难妹	192	黑夜孤魂
57	下集红杏出墙记	125	无花果	193	满庭芳
58	珍珠塔	126	孤岛春秋	194	篱畔花香
59	西施	127	花溅泪	195	上集家
60	白雪公主	128	红楼梦	196	下集家
61	天涯歌女	129	一夜皇后	197	上集孟丽君
62	合同记	130	王先生与二房东	198	下集孟丽君
63	如花美眷	131	神灯	199	新美人计
64	双珠泪	132	新旧上海	200	江南小侠
65	夜明珠	133	大家庭	201	孔雀东南飞
66	千里送京娘	134	武松与潘金莲	202	苏武牧羊
67	荒岛沉冤	135	楚霸王	203	铁公鸡
68	女鬼	136	翡翠马	204	生离死别

【50】

电影演讲会话剧彩排或其他集会报告表

地点　秦皇岛开滦员司俱乐部

民国卅三　年　九　月　十二　日　星期　二　天气　晴

主办团体　　开滦矿务局

举行事项种类　电影

上演或集会时间　由　下午五　时　分至　下午十　时　分

票价及参加人数

第一场　前排[①]会员票价　伍角　　中排眷属票价　壹元　　后排

---

① 该删除线在原档案中为手写划线，为呈现档案原貌，处理成删除线。

票价

    人数 伍拾肆人 人数 伍拾壹人 人数

第二场 同上 陆拾人 同上 壹佰贰拾伍人 同上

第三场 同上   同上   同上

片名、剧名或演讲人名及题目

        回春曲

参加人略历

备考

        报告人签名 刘锡瑕（印） 干事长

【51】

电影演讲会话剧彩排或其他集会报告表

          地点 秦皇岛开滦劳工俱乐部

民国三十三 年 九 月 十三日 星期 三 天气 晴

主办团体

举行事项种类 电影

上演或集会时间 由 下午二 时 分至 下午十 时 分

票价及参加人数

第一场 前排票价 伍角 中排票价 后排票价

    人数 七十六 人数   人数

     票价伍角

第二场 同上 二百七十九 同上 同上

第三场 同上   同上 同上

片名、剧名或演讲人名及题目

       回春曲

参加人略历 （工人、工人眷属及来宾）

备考

        报告人签名 刘锡瑕（印）

【52】

电影演讲会话剧彩排或其他集会报告表

地点　秦皇岛开滦劳工俱乐部

民国三十三　年　九　月　十四　日　星期　四　天气　晴

主办团体

举行事项种类　电影

上演或集会时间　由　下午二　时　分至　下午四　时　分

票价及参加人数

第一场　　前排票价　0　　　中排票价　　　后排票价
　　　　　人数　二百五十　　人数　　　　　人数
第二场　　同上　　　　　　同上　　　　　同上
第三场　　同上　　　　　　同上　　　　　同上

片名、剧名或演讲人名及题目

　　　　　　　　　一番美シイ

参加人略历　日本皇军

备考

报告人签名　刘锡嘏（印）

【53】

电影演讲会话剧彩排或其他集会报告表

地点　秦皇岛南山俱乐部

民国三十三　年　九　月　十四　日　星期　四　天气　晴

主办团体

举行事项种类　电影

上演或集会时间　由　20　时　0　分至　22　时　0　分

票价及参加人数

第一场　　前排票价　0　　　中排票价　　　后排票价
　　　　　人数　30人　　　人数　　　　　人数
第二场　　同上　　　　　　同上　　　　　同上
第三场　　同上　　　　　　同上　　　　　同上

片名、剧名或演讲人名及题目
　　　　　　　　一番美シイ
参加人略历　　港务局日人职员
备考

　　　　　　　　　　　　　　报告人签名　荒木（印）

【54】

电影演讲会话剧彩排或其他集会报告表

　　　　　　　　　　　　　　地点　秦皇岛开滦员司俱乐部

民国卅三　年　九　月　廿一　日　星期　四　天气　晴
主办团体　开滦矿务局
举行事项种类　电影
上演或集会时间　由　五　时　分至　十　时　分
票价及参加人数
第一场　前排会员票价伍角　　中排眷属票价壹元　　后排票价
　　　　　人数伍拾贰人　　　　人数壹佰贰拾人　　　人数
　　　　　　伍角　　　　　　　　壹元
第二场　　　同上肆拾人　　　　同上玖拾捌人　　　同上
第三场　　　同上　　　　　　　同上　　　　　　　同上
片名、剧名或演讲人名及题目
　　　　　　第一场片名：万紫千红　第二场片名：美貌之敌
参加人略历
备考

　　　　　　　　　　　　　　报告人签名　刘锡瑕（印）干事长

【55】

电影演讲会话剧彩排或其他集会报告表

　　　　　　　　　　　　　　地点　秦皇岛开滦劳工俱乐部

民国三十三　年　九　月　廿二　日　星期　五　天气　晴

主办团体

举行事项种类　电影

上演或集会时间　由　下午二　时　分至　下午十　时　分

票价及　　前排票价伍角　　中排票价　　后排票价

　　　　　　人数二百一十　　人数　　　人数

　　　　　　　　票价伍角

第二场　　同上四百二十　　同上　　　同上

第三场　　同上　　　　　　同上　　　同上

片名、剧名或演讲人名及题目

　　　　　片名（万紫千红）

参加人略历　（工人、工人眷属及来宾）

备考

　　　　　　　　　　　　报告人签名　刘锡煆（印）

【56】

电影演讲会话剧彩排或其他集会报告表

　　　　　　　　　　　　　地点　秦皇岛开滦劳工俱乐部

民国三十三　年　九　月　二十三　日　星期　六　天气　晴

主办团体

举行事项种类　电影

上演或集会时间　由　下午二　时　分至　下午四　时　分

票价及参加人数

第一场　　前排票价　　　　中排票价　　后排票价

　　　　　人数一百五十　　人数　　　　人数

第二场　　同上　　　　　　同上　　　　同上

第三场　　同上　　　　　　同上　　　　同上

片名、剧名或演讲人名及题目　（美貌之敌）（德国片）

参加人略历　（日本皇军）

备考

　　　　　　　　　　　　报告人签名　刘锡煆（印）

【57】

电影演讲会话剧彩排或其他集会报告表

　　　　　　　　　　　　　　　　　　　　　　　地点　秦皇岛南山俱乐部

民国33　年　九　月　廿三　日　星期　六　天气　晴

主办团体　开滦矿务总局

举行事项种类　电影

上演或集会时间由 20 时 0 分至 22 时 0 分

票价及参加人数

第一场　　　前排票价　0　　　　中排票价　0　　　　后排票价　0
　　　　　　　人数　—　　　　　人数　—　　　　　　人数　50
第二场　　　同上　　　　　　　同上　　　　　　　　同上
第三场　　　同上　　　　　　　同上　　　　　　　　同上

片名、剧名或演讲人名及题目

　　　　　　　　　　　　万紫千红

参加人略历　日本人职员及眷属

备考

　　　　　　　　　　　　　　　　　　　　报告人签名　荒木（印）

【58】

电影演讲会话剧彩排或其他集会报告表

　　　　　　　　　　　　　　　　　　　　　　　地点　秦皇岛开滦员司俱乐部

三十三　年　十　月　十四　日　星期　六　天气　晴

主办团体　开滦矿务局

举行事项种类　电影

上演或集会时间　由　五　时　分至　十　时　分

票价及参加人数

第一场　　前排会员票价伍角　　中排眷属票价壹元　　后排票价
　　　　　　人数四十二人　　　　人数三十五人　　　　人数
　　　　　　　　　伍角　　　　　　　　壹元
第二场　　　同上六人　　　　　同上一百零五人　　　　同上

第三场　　　　　　同上　　　　　　　　同上　　　　　　　　同上

片名、剧名或演讲人名及题目

片名：风流世家

参加人略历

备考

报告人签名　　刘锡嘏（印）干事长

【59】

电影演讲会话剧彩排或其他集会报告表

地点　秦皇岛开滦劳工俱乐部

三十三　年　十　月　十五　日　星期　日　天气　晴

主办团体

举行事项种类　　电影

上演或集会时间　由　下午二　时　分至　下午十　时　分

票价及参加人数

第一场　　　　前排票价伍角　　　中排票价　　　　　后排票价

　　　　　　　人数五百一十三　　人数　　　　　　　人数

第二场　　　　同上　　　　　　　同上　　　　　　　同上

第三场　　　　同上　　　　　　　同上　　　　　　　同上

片名、剧名或演讲人名及题目　（风流世家）

参加人略历　（工人、工人眷属及来宾）

备考

报告人签名　　刘锡嘏（印）

【60】

电影演讲会话剧彩排或其他集会报告表

地点　秦皇岛南山俱乐部

33　年　10　月　16　日　星期　一　天气　晴

主办团体　　开滦矿务总局

举行事项种类　电影

上演或集会时间　由　20　时　0　分至　22　时　0　分

票价及参加人数

第一场　　　前排票价　0　　　中排票价　0　　　后排票价　0

　　　　　　　人数　50　　　　人数　0　　　　　人数　0

第二场　　　同上　　　　　　同上　　　　　　同上

第三场　　　同上　　　　　　同上　　　　　　同上

片名、剧名或演讲人名及题目

　　　　　　令ぞ征かむ　不沉舰击沉

参加人略历　日本人职员、中国人高级职员及眷属

备考

　　　　　　　　　　　　　　报告人签名　荒木忠次郎（印）

【61】

电影演讲会话剧彩排或其他集会报告表

地点　秦皇岛开滦劳工俱乐部

三十三　年　十　月　十六　日　星期　一　天气　晴

主办团体

举行事项种类　电影

上演或集会时间　由　下午二　时　分至　下午四　时　分

票价及参加人数

第一场　　　前排票价　　　　中排票价　　　　后排票价

　　　　　　人数 一百六十　　人数　　　　　　人数

第二场　　　同上　　　　　　同上　　　　　　同上

第三场　　　同上　　　　　　同上　　　　　　同上

片名、剧名或演讲人名及题目　（不沉舰击沉）

参加人略历　（日本皇军）

备考

　　　　　　　　　　　　　　报告人签名　刘锡暇（印）

【62】

电影演讲会话剧彩排或其他集会报告表

地点　秦皇岛开滦员司俱乐部

民国卅三　年　十　月　廿三　日　星期　一　天气　晴

主办团体　　开滦矿务局

举行事项种类　　电影

上演或集会时间　由　伍　时　分至　拾　时　分

票价及参加人数

第一场　　　前排会员票价伍角　　中排眷属票价一元　　后排票价
　　　　　　　人数四十人　　　　　人数卅人　　　　　　人数
第二场　　　同上卅人　　　　　　同上七十二人　　　　同上
第三场　　　同上　　　　　　　　同上　　　　　　　　同上

片名、剧名或演讲人名及题目
　　　　　　　　　　片名：歌衫情丝

参加人略历
备考

报告人签名　　刘锡煆（干事长）

【63】

电影演讲会话剧彩排或其他集会报告表

地点　秦皇岛开滦劳工俱乐部

三十三　年　十　月　廿四　日　星期　二　天气　晴

主办团体

举行事项种类　　电影

上演或集会时间　由　下午二　时　分至　下午十　时　分

票价及参加人数

第一场　　　前排票价伍角　　　中排票价　　　　　后排票价
　　　　　　　人数九二　　　　　人数　　　　　　　人数
第二场　　　同上三百四十　　　同上　　　　　　　同上
第三场　　　同上　　　　　　　同上　　　　　　　同上

片名、剧名或演讲人名及题目　（歌衫情丝）

参加人略历　　工人、工人眷属及来宾

备考

　　　　　　　　　　　　　　　　　　　报告人　签名 刘锡骰（印）

【64】

电影演讲会话剧彩排或其他集会报告表

　　　　　　　　　　　　　　　　　　地点　秦皇岛南山俱乐部

三十三　年　十　月　廿五　日　星期　三　天气　晴

主办团体　　　开滦矿务总局

举行事项种类　　电影

上演或集会时间　由二十时 0 分至 22 时 0 分

票价及参加人数

第一场　　前排票价 0　　　　中排票价 0　　　　后排票价 0

　　　　　　　人数 60　　　　　人数 0　　　　　　人数 0

第二场　　　同上 0　　　　　　同上 0　　　　　　同上 0

第三场　　　同上 0　　　　　　同上 0　　　　　　同上 0

片名、剧名或演讲人名及题目

　　　　　　　　　　　命ノ港

参加人略历　　港务局日本人职员及眷属

备考

　　　　　　　　　　　　　　　　　　报告人签名　　荒木（印）

【65】

电影演讲会话剧彩排或其他集会报告表

　　　　　　　　　　　　　　　　　　地点　秦皇岛开滦劳工俱乐部

三十三　年　十　月　廿五　日　星期　三　天气　晴

主办团体

举行事项种类　　电影

上演或集会时间　由　下午二　时　分至　下午四　时　分
票价及参加人数
第一场　　　　　前排票价　　　　中排票价　　　　后排票价
　　　　　　　　人数五十　　　　人数　　　　　　人数
第二场　　　　　同上　　　　　　同上　　　　　　同上
第三场　　　　　同上　　　　　　同上　　　　　　同上
片名、剧名或演讲人名及题目　　命の港
参加人略历　（日本皇军）
备考
　　　　　　　　　　　　　　　　报告人签名　刘锡嘏（印）

【66】

电影演讲会话剧彩排或其他集会报告表

　　　　　　　　　　　　　　　地点　秦皇岛开滦员司俱乐部
民国卅三　年　十一　月　廿五　日　星期　六　天气　阴
主办团体　　开滦港务局
举行事项种类　电影
上演或集会时间　由　下午伍　时　分至　拾　时　分
票价及参加人数
第一场　　　　前排会员票价伍角　中排眷属票价壹元　后排票价
　　　　　　　人数廿五人　　　　人数四十五人　　　人数
第二场　　　　同上七十人　　　　同上一百卅二人　　同上
第三场　　　　同上　　　　　　　同上　　　　　　　同上
片名、剧名或演讲人名及题目
　　　　　　　片名：女性航路　人海慈航
参加人略历
备考
　　　　　　　　　　　　　　　报告人签名　刘锡嘏（印）干事长

【67】

电影演讲会话剧彩排或其他集会报告表

地点　秦皇岛开滦劳工俱乐部

三十三 年 十一 月 廿六 日 星期 日 天气 阴降雪

主办团体

举行事项种类　电影

上演或集会时间　由 下午二 时 分至 下午十 时 分

票价及参加人数

第一场　　前排票价伍角　　中排票价　　后排票价
　　　　　人数二百七十　　人数　　　　人数
第二场　　同上六十八　　　同上　　　　同上
第三场　　同上　　　　　　同上　　　　同上

片名、剧名或演讲人名及题目　（人海慈航）

参加人略历　（工人、工人眷属及来宾）

备考

报告人　签名刘锡嘏（印）

【68】

电影演讲会话剧彩排或其他集会报告表

地点　秦皇岛开滦员司俱乐部

民国卅三 年 十二 月 十一 日 星期 一 天气 阴

主办团体　　开滦矿务局

举行事项种类　电影

上演或集会时间　由八时 分至十时 分

票价及参加人数

第一场　　前排会员票价伍角　　中排眷属票价壹元　　后排票价
　　　　　人数伍拾人　　　　　人数壹佰陆拾人　　　人数
第二场　　同上　　　　　　　　同上　　　　　　　　同上
第三场　　同上　　　　　　　　同上　　　　　　　　同上

片名、剧名或演讲人名及题目

片名：绿林外史

参加人略历
备考

报告人签名　刘锡煆（印）干事长

【69】

电影演讲会话剧彩排或其他集会报告表

地点　秦皇岛开滦劳工俱乐部

民国卅三　年　十二　月　十二　日　星期　二　天气　晴

主办团体　　秦皇岛开滦劳工俱乐部

举行事项种类　　电影

上演或集会时间　由　下午二　时　分至　下午十　时　分

票价及参加人数

第一场　　　前排票价伍角　　中排票价　　　后排票价
　　　　　　　人数八十四　　　人数　　　　　人数
第二场　　　同上二百四十　　同上　　　　　同上
第三场　　　同上　　　　　　同上　　　　　同上

片名、剧名或演讲人名及题目　（绿林外史）

参加人略历　（工人、工人眷属及来宾）

备考

报告人签名　刘锡煆（印）

【70】

电影演讲会话剧彩排或其他集会报告表

地点　秦皇岛开滦员司俱乐部

民国卅四　年　一　月　十八　日　星期　四　天气　晴

主办团体　　开滦矿务局

举行事项种类　　电影

上演或集会时间　由五时卅分至十时　分

票价及参加人数

第一场　　　前排会员票价伍角　　中排眷属票价一元　　后排票价
　　　　　　　人数四十人　　　　　人数一百零五人　　　人数
第二场　　　同上卅五人　　　　　同上九十五人　　　　同上
第三场　　　同上　　　　　　　　同上　　　　　　　　同上

片名、剧名或演讲人名及题目

片名：晚香玉

参加人略历

备考

报告人签名　刘锡瑕（印）干事长

【71】

电影演讲会话剧彩排或其他集会报告表

地点　秦皇岛开滦劳工俱乐部

民国卅四　年　一　月　十九　日　星期　五　天气　晴

主办团体　　开滦劳工俱乐部

举行事项种类　电影

上演或集会时间　由下午二时　分至下午十时　分

票价及参加人数

第一场　　　前排票价伍角　　　中排票价　　　　　后排票价
　　　　　　人数贰佰七十四人　人数　　　　　　　人数
第二场　　　同上贰佰四十　　　同上　　　　　　　同上
第三场　　　同上　　　　　　　同上　　　　　　　同上

片名、剧名或演讲人名及题目　（晚香玉）

参加人略历　（工人、工人眷属及来宾）

备考

报告人签名　刘锡瑕（印）

【72】

电影演讲会话剧彩排或其他集会报告表

地点　秦皇岛开滦劳工俱乐部

民国卅四　年　一　月　二十　日　星期　六　天气　晴

主办团体　　开滦劳工俱乐部

举行事项种类　电影

上演或集会时间由　下午二　时　分至　下午四　时　分

票价及参加人数

第一场　　　前排票价　　　中排票价　　　后排票价

　　　　　人数　壹佰人　　人数　　　　　人数

第二场　　　同上　　　　　同上　　　　　同上

第三场　　　同上　　　　　同上　　　　　同上

片名、剧名或演讲人名及题目　（开战之前夜）

参加人略历　（日本皇军）

备考

　　　　　　　　　　　　　报告人签名　刘锡煆（印）

【73】

电影演讲会话剧彩排或其他集会报告表

地点　秦皇岛俱乐部

民国卅四　年　一　月　二十　日　星期　六　天气　晴

主办团体　　开滦矿务总局

举行事项种类　电影

上演或集会时间　由　十七　时　卅　分至　十九　时　三十　分

票价及参加人数　四十人

第一场　　　前排票价 免费　　中排票价　　　后排票价

　　　　　人数　　　　　　　人数　　　　　人数

第二场　　　同上　　　　　同上　　　　　同上

第三场　　　同上　　　　　同上　　　　　同上

片名、剧名或演讲人名及题目

開戰ノ前夜

参加人略历　　日本人职员及眷属
备考

　　　　　　　　　　　　　　报告人签名　　刘锡煆（印）

【74】

电影演讲会话剧彩排或其他集会报告表

　　　　　　　　　　　　　　　　地点　　秦皇岛开滦员司俱乐部

民国卅四　年　一　月　廿五　日　星期　四　天气　晴

主办团体　　开滦矿务局
举行事项种类　　电影
上演或集会时间　　由下午八时　分至十时　分
票价及参加人数
第一场　　　前排会员票价伍角　　中排眷属票价一元　　后排票价
　　　　　　　人数四十二人　　　　人数一百四十五人　　人数
第二场　　　同上　　　　　　　　同上　　　　　　　　同上
第三场　　　同上　　　　　　　　同上　　　　　　　　同上
片名、剧名或演讲人名及题目
　　　　　　　　　片名：健身健国
　　　　　　　　　　　　四郎探母
　　　　　　　　　　　　人面桃花
参加人略历
备考

　　　　　　　　　　　　　　报告人签名　　刘锡煆（印）（干事长）

【75】

电影演讲会话剧彩排或其他集会报告表

　　　　　　　　　　　　　　　　地点　　秦皇岛开滦劳工俱乐部

民国卅四　年　一　月　廿六　日　星期　五　天气　晴

主办团体　　　开滦矿务局

举行事项种类　电影

上演或集会时间　由　下午二　时　分至　下午十　时　分

票价及参加人数

第一场	前排票价伍角	中排票价	后排票价
	人数壹佰六十	人数	人数
第二场	同上贰佰	同上	同上
第三场	同上	同上	同上

片名、剧名或演讲人名及题目　（中国片）一、健身健国

　　　　　　　　　　　　　　　　二、四郎探母

　　　　　　　　　　　　　　　　三、人面桃花

参加人略历　（工人、工人眷属及来宾）

备考

　　　　　　　　　　　　　　　　报告人签名　　刘锡嘏（印）

【本章第一节所整理档案为秦皇岛港藏教育管理卷"华语班及对学员考试和奖励等规章"，保管卷号4448；第二节所整理档案为秦皇岛港藏"为一、二级职员开办英语班、职工学日语情况（1941—1944）"和"秦皇岛举办日文学习班（1942—1945）"，保管卷号分别为现卷号4752和5278；第三节档案为"秦皇岛港藏在秦开办展出电影的件（1942—1948）"，保管卷号为3。】

第三章　营运管理

第一节　公函

本节所选译档案为 1942—1945 年间开滦营运相关公函 102 份。按照函件所载时间的先后顺序进行整理，内容包括日本军管理时期提高装卸效率对策的通知、船舶停靠秦皇岛港运费事宜、船运货物相关文件、铁路货运费率、煤炭价格以及秦皇岛经理处向日本运煤的相关函电等。（见图 3.1 和图 3.2）

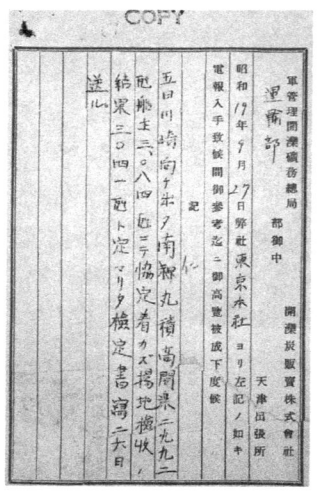

图 3.1　开滦炭贩卖株式会社给军管理开滦矿务总局的一封信函

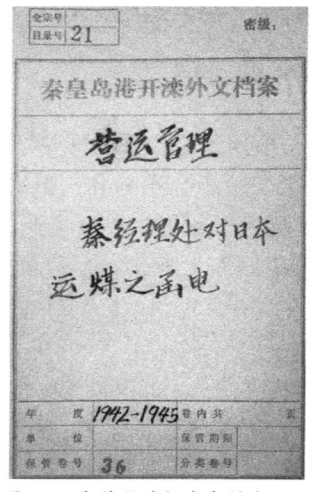

图 3.2　本节所涉档案卷封皮之一

【1】
抄送　天津开滦总局
本贩第 7 号
　　昭和 17 年 5 月 15 日

　　　　　　　　　　　　　　　　　　　　　长城炭矿铁道株式会社

秦皇岛开滦矿务局　公启
敬复者　感谢贵公司一直帮助敝公司事业发展。

关于敝公司在秦皇岛的各种手续费用支付，按照贵公司意见，我们认为可以向贵公司天津总局支付。

【2】

昭和17年6月4日

华北矾土矿业股份有限公司　董事长　小仓铎二

秦皇岛开滦炭矿矿务局　负责人　福格那先生

关于转移秦皇岛龙烟铁矿石储存场地的问题

敬启者　时局多变之时，恭祝事业隆昌。

一直以来，贵局对敝公司格外关照，深表谢忱。

我们向贵局借用的用来储存矾土的场地，因为相邻的地方目前被用来储存龙烟铁矿石，因此我们对有可能受到的影响与危害深表不安。不仅影响到敝公司的生死存亡问题，甚至对日本的耐火工业亦有甚大影响，恳请贵方商量对策。

我们考虑到的应急之策就是用芦苇席尽量覆盖货物减少外来伤害，但这只是权宜之策，没法达到预期的防护目的。而且铁矿石需要长期储存在此，我们估计以后的危害会越来越大。

百忙之中实在是打扰了，希望我们双方合意，贵方能够调查实际情况尽快提出一个根本的解决方案，我们认为应当将铁矿储存场地迁走为妥。

另附铁矿石储存场地迁移理由书如下。

敬上

理由书

（一）秦皇岛矾土储存场的特殊性

如贵方所知，我们厂出产的矾土页岩根据其用途不同，特性也有所不同。耐火用矾土（从其用途上来说，最排斥铁成分），其他特殊用途（研磨材料用，制造铝材专用等，铁成分无碍），主要为这两种。除冀东地区，在其他地方没有发现矾土页岩的地层，所以秦皇岛港成为唯一能够储存矾土的场所。按照去年的数据，在秦皇岛港的储存货物当中，耐火用矾土的储存量为79%（其中一等品为41%），其他特殊用途的矾土储存量仅为21%，所以说一等品用于耐火的矾土其储存量是相当可观的。

而且在冀东以外的地区，塘沽港的龙烟铁矿石储存场旁边就是用于制造铝材的矾土以及部分耐火材料用矾土。其中最低级品受到铁矿的影响较少。

（二）耐火物质和铁成分

耐火物质通常被称为"白物"，它害怕铁成分。如下表所示，对铁成分的含有率需要严格控制在最低限度内。从挖掘到储藏，需要经过多次严格的地质分析，特别是 1 号 SA 产品对铁成分的要求是严格控制在 0.13% 以下。按理应在秦皇岛进行分析试验，完成选矿加工，但是，照现在的储藏情况来看，不时会有铁粉飘过来，是无法进行此项作业的。即便完成选矿工作，如果矾土一旦沾染了铁粉，用于一等品耐火产品的制造原料，就会发生断面粗糙，气孔过多而无法成为一等品的情况。这样的原材料无法洗掉铁粉，从而降低产品规格，而且没有好的应对办法。特别是最近日本耐火工业界的高级原料储存逐渐亏空，不可轻视这件事情的严重影响。

现在的矾土规格表如下所示：

货物名称	用途	矾土含有率	铁分含有率	耐火度
1 号 SA	耐火材料	78% 以上	1.3% 以下	SK40 保证
2 号 SA	耐火材料	76% 以上	2.0% 以下	SK39 保证
FSA	耐火材料	75% 以上	2%—5%	
A	耐火材料	65% 以上	3.0% 以下	SK38 保证
B	耐火材料	55% 以上	3.0% 以下	SK37 保证
O	耐火材料	45% 以上	3.0% 以下	SK35 保证
E	耐火材料	40% 以上	3.0% 以下	SK34 保证

（三）结论

敝公司现在考虑到的应急方案就是以芦苇席覆盖材料。因为铁粉就像黄沙一样可以随风四处飞散，因使用同一支线路，装卸货物之时非常容易混合在一起。但是，以芦苇席覆盖到底是一个消极的暂行办法。如果混入率变高，产品品质变低的话，会极大损害货物外观，尤其是掺入了耐火产品最忌惮的铁粉，产品必然不好出售，买入方可能会拒绝收货或要求打折。这都是过去有过的实例。

基于以上，现在矾土的储藏地点紧临铁矿石储藏场地，这个事情可能会对敝公司的事业造成致命伤害，我们希望贵方考虑上述理由，能够决定尽快将铁矿石储存场地移走。

以上

【3】

第 7480 号

昭和 17 年 9 月 22 日

军管理开滦矿务总局　销售处处长

天津铁路局　公启

8 月份直送秦皇岛的船舱数量以及煤炭储存场地的卸载数量

敬启者　依据昭和 16 年 6 月 26 日附件，天铁经审 3 第 56 号 12—1，该信件中一同给您发去一张 8 月份直接输送煤炭至秦皇岛的船舱数量以及煤炭储存场地的卸载数量比较表，请您确认直送数量的比例是否正确。如有差异我方可以进行修改。

敬上

随信奉上

比较表　　　1 份

【4】

第 7097 号

昭和 17 年 10 月 5 日

军管理开滦矿务总局　销售科

天津铁路局　公启

敬启者　依据 6 月 10 日附件天铁营货 3 第 40—3—4 号文件，随信邮寄 9 月份由唐山古冶发往秦皇岛的数量以及返还的 1 成运费表。还有海关出具的出关证明书共 46 份。贵方所请求金额从本月 25 日结算的 9 月份账款中扣除。

敬上

随信奉上：

数量总括表　　1 份

出关证明书　　46 份

【5】

第 4551 号

昭和 17 年 10 月 20 日

（抄送秦皇岛贵局）

开滦炭贩卖株式会社　营业科长　堀内

军管理开滦矿务总局　销售负责人先生

秦皇岛本船代理店收费事宜

敬启者　关于题头之事，9月15日我方信件第4546号及10月2日贵方电报第179号，承认船舶运营会的决定，今后根据新费率，关于代理店费用与秦皇岛贵局联络，其他店是否成为副代理由本船确认，尚未明确之处，暂且申请全款后请再行计算。

敬上

【6】

第7480号

昭和17年10月29日

军管理开滦矿务总局　销售部长

天津铁路局　公启

9月份直送秦皇岛的船舱数量以及煤炭储存场地的卸载数量

敬启者　依据昭和16年6月26日附件，天铁经审3第56号12—1号文件，9月份直接输送煤炭至秦皇岛的船舱数量以及煤炭储存场地的卸载数量比较表兹随信奉上，该表所示秦皇岛港口的直送数量的比例，请您确认是否正确。如有差误我方可以进行修改。

敬上

随信奉上：

比较表　1份

9月份从煤矿运往秦皇岛煤炭数量明细

直送数量	比例	储煤场卸载量	比例
107892 吨	36%	190571 吨	64%

合计：298463 吨

【7】

第7480号

昭和17年12月1日

军管理开滦矿务总局　销售部部长

天津铁路局　公启

10 月份直送秦皇岛的船舱数量以及煤炭储存场地的卸载数量

敬启者　依据昭和 16 年 6 月 26 日附件，天铁经审 3 第 56 号 12—1 文件，10 月份直接输送煤炭至秦皇岛的船舱数量以及煤炭储存场地的卸载数量的比较表兹随信奉上，请您确认是否正确。如有差误我方可以进行修改。

敬上

随信奉上：

比较表　1 份

【8】

第 7480 号

昭和 18 年 2 月 1 日

军管理开滦炭矿　营业部部长

天津铁路局　公启

12 月份发往秦皇岛的船舱数量以及煤炭储存场地的卸载数量

敬启者　12 月份发往秦皇岛的船舱数量以及煤炭储存场地的卸载数量的比较表兹随信奉上，请您确认是否正确。如有差误我方可以进行修改。

敬上

附加文件：

比较表　1 份

【9】

第 7097 号

昭和 18 年 2 月 9 日

军管理开滦炭矿　营业部部长

天津铁路局　公启

1 月份由唐山古冶发往秦皇岛数量以及返还 1 成运费事宜

敬启者　1 月份由唐山古冶发往秦皇岛数量以及返还 1 成运费，另有海关出具的 28 份出关证明书兹随信奉上。

返还额从本月 25 日结算的 1 月份账款中扣除。

敬上

随信文件：

数量总括表　1 份
出关证明书　28 份

【10】

第 7480 号

　　昭和 18 年 4 月 1 日

　　　　　　　　　　　　　　　　　　　　　军管理开滦炭矿　营业部部长

天津铁路局　公启

2 月份发往秦皇岛的船舱数量以及煤炭储存场地的卸载数量

敬启者　2 月份直接输送煤炭至秦皇岛的船舱数量以及煤炭储存场地的卸载数量的比较表格兹随信奉上，该表所示秦皇岛港口的直送数量的比例，请您确认是否正确。如有差异我方可以进行修改。

　　　　　　　　　　　　　　　　　　　　　　　　　　　　　　　　敬上

　　随信奉上：
　　比较表　1 份

【11】

第 7097 号

　　昭和 18 年 4 月 7 日

　　　　　　　　　　　　　　　　　　　　　军管理开滦炭矿　营业部部长

天津铁路局　公启

3 月份由唐山古冶发往秦皇岛数量以及返还 1 成运费事宜

敬启者　昭和 18 年 3 月份由唐山古冶发往秦皇岛数量以及返还 1 成运费，另有 39 份海关出具的出关证明书兹随信奉上。

　　返还额从本月 25 日结算的 3 月份账款中扣除。

　　　　　　　　　　　　　　　　　　　　　　　　　　　　　　　　敬上

　　随信文件：
　　一、数量总括表　1 份
　　一、出关证明书　39 份

【12】
第 7480 号
　　昭和 18 年 4 月 26 日

　　　　　　　　　　　　　　　　　　　军管理开滦炭矿　营业部部长
天津铁路局　公启
　　　　3 月份发往秦皇岛的船舱数量以及煤炭储存场地的卸载数量
敬启者　3 月份发往秦皇岛的船舱数量以及煤炭储存场地的卸载数量比较表兹随信奉上，该表所示秦皇岛港口的直送数量的比例，请您确认是否正确。如有差误我方可以进行修改。

　　　　　　　　　　　　　　　　　　　　　　　　　　　　　　　敬上

　　随信奉上：
　　比较表 1 份

【13】
　　昭和 18 年 5 月 18 日

　　　　　　　　　　　　　　　　　　　　　　　　　　　　　营业科堀内
秦皇岛驻在员　岩本义之先生
　　昭和 17 年 10 月份、12 月份以开滦煤矿为接收方的船只滞留费及提前离港费清单复印件各一份，以附件寄送给您。
　　烦请查收。
　　　　　　　　　　　　　　　　　　　　　　　　　　　　　　　以上

【14】
　　昭和 18 年 5 月 27 日

　　　　　　　　　　　　　　　　　　　　　　　　　　　　　营业科堀内
秦皇岛驻在员　岩本义之先生
　　本年度的 1 月份、3 月份以开滦煤矿为接收方的船只滞留费及提前离港费清单复印件各一份，以附件寄送给您。
　　烦请查收。
　　　　　　　　　　　　　　　　　　　　　　　　　　　　　　　以上

【15】
开滦第 7097 号
　　　昭和 18 年 6 月 11 日

　　　　　　　　　　　　　军管理开滦炭矿　营业部部长　余明德
天津铁路局　公启
　　　　5 月份由唐山古冶发往秦皇岛的数量以及返还 1 成运费事宜
敬启者　昭和 18 年 5 月份由唐山、古冶发往秦皇岛的数量以及返还 1 成运费，还有 52 份海关出具的出关证明书。返还额从本月 25 日结算的 5 月份账款中扣除。
　　　　　　　　　　　　　　　　　　　　　　　　　　　　　　　敬上

　　　随信文件：
　　　数量总括表
　　　出关证明书　52 份
　　　以上

【16】
抄送　天津驻在员
营货整 10 第 61 号
　　　康德 10 年 6 月 12 日
　　　　　　　　　　　　满洲海运株式会社　营业部部长　加藤敏彦
军管理开滦炭矿　营业部　公启
　　　　　秦皇岛开滦煤炭敝公司装运代理店费用问题
敬启者　一直以来承蒙贵方的关照。
　　关于题目提及代理店的费用问题，我们希望得到我公司天津代理人的说明，因为现在由关东军管理开滦煤炭的输送问题，我方认为在签订单个合同时，应当和运营会的条例保持一致，而避免差别对待的情况产生。
　　　　　　　　　　　　　　　　　　　　　　　　　　　　　　　敬上

【17】
开滦第 7342 号
　　　昭和 18 年 6 月 14 日

军管理开滦炭矿　营业部部长　余明德

东京开滦炭贩卖株式会社　公启

有关秦皇岛大船代理店费用的事宜

敬启者　关于题目之事，发给贵公司秦皇岛代理人的昭和17年12月16日贵公司营天70号文件的复写件，本文件规定对于昭和17年12月1日以后秦皇岛入港的船舶，我公司收取上文所示的代理店费。

　　D/W3000吨及以上的船舶　　70元

　　D/W3000吨以下的船舶　　50元

　　根据来自我社秦皇岛港务局局长的通知，开滦货物以外的装载情况按照上文的代理店费收取，由船舶运营会秦皇岛办事处确认。

　　D/W3000吨及以上的船舶　　100元

　　D/W3000吨以下的船舶　　80元

　　下文是如同上文所示的代理店费及有关贵地运营会的确认

（一）17年12月1日之前秦皇岛入港的船舶（按照D/W吨数）

（1）开滦货物装载的情况

（2）开滦以外的货物装载卸载的情况

（二）17年12月1日之后秦皇岛入港的船舶（按照D/W吨数）

（1）开滦货物装载的情况

（2）开滦以外的货物装载卸载的情况

　　　　　　　　　　　　　　　　　　　　　　　　　敬上

【18】

军管理开滦炭港务局　公启

免证运送货物证明

1. 船名：第五冲之山丸

2. 货物：大小型熔矿炉附属品钢材及耐火砖合计1589.808吨

3. 到港日期：昭和18年6月27日18时10分

因为没有针对该船只发行船载货物的许可证件，北支制铁株式会社或者作为该代理人的华北运输株式会社请求该船只可以免费运输货物。

　　　　　　　　昭和18年6月30日　第五冲之山丸船长　宫内

【19】
第 7019 号
　　　昭和 18 年 7 月 8 日
　　　　　　　　　　　　　　军管理开滦炭矿　营业部部长　余明德
满洲海运株式会社　营业部　公启
　　　　　　秦皇岛的贵公司船只代理店费用问题
　　敬启者　关于题目之事，拜读了康德 10 年 6 月 12 日贵公司营货整 10 第 61 号函件，要求对在秦皇岛的贵公司船只征收运营会规定的代理店费用。但是很遗憾，无法满足您的请求。其原因是贵公司船只的运费，对于沿岸航线来说，比去往外国诸港的费用略高，故而敬请让步。
　　因此，贵公司船只在中国各港口及关东州各港口应接受运营会规定的代理店费用，如果往日本与朝鲜运送煤炭应接受特殊税率。
　　　　　　　　　　　　　　　　　　　　　　　　　　　　　　　敬上

【20】
SH7200
　　　昭和 18 年 7 月 12 日
　　　　　　　　　　　　　　　　　　　　　　　港务局局长　柴田一美
营业部部长　余明德先生
　　　　针对满洲海运株式会社船舶的征收计划以及秦皇岛代理店的费用问题
　　有关上述问题，7 月 8 日由贵部发往满洲海运株式会社的英文函件，我们得到了相同内容的日文函件（翻译件或者正文），但是经我方校对，发现有与英文函件完全相左内容，我们认为应当以英文函件为准。如贵方向满洲海运株式会社发送此日英两文函件极易招致误解，万望按照英文函件再次校对日文函件。
　　　　　　　　　　　　　　　　　　　　　　　　　　　　　　　以上

【21】
抄送　北京、东京事务所所长、秦皇岛港务局局长
开滦 M6281 号
　　　昭和 18 年 8 月 11 日

　　　　　　　　　　　　　　　总经理事务代理　　白川一雄
矿务局局长　中岛龟吉先生

关于提升洗末煤品质事宜

　　对于昭和18年度运往日本的洗末煤品质为灰分15%，鉴于现在的运输情况，在洗末煤中混入微末煤以达到灰分15%的标准。从国家立场看损失巨大。而且从今年的船舶计划情况来看，可能会有货物残余。所以将向大使馆矿山科汇报，运往日本的洗末煤是否能将标准从15%调整为12%。昭和18年度的物动计划从180万吨调整为140万吨，计划从下半期开始实施。

　　该计划已得到盐泽公使同意，大使馆将与大东亚省进行商议，但是因为实施日期尚未决定，为保万无一失，待大使馆通知后再周知各方。

　　另依上产生的40万吨微粉于开滦制铁所使用，敬请谅解。

　　　　　　　　　　　　　　　　　　　　　　　　　　　　　以上

【22】

抄送　港务局局长、东京事务所所长
军管开滦总北18第463号
　　昭和18年8月18日
　　　　　　　　　　　　　　北京事务所所长　　永井克太郎
副经理　岩村仙弥先生

有关18年度秦皇岛港湾费率事宜

　　关于8月17日来自开滦港湾恳谈会会席上，大使馆交通科樋田调查官就18年度北支港湾费用修订纲要（请参照其他文件）进行说明，关于纲要（四）粮食补给金为除开滦以外。

　　询问樋田调查官秦皇岛开滦煤炭以外的物资，比如矾土、杂货类的18年度费率，于何时决定得知，关于开滦的费率，原则上沿袭17年度，具体如何处理还在商讨中。矿山科荒川调查官因病缺席18日访问，特此通知。

　　关于秦皇岛煤炭以外的费率，参与最近与大使馆当局的交涉倍感荣幸。

　　补充
　　秦皇岛荒木出席上述恳谈会
　　附加文件
　　北支港湾费用修订纲要　1份

【23】

抄送　矿务局局长、港务局局长、东京事务所所长

军管开滦总北 18 第 484 号

昭和 18 年 8 月 24 日

北京事务所所长　永井克太郎

副经理　岩村仙弥先生

昭和 18 年度对日输送开滦煤炭数量变更通知事宜

关于题目所言及问题，北京大使馆矿山科有如下通知，敬请知悉。

（单位千吨）

煤炭种类	内地	朝鲜	合计
洗末煤	1500	—	1500
特级末煤	90	230	320
一号末煤	140	120	260
合计	1730	350	2080

面向满洲中支那的运输数量未制定。

【24】

抄送　港务局局长

开滦 7342 号

昭和 18 年 8 月 30 日

营业部部长　余明德

北京事务所所长　永井克太郎先生

有关本年度秦皇岛港湾费率事宜

有关题目所述问题，18 日附件军管开滦北 18 第 463 号，通过贵信，经过大使馆当局交涉，拜读了贵方交代的事务。本文件是关于 5 月下旬提交给大使馆矿山科长的秦皇岛收支预算书，正在申请许可，希望各方谈判方早日批准许可。

以上

【25】

抄送　港务局局长

军管开滦总北 18 第 516 号

昭和 18 年 9 月 1 日

北京事务所所长　永井克太郎

营业部部长　余明德先生

有关秦皇岛码头的费用清单查询件

关于题目之件，希望查询 8 月 31 日下午来自矿山科宫迫先生的码头收费 5.95 元的详细清单。8 月 31 日通过电话与贵局值班人员大出事务员取得联系。

【26】

昭和 18 年 9 月 6 日

业务部营业科　堀内

秦皇岛驻在员　岩本义之先生

本年度 4、5、6 月份出航船只在秦皇岛的滞留费以及提前离港费，针对这两项费用的清算单以及去年 10 月份出航的金龙丸号以外两船的费用清单复印件，以附件形式随信奉上，烦请查收。

以上

【27】

第 7097 号

昭和 18 年 9 月 9 日

军管理开滦炭矿营业部部长　余明德

天津铁路局　公启

8 月份由唐山古冶发往秦皇岛的数量以及返还 1 成运费事宜

敬启者　昭和 18 年 8 月份由唐山古冶发往秦皇岛的数量以及返还 1 成运费，还有海关出具的出关证明书共 46 份。返还额从本月 25 日结算的 8 月份账款中扣除。

敬上

随信文件：

1. 数量总括表
2. 出关证明书　46 份

【28】

抄送　矿务局局长、港务局局长、东京事务所所长

军管开滦总北 18 第 553 号

　　昭和 18 年 9 月 11 日

　　　　　　　　　　　　　　　　　　　北京事务所所长　永井克太郎

副经理　岩村仙弥先生

昭和 18 年度对日物动计划数量变更事宜

对日物动计划变更如下，由大使馆栗林技师于 9 月 10 日发表结果，特此通知。

煤炭种类	内地	朝鲜	合计
洗末煤	1500		1500
特级末煤	90	230	320
一号末煤	140	120	260
合计	1730	350	2080

【29】

抄送　矿务局局长、港务局局长、东京事务所所长

军管开滦总北 18 第 557 号

　　昭和 18 年 9 月 11 日

　　　　　　　　　　　　　　　　　　　北京事务所所长　永井克太郎

副经理　岩村仙弥先生

第 3 季度对日本船舶调度申请

9 月 10 日北支军运输统制本部关于上述问题，召开船舶调度会议。关于开滦煤炭做出如下决定，特此通知。军方指示，由于要确保洗末煤的供应与运输，所以要特别注意，万事听从指示。

船舶调配申请数量

（单位千吨）

月份	内地	朝鲜
10 月	160	18※20
11 月	170	18※20
12 月	170	18※20

备注

（1）应全力确保对内地洗末煤的运输，根据各方条件，如果不可能再向外运输洗末煤，只得用物动计划之外的特级末煤或者一号末煤来代替，此事需要得到军方和大使馆的谅解。

（2）每月运往朝鲜的 18 千吨特级末煤，20 千吨一号末煤，此 1 号末煤需要依靠军方调配船只运输。

【30】

陆公 03 第 11 号 1—46

　　昭和 18 年 9 月 15 日

　　　　　　　　　　　　　华北运输股份有限公司　陆运科长　三奈木重则

秦皇岛开滦港务局局长　柴田一美先生

敬启者　承蒙贵方一直关照敝公司。

　　北支那的制铁材料需要在贵港口装卸，依从上级命令，在过去的 4 个月以来，一直承蒙贵局的多方支持与帮助，顺利实施。目前为止，工作能够顺利进行，都要归于贵方的帮助。但是根据目前北支那制铁所的情况，在第 10 船卸载任务结束后，我们这一工程将暂时停止。如今后开展北支那制铁公司直营的相关业务，还请您多多关照。

　　在此谨致谢意。

　　　　　　　　　　　　　　　　　　　　　　　　　　　　　　　　敬上

【31】

秦海 18—1—第 3075 号

　　昭和 18 年 10 月 20 日

　　　　　　　　　　　　　华北运输股份有限公司　秦皇岛营业所

开滦炭矿港务局　公启

敬启者　恭祝贵公司兴隆昌盛。

寄送 10 月 10 日入港的第七春光九号与 10 月 9 日
入港的三和九号海关的相关费用计算单事宜

　　题头所述船舶计算单以及凭证文件随信奉上，还请贵方百忙之中审核计算清单。

敬上

随信文件：
一、10月9日入港的第13三和丸号的计算清单（费用28元）
一、10月10日入港的第7春光丸号计算清单（费用112元）

以上

【32】

抄送　港务局局长、敝公司会计部部长

开滦第7097号—86

　　昭和18年11月11日

　　　　　　　　　　　　　　　　军管理开滦炭矿营业部部长　余明德

天津铁路局经理部长　铃木茂雄先生

<u>10月份自唐山古冶对日输出煤炭数量表及返还1成运费事宜</u>

　　关于<u>上</u>述事宜，根据你我双方协定，昭和18年10月的费用明细以及出关证明书共计58份随信奉上。

　　返还额从本月25日结算的我方10月份账款中扣除，敬请谅解。

添加文件：

1.10月份运输数量明细表

2.出关证明书　58份

【33】

抄送　会计部部长

开滦7549号

　　昭和18年11月25日

　　　　　　　　　　　　　　　　　　　　营业部部长　余明德

秦皇岛港务局局长　柴田一美先生

塘沽营业所所长　李庚昌先生

<u>本年度龙烟铁矿石装卸承包合同的问题</u>

　　我们之前和华北煤炭贩卖股份有限公司之间缔结的合同为您送去一份复印件，请查收。

附件
秦皇岛
　　　龙烟铁矿石储矿及装载合同复印件　日英文各一份
　塘　沽
追加　致秦皇岛港务局
　　如我们之前合意的那样，因为合同中的承包费率无法和去年完全一致，所以在签订新合同的时候，需要采用新费率，这是我们在本年度开始的时候商议好的。在本地龙烟铁矿石使用完后，一直没有采购新货，我们预计以后采购新货时，要改变费率及其他相关货物储存与运送的条件。我们在10月末解约后，11月重新订立合同会再次与您进行确认。

　　　　　　　　　　　　　　　　　　　　　　　　　　　　　　以上

【34】

抄送　敝港务局局长、会计部部长
开滦第 7097 号
　　　昭和 18 年 12 月 10 日
　　　　　　　　　　　　　　　军管理开滦炭矿营业部部长　余明德
天津铁路局　经理科长先生
11 月份从唐山古冶发往日本的煤炭运费返还事宜
　　根据你我双方间协定合同，关于煤炭输出的运费问题，预计发送 11 月份的费用明细以及出关证明书共计 54 份，随信奉上。返还额从本月 25 日支付给对方的结算账款中扣除。敬请谅解。

【35】

开滦 7549 号
　　　昭和 18 年 12 月 15 日
　　　　　　　　　　　　　　　　　　　　　　　营业部部长　余明德
港务局局长　柴田一美先生
本年度在秦皇岛装卸龙烟铁矿石装卸承包合同的问题
　　如我们上次提到，因为储藏的铁矿石已经用完，因此我们以此为契机提出废除以前的合同，如果以后再次需要运输装卸铁矿石，应缔结新的合同。我们和华北煤炭商议后决定先订立铁矿石相关问题通知书。在附件中，请过目。
　　附件：
秦皇岛装卸龙烟铁矿石装卸承包合同废除问题的声明　1 份

以上

声　明

　　军管理开滦炭矿营业部部长余明德和华北煤炭贩卖股份有限公司业务部部长弟子丸相造之间，于昭和 18 年 4 月 1 日缔结的秦皇岛龙烟铁矿石储存与装载合同，于昭和 18 年 10 月 31 日为限废除。为证明以上事项，本声明一式二份，甲乙双方签名盖章后各执一份为凭。

　　昭和 18 年 10 月 31 日

军管理开滦炭矿营业部部长　余明德
华北煤炭贩卖股份有限公司业务部部长　弟子丸相造

【36】

抄送　港务局局长、大使馆矿山科科长、交通科科长、我营业部部长、港务局局长、企划部部长、北京事务所所长、东京事务所所长

开滦 7571 号

　　昭和 19 年 3 月 14 日

军管理开滦矿务总局最高监督官　白川一雄

驻北京大日本帝国大使馆特命全权公使　盐泽清宣先生

关于昭和 19 年度秦皇岛港务局收费修订申请事宜

敬启者　祝您幸福安康。

　　我局秦皇岛港诸种费用以附件修订，昭和 19 年 4 月 1 日起实施。希望此条款得到许可，因此提出本申请。

【37】

抄送　营业部部长

开滦 7342 号

　　昭和 19 年 3 月 16 日

运营部部长　岩村仙弥

港务局局长　柴田一美先生

有关秦皇岛系船费事宜

　　题目关于费率的修订，与船舶运营会之间对下期轮船运费率的变更进行商议，昭和19年度轮船运费率的修订还未确定（目前处于和开滦贩卖公司沟通运营会的意向中）。若运费上涨，请即与系船费的修订方交涉，望将供水费、领航费等也稍加修订，特此通知，不胜劳烦。

以上

【38】

军管理开滦炭矿港务局　公启

负责人不在时代理人盖章的相关通知

3月16日以后，敝公司的负责人及代理人印章事宜通知如下：

负责人姓名及印章：桥元良男

负责人不在时的代理人姓名及印章：田中胜美

昭和19年3月16日

华北运输株式会社秦皇岛营业所　桥元

【39】

北大交交极秘第132号

军管理开滦矿务总局最高监督官　白川一雄

　　同意以昭和19年3月14日附件，开滦7571号申请的秦皇岛港务局收费修订文件。

　　昭和19年3月31日

驻北京特命全权公使　盐泽清宣

【40】

抄送　营业部部长

军管开滦东19第132号

　　昭和19年4月1日

东京事务所所长

港务局局长

有关秦皇岛港湾收费之事

  北支港湾收费修订审议会议目前于大东亚省举办,据北京大使馆樾田调查官,因秦皇岛港的资料未提交,会议未能召开,因无充分资料,提交正确的报告书是不可能之事,敬请谅解。随信报告书提交之事,已于3月30日通过电话取得联系,请多加谅解。

  报告书完成之经过如下文所示:

一、秦皇岛港各年度业务数量根据18年度及19年度的预算书,列入业务预想量。

二、秦皇岛港的工人粮食补贴按照樾田调查官的指示,劳工数以2000人计算。

三、港湾收费修订费率对比表中,船舶关系修订费为现行费用的两倍,作业收费按照昭和19年度预算书执行。

四、关于收费修订,收支对比表中船舶收入19年度预算的系船费5万元是现行收费,修订为10万元。货物收入以预算书作业收入为基本计算,各种收费为租赁费和杂项收入合计计算。

  支出如对比表备考栏中记载,以此处的预算书为基本,计算出船舶经费,货物经费及各类费用(此项目基于大使馆的指示),搬运费用加入船舶经费中计算,总务经费预计会根据其他营业员的预算书适当减少,计算上列入各经费中。

秦皇岛港各年度业务数量表(19.3.30)

品种 \ 年度	17年	18年	19年	19年码头交易数
煤炭	3222	2623	607	184
矾土	118	70	306	256
杂货	32	7	36	26
其他	98	144	102	80
总计	3470	2844	1051	546

秦皇岛港湾工人粮食补贴（19.3.30）

劳工数	量额	所需粮食			现金支付			合计	劳工支付金	补贴
		特别配给	一般购入	总计	苞米费用	苞米袋费用	总计			
2000人				48000				48000袋		48000袋
				1749120	912000	480000	1392000	3141120	115200	3025920

注：面粉工人每人本年 12 袋　　一袋价格 54.27 日元[①]（上下平均）
　　苞米工人每人本年 12 袋　　一袋价格 19.04 日元
　　苞米费用现金　　　　　　　工人每人本月 38 日元
　　苞米袋费用现金　　　　　　工人每人本月 20 日元
　　劳工支付金　　　　　　　　面粉 1 袋 2.4 日元
　　　　　　　　　　　　　　　苞米 1 袋 2.4 日元

昭和 19 年度秦皇岛港湾收费修订（案）费率对比表（19.3.30）

船舶关系

项目	现行	修订	摘要	项目	现行	修订	摘要
1. 码头使用费 标准费率				码头—秦皇岛站 一吨	0.50	1.00	
重量 800 吨以下 每日	120.00	240.00		码头—港务局仓库 一吨	0.30	0.60	
长度 300 英尺以下 每日	240.00	480.00	最低费率 1 日停泊 1 日以上时零数 12 小时以内按半日计算 12 小时以上按 1 日计算	港务局仓库—秦皇岛站 一吨	0.30	0.60	劳动者休息日及春季节日假期加倍金额
300—400 英尺	360.00	720.00		7. 船内小工费用 一吨	1.20	2.40	
400—500 英尺	600.00	1200.00		8. 货物装卸费 一吨	0.60	1.20	
500 英尺以上	800.00	1600.00		9. 租金 使用容积每四十才 ① 一个月			
2. 水费 系船场供水 每吨	2.00	4.00		仓库或楼内	0.50	1.00	
锚地供水 每吨	3.00	6.00		露天	0.30	0.60	
3. 领航费	150.00	300.00					
4. 拖船费	40.00	80.00					
5. 栈桥费 一吨	1.00	2.00					
6. 货车牵引费							

[①]　原日文档案写作"円"，作者直译。

作业收费

项目	秦皇岛港 现行	秦皇岛港 修订	摘要	项目	秦皇岛港 现行	秦皇岛港 修订	摘要
装船渡海				储煤场交货			
开滦煤炭	5.95	11.90		开滦煤炭	1.90	3.80	
柳江煤炭	2.53	11.80		乘货车交货	—	—	
长城煤炭	2.53	11.80		开滦煤炭	1.90	3.80	
耐火粘土	7.14	14.80		长城煤炭	1.05	2.10	
石膏	—	15.20		柳江煤炭	0.70	1.40	
玻璃	5.00	9.60		玻璃	0.48	1.00	
杂货	7.81	17.80		杂货	0.90	1.80	
陆地场所	—	—		军需品	1.20	2.40	
杂货	4.00	16.00		炼瓦	0.90	1.80	
煤矿材料	3.24	15.00		耐火粘土	0.72	1.40	
耀华材料	6.25	16.00					
军需品	1.10	3.50					

秦皇岛港湾收费修订收支对比表（19.3.30）

（单位：千日元①）

项目	类别	现行	修订	对比	率	备考
收入	船舶收入	50	100	50	100	
	货物收入	3842	8866	5024	130	
	各种收入	189	189	0	0	
	总计	4001	9155	5074	120	
支出	船舶经费	302	302	—	—	拖船经费　照明及用水费
	货物经费	7250	7250	—	—	铁道经费　装卸经费
	各种经费	5215	5215	—	—	建筑物补修费　保险费
						总务经费　港湾经费　卫生费
	总计	12767	12767	—	—	
结算损益金		8686	3612	5074		

① 原日文档案写作"千円"，作者直译，下表同。

秦皇岛港特殊种类增加额表（19.3.30）

（单位：千日元）

类别 种类	现行	修订	对比	率	备考
煤炭	1555	3355	1800	120	
矾土	1831	3818	1987	110	
杂货	131	423	292	220	
其他	325	1270	945	270	
总计	3842	8866	5024	130	
船舶关系	50	100	50	100	
其他	189	189	0	0	
总计	4081	9155	5074	120	

【41】

抄送　营业部部长

SH—7095号

　　昭和19年4月1日

港务局局长　柴田一美

运营局局长　岩村仙弥先生

系船费及其他费率修订案

关于题头询问的3月16日附件7342号，我方建议如下所示，希望得到您的回答。

一、系船费

　　废除目前规定的折扣系船费，建立新的规定。

　　修订费率如下：

　　重量800吨以下的小型船只一日（24小时）费用　　　　120元

　　全长300英尺以下的船舶一日（24小时）　　　　　　240元

　　全长300英尺以上400英尺以下的船舶一日（24小时）　360元

　　全长400英尺以上500英尺以下的船舶一日（24小时）　600元

　　全长500英尺以上的船舶一日（24小时）　　　　　　800元

　　但最低收费为一日的系船费，开始的24小时之后，12小时以内的收取半额，12小时以外的收取全额。

对于焚烧炭装载船,废除减价规定。

理 由

原来本港为基于中国法令,通商港口实质上作为开滦所产货物的输出及开滦所需资材的输入港。运营关系上,开滦私有港口的色彩浓厚,如系船费,对于自己所产货物及所需资材的输送船,采取五折的费率。对于外部货物输送船,采用标准费率。此差别待遇屡屡引发问题,自支那事变及大东亚战争以来,开滦私有港的性质逐渐淡化,作为一般港湾的性质逐渐显现。存续减价费率一事不符合预期,本来的减价费率与其他港口相比,价格稍高。屡屡听闻高于标准费率许多的责难,物价与劳务费也明显上涨,北支如今费率未必高,如今的费率与青岛港比较,同港口的系船费(昭和18年4月1日修订现行率)。

总吨数一吨　　3钱

最低费用　　　10元

如今,假设总吨数2000吨的船,与停滞时相比,船长300英尺以下的系船费相比于青岛的60元,秦皇岛为根据标准费率的240元,依据减价率为120元,目前青岛也在研究港湾费率修订,最近有港口视察,依据青岛码头公司安达常务的会谈,19年度全面上调200%,结果应为110%。

因此,假设该港上调200%,根据上文,系船费调整为180元,于我方而言,极其接近110%的高利率。因此,考虑到搬运的劳动生产率,我方的停船时间非常短,因此,本应支付全额的系船费,我方却支付少额。由此来看,如同前文所言,断然撤销减价,以差别对待与缓解责难来共同增加收入的方法可以发挥一举两得的效果。

二、领航费

现行率

入港或出港一次(船型不计)　　　　75元

移泊一次　(船型不计)　　　　　　30元

修订案

入港或出港一次(船型不计)　　　　120元

移泊一次　(船型不计)　　　　　　60元

理 由

本港的领航费包含原来服务性意义所制定,关系上其他港的船型、吃水等存在差别的收费采用均一制对待。极低的费率如今突然大幅上涨,与其他港口相比,虽难说有不妥当之处,然而正值各类费用高度上涨之时,因此,作为经费支付的一点补助,按前文所述提出价格上涨。

三、拖船费

　　现行率　一次　40 元

　　修订案　一次　80 元

　　拖船辅平号的经费依据原价计算（参照其他页）为一个月 14000 元。然本港口的入港船数，根据昭和 18 年（1 月 /12 月）的一年 737 艘，每月平均不到 62 艘。如今假设每只船的出入港口每使用拖船一次，原价为 113 元，然而实施上大幅上涨，事实上实行较为困难。这是因为，青岛现行的拖船费，大型船 40 元、中型船 30 元、小型船 20 元。19 年度该港价格上涨 110%。大型拖船为 84 元。我辅平号相当于青岛港的大型拖船，因此，考虑的结果为上文所示提议上涨。

四、供水费

　　按现行费率扣除

五、代理店费

　　按现行费率扣除

以上

【42】

抄送　秦皇岛港务局局长

开滦 7503 号

　　昭和 19 年 4 月 10 日

运营局营业部部长　余明德

北京事务所所长　永井克太郎先生

4 月份对日输送煤炭供求问题

　　关于上述事件开滦炭贩卖株式会社发来以下函电。请求军方、大使馆的批示。电报原文（4 月 2 日）：

　　最近，八幡、釜石、昭和的工厂，因北支煤炭的输入量减少而陷入紧急状态，特别是 4 月以来，因当地配车计划几乎无法完成正常作业，目前此已构成严重的问题，我们连日来与军需省以及其他相关当局联系，所得到的消息是，4 月以后取消了向元山输送开滦煤炭，取而代之的是送往秦皇岛 7 万 1 千吨煤炭，包括船舶调度在内的货运计划，都需要跟当地和关东军联系确认。因为 4 月井下以及洗煤机修理问题，也有人提出延期的意见，总动员局椎名局长以及煤炭部部长山口希望在视察煤矿后给出决策。已经决定取消 3 月船只超过

4万2千吨的份额。

以上

【43】

抄送　营业部部长、天津事务局局长、北京事务所所长

O—1067 号

昭和 19 年 4 月 12 日

港务局局长　柴田一美

运营局局长　岩村仙弥先生

关于 4 月份对日运送煤炭事宜

关于标题事宜，贵局营业部部长 4 月 10 日发往北京事务所所长的函电，并附加书面文件开滦 7503 号（抄送当局），供您参考。

开滦炭贩卖公司电话联络，希望得到军方以及大使馆的联络和相关指示。

记

"最近，八幡、釜石、昭和的外需工厂，因北支煤炭的输入量减少而陷入紧急状态，特别是 4 月以来，以当地配车计划几乎无法完成正常作业，目前此已构成严重的问题，我们连日来与军需省以及其他相关当局联系，所得到的消息是，4 月以后取消了向元山输送开滦煤炭，取而代之的是送往秦皇岛 7 万 1 千吨煤炭，包括船舶调度在内的货运计划，都需要跟当地和关东军联系确认。因为 4 月井下以及洗煤机修理问题，也有人提出延期的意见，椎名总动员局局长以及山口煤炭部部长希望在视察煤矿后给出决策。已经决定取消 3 月船只超过 4 万 2 千吨的份额。"

然而，船舶运营会支那科于 11 日给当地运营会驻在员的电话内容如下所示：

记

"4 月计划秦皇岛发往釜石 18000 吨、川崎 22000 吨、横滨 7000 吨，合计 47000 吨，另还有特别增产所需，物动计划之外，33000 吨发往八幡，合计 80000 吨。"

对比两个联络内容可知，开滦炭贩卖公司发来电报以后，中央意见发生了很大变化，最终决定依本电文内容实施。4 月 1 日以后本港的装载出货量如下所示：

日升丸　　　　　　3100 吨　　　　　大阪

荣城丸	10200 吨	大阪
荣久丸	10200 吨	广畑
汐首丸	4740 吨	广畑
成利号	1560 吨	若松
梭罗丸	10444 吨	川崎
合计	40244 吨	

上述内容和船舶运营会来电内容一致的只有一艘载重不过 10444 吨的梭罗丸号开往川崎的船只。除了这艘船以外，3 月份装卸运输量的剩余，应该看成昭和 18 年度物动计划的一部分，所以从之前船舶运营会发来的电报来看，剩余大约 8 万吨的量只能等待 4 月中旬运输。预计今天入港的飞鸟山丸号运往八幡方向的 10200 吨，因为是贵方急需运输的一号末煤，这个姑且可以抵消 8 万吨需求量中的一部分，但是剩余的 6 万万至 7 万吨，目前，秦皇岛港的储存量是不够的。

如您所知，如果我们要完成企业机构交代的任务，必须确保一定的储煤量。即使是船只调度的任务，也必须要有能立即执行的船只待命才能完成。因为是战时，所以要求船只尽自己的最大荷载能力，我们自会尽力执行。然而，自从当局的运输方针转换为陆地运送方案之后，虽然我们积极关注动向，但是我们当地与东京中央当局无法密切联系，另一方面，船舶运营会给了我们港口相当多的船舶调度任务，虽然我们进行了解释，但是当地的运输当局只是指示把送往矿山的 3 万吨转送到我们这里以外，没有任何增加输送量的指示，而且事实上也没有任何增加运输量的趋势，作为敝局来说，如果再分配给我们上述船舶调度任务，我们不知道应该如何应对。如果需要我们完成任务请尽快与北京负责机构联系，如果从东京来的电报内容属实，也请尽快安排增加输送量。对以上所述本日无法送达之事，特以电话联络，断想您已知悉为防万一，再次确认。

关于今后的船舶调度任务，请您得到确切消息后尽快通知我方。

以上

【44】
抄送　大使馆矿山科科长、我局营业部部长、企划部、北京事务所所长、东京事务所所长
开滦 7571 号
　　昭和 19 年 4 月 15 日
　　　　　　　　　　　军管理开滦矿务总局最高监督官　白川一雄

驻北京大日本帝国大使馆特命全权公使　盐泽清宣先生

昭和 19 年度秦皇岛港务局费用中部分修订申请事宜

敬启者　恭祝您平安健康

　　题目所言之事，3 月 14 日附件开滦 7571 号提出申请。实施上有困难之处如下，特此提出部分修订的许可申请。

记

一、作业收费率依据各品目类别与各作业地制成正式收费表

　　依据各作业地收费表如下：

　　码头费用　　　　　　　3.60 元

　　搬运费用

　　码头—车站之间　　　　1.80 元

　　码头—仓库之间　　　　1.00 元

　　仓库—车站之间　　　　1.00 元

　　卸货装船费用

　　船舱—货车之间　　　　4.20 元

　　装卸费用

　　货车—仓库或堆放场之间　2.20 元

　　仓库保管费保管天数一个月或未满一个月，对于 405 平方英尺左右的，采用满一月 1 元，未满一月 0.6 元的收费方法。

二、基于前文收费表计算出的各品种类别的收费按照另附表所示（大致按照前次申请），但本收费基于输送线路、变更堆放处，直接装船或存放使用天数的长短，在一年内有一些变化，但开滦煤炭的装船费用一年会扣除 11.90 元。

　　附加文件

　　昭和 19 年度秦皇岛港务局作业收费表　1 份

【45】

电话联络确认函

　　昭和 19 年 4 月 19 日

港务局局长

运营局局长先生

　　本日 10 点半敝局荒木局长给您发去函电。

　　"从船舶运营会得到通知，截至本月末对日运输的船舶调度计划如下

入港预定日	船名	卸货地	吨数	煤炭种类
4月25日	日升丸	名古屋	3200	特洗末煤
4月26日	利川丸	八幡	11200	一级末煤
4月26日	山照丸	川崎	10500	特级末煤
4月28日	安利丸	吉浦	2200	特级末煤
4月28日	大彰丸	八幡	11200	一级末煤
4月30日	庐山丸	川崎	9200	特级末煤
4月30日	大寿丸	川崎	11200	特级末煤
4月30日	飞鸟山丸	八幡	11200	一级末煤

合计

3200　　　特洗末煤

33100　　特级末煤

33600　　一级末煤

与此相对，本日储煤率

4557　　　特洗末煤

10616　　特级末煤

14724　　一级末煤

目前急需运送特级末煤及一级末煤。

以上

【46】

抄送　港务局局长、东京事务所所长、天津事务局局长

开滦北第200—32号

　　昭和19年4月26日

北京事务所所长　永井克太郎

营业部部长　余明德先生

5月份变更对日对朝鲜运送煤炭品种及数量事宜

　　根据4月22日200—31号文件，通知5月的船舶调度计划。4月26日从军运输统制总部发来以下修订方案，敬请知悉。

　　　　对日本　特洗末煤　51600

　　　　　　　　微末煤　　9400

　　　　　　　　合计　　　61000

对朝鲜	特洗末煤	15000
	微末煤	7400
	一号末煤	36600
	合计	59000
对满洲	一号块煤	18000
	二号块煤	22000
	特洗末煤	40000
	微末煤	20000
	一号末煤	13000
	合计	113000

【47】

抄送　矿山科科长、敝港务局局长、北京事务所所长

开滦 6254 号

昭和 19 年 4 月 26 日

军管理开滦矿务总局最高监督官　白川一雄

驻北京大日本帝国大使馆交通部部长　长久保俊夫先生

敬启者

向满洲船运煤炭事宜

　　听闻近日我方龟井企划部副部长访问贵部之时，与南云嘱讬先生进行了会谈。有意借用往来于满洲国营口运送坑木的船只从秦皇岛运送开滦煤炭，我认为此法可行，然定需装卸货物，现将码头设备所需情况附之如下，烦请诸位费心，拜托各位。

敬上

记

　　一、为秦皇岛港现有码头设备能够承担大型轮船装卸，需进行必要的建造，如货船，船侧低，将船舶直接停靠不方便装卸，需使用附绳的船台。建造材料方面望尽快着手，当然难度显而易见。依贵方要求，目前借与华北煤炭贩卖公司用于运输天津、塘沽间煤炭的两艘船只，因急用故命之返还。此外，以备机动帆船装卸的附绳船台、用于轮船焚烧的燃料煤堆以及遇空袭等万一事态致轮船滞留时使用。

　　二、若万一上述货船未能及时返还，烦请物色一长度约 75 尺的浮栈桥

（若小型为两个），以备不时之需。

进而，在系船设备完善之前可尽其所能完成无设备装卸。

再敬

【48】

抄送　营业部部长、天津事务局局长、北京事务所所长、本局车务处处长
0—1067号

昭和19年4月28日

港务局局长　柴田一美

运营局局长　岩村仙弥先生

从4月末到5月上旬对日运输的船舶调度问题

截至今日，我们得到的关于题目提及的船舶确切安排如下：

预定入港日	船名	煤炭种类	数量	目的地	船运担当会社
4月30日	山照丸	特级末煤	11000	川崎	山下汽船
4月30日	大彰丸	一级末煤	11000	八幡	大阪商船
4月30日	庐山丸	特洗末煤 特级末煤	4500 4700	川崎	川崎汽船
未定	安利丸	特级末煤	2200	吉浦	三井船舶
5月5日	坤山丸	特级末煤	8800	釜石	川崎汽船
5月7日	飞鸟山丸	一级末煤	11200	八幡	三井船舶
5月7日	修洋丸	特级末煤	11200	釜石	山下汽船

上表内各煤炭种类合计如下：

一级末煤　22200吨

特级末煤　37900吨

特洗末煤　4500吨

　合计　64600吨

与计划表相对，截至今日6时本港口煤炭储存量如下：

一级末煤　11233吨

特级末煤　14818吨

特洗末煤　4557吨

　合计　30608吨

所以为了完成计划，急需向港口运输约 34000 吨煤炭，请尽快安排。

以上

【49】

抄送　大使馆矿山科科长、交通科科长、敝港务局局长、北京事务所所长、东京事务所所长

开滦 7342 号

　　昭和 19 年 5 月 5 日

军管理开滦矿务总局最高监督官　白川一雄

驻北京大日本帝国大使馆特命全权公使　盐泽清宣先生

有关秦皇岛船舶相关收费修订申请事宜

敬启者　祝您平安健康。

　　对于我局秦皇岛港的船舶相关收费按附件修订，追溯至 4 月 1 日实施，特此提出申请。

敬上

　　附加文件
　　秦皇岛港船舶相关收费一览表　1 份

【50】

抄送　港务局局长

开滦北第 200—35 号

　　昭和 19 年 5 月 8 日

北京事务所所长　永井克太郎

运输部部长　金子英辅先生

对日运输船只变更事宜

　　5 月 6 日有一份经过唐山发给本事务所的通知，发往日本的船只当中，有一艘预定 15 号入港的山丸号停止运行，改为 16 日预定入港的泰山丸号（荷载 6200 吨）。甲第 1800 部队运输统制总部发来通知，发往船舶运营会的船改为去往青岛方向的船只。

　　甲第 1800 部队运输统制总部发来指示，要每日汇报秦皇岛港的状况。

　　本事务所派人于 5 月 8 日去往贵地出差详谈。

【51】

抄送　港务局局长　天津事务局局长

开滦北 200—36 号

　　昭和 19 年 5 月 11 日

　　　　　　　　　　　　　　　　　　　北京事务所所长　永井克太郎

运输部部长　金子英辅先生

秦皇岛及矿山出煤情况联络事宜

　　秦皇岛煤炭储存、对日输送以及煤炭产出事宜是现在最为关键的事情，所以每天 11 点天津方面要跟我事务所联络进行定时汇报，汇报要点如下所示：

　　（1）煤炭产出情况

　　（2）秦皇岛对日输送煤炭的品种和储存量（特洗末煤、特级末煤和一号末煤）

　　（3）秦皇岛港对日输送的发货量

　　（4）发往秦皇岛港的日本用煤炭数量（自矿山发送）

　　　　　　　　　　　　　　　　　　　　　　　　　　　　　　　以上

【52】

抄送　港务局局长、东京事务所所长

开滦北第 200—32 号

　　昭和 19 年 5 月 29 日

　　　　　　　　　　　　　　　　　　　北京事务所所长　永井克太郎

运输部部长　金子英辅先生

6 月向日本、朝鲜运输煤炭品种变更事宜

　　6 月向日本、朝鲜运输煤炭品种变更如下，根据军方改订方案统一执行。

目的地	种类	原有计划	改订计划
内地 （包括经由元山的 1800 吨）	特洗末煤 一号末煤 特洗末煤或一号末煤 微末煤 总计	53500 6500 8100 30000 98100	※53500 16500 8100 20000
朝鲜	特洗末煤 一号末煤 微末煤 总计	10000 20000 — 30000	10000 10000 10000 30000

追加

※ 按照 5 月 28 日所附贵部电报，变更为发往元山的 18000 吨特洗末煤，敬请谅解。

【53】

抄送　企划部部长、秦皇岛港务局局长

开滦运运 1 号

昭和 19 年 6 月 3 日

运营局局长　岩村仙弥

北京事务所所长　永井克太郎先生

关于船舶调度的问题

本日开始，有关秦皇岛船舶调度计划问题，按附件，从当地开滦炭贩卖株式会社得到消息后再通知贵方。

6 月船舶调度计划

（6 月 2 日现在）

时间	船名	目的地	特洗末煤	特级末煤	一级末煤	微末煤	
6 月 3 日	相模川丸	釜石	11500				
6 月 5 日	福山丸	川崎		9000			
6 月 7 日	荣城丸	川崎	11500				
6 月 10 日	第 15 京仁丸	兼二浦			500		
6 月 11 日	大彰丸	八幡			11500		
6 月 11 日	泰山丸	釜石				6200	
6 月 14 日	大城丸	横滨	11500				
6 月 17 日	神奈川丸	大阪				11500	
6 月 21 日	老虎丸	横滨	5000				
6 月 24 日	北寿丸	釜石	6700				
	合计		46200	9000	12000	17700	计 80400

注：6 月 16 日第 15 京仁丸取消，代之日光山丸号微末煤或一级末煤 600 吨。除以上调度的船只外，最近还有发往满洲的 600 吨一号块煤的船只。

【54】

抄送　营业部部长、港务局局长、企划部部长、东京事务所所长

开滦北 200—45 号

　　昭和 19 年 6 月 14 日

　　　　　　　　　　　　　　　　　　　　北京事务所所长　永井克太郎

运营局局长　岩村仙弥先生

有关昭和 19 年度秦皇岛港湾修改收费许可的文件

　　昭和 19 年 3 月 14 日附件开滦 7571 号为发给盐泽公使的申请。有关题目提及的申请书（来自贵局发送的部分），来自大使馆交通科樋田调查官的指示，其内容中对"仓库保管费"进行修订。此外，追加船舶收费（附加申请书中红色部分）。对于申请书，3 月 31 日北大交交极秘第 132 号文件得到盐泽公使许可，申请书的修订部分附在信中通知。

　　此外，有关仓库保管费修订及船舶费用，由樋田调查官对既定部分进行通知，按照调查官指示，修订及追加的部分得到承认。有所冒犯，敬请谅解。

　　昭和 19 年度向秦皇岛港务局提出的收费修订申请的文件（修订的部分）　1 份

【55】

开滦 7571 号

　　昭和 19 年 6 月 24 日

　　　　　　　　　　　　　　　　　　　　　　　运营局局长　岩村仙弥

港务局局长　柴田一美先生

有关昭和 19 年度港湾收费修订事宜

　　题目有关昭和 19 年度秦皇岛港湾收费是寄往北京大使馆的涨价申请，6 月 14 日北京事务所开滦北 200—45 号（已寄给贵所）得到认可。根据上文的费率，4 月 1 日以后开始实施。

　　　　　　　　　　　　　　　　　　　　　　　　　　　　　　　以上

【56】

SH—7253 号

　　昭和 19 年 6 月 24 日

　　　　　　　　　　　　　　　　　　　　　　军管理开滦矿务总局港务局

华北运输公司　公启
敬启者
请求追加港口杂费的问题

　　本港港湾费用上涨的问题，正在向大使馆申请中。预计是旧费率的一倍，（停航费、领航费、拖船费、供水费等），预计 4 月 1 日后实施，希望得到贵方认可。具体内容参考请求书第 17 号、第 61 号以及第 76 号。另外，还有有关樱木丸号、成利号以及日升丸号轮船的各种杂费，具体参考修订请求书第 97 号、第 109 号以及第 110 号，希望贵方能够联系航运实务部给我们提供相关费用。

敬上

【57】

秦运运第 60 号

　　昭和 19 年 6 月 28 日

船舶运营会秦皇岛驻在员　井上时近

开滦港务局局长　柴田一美先生

敬启者　祝您平安健康。

有关港湾使用费用修订事宜

　　有关上文是来自我会港务部长的询问，百忙之中，如有打扰，敬请谅解。

下　文

　　关于贵地港湾使用费用的修订，北京大使馆在 13 日许可。关于实施，来自港务局发送给贵方的正式通知，接下来的实施期及其他详细通知来自港务部长。

敬上

【58】

G—SH—7095 号

　　昭和 19 年 6 月 30 日

军管理开滦矿务总局港务局局长　柴田一美

船舶运营会秦皇岛驻在员　井上时近先生

有关港湾使用费用修订的文件

敬启者　盛夏时节，祝您平安健康。

　　6月28日贵会秦运第60号进行商议，题目之事如您所知，为得到认可的6月13日附有关本港的作业实情，向北京大使馆提出申请，与樋田调查官进行商议，如下文所示。

　　上文修正案为目前来自我总局向大使馆提出的正式手续，预计近日得到同意，修订费率于本年4月1日实施，特此通知。

敬上

下文所示

　　贵会关系费率修订的船舶停航费按去年的双倍扣除，对于开滦货物装载船，撤销减价规定，事实上对于开滦煤炭装载船，根据船舶停航费撤销减价，改为双倍扣除。开滦以外的货物，比如矾土装载船，费用不变。

船舶停航费	800吨以下的船舶	一天	120元
	全长300英尺以下的船舶	一天	240元
	全长300英尺以上400英尺以下的船舶	一天	360元
	全长400英尺以上500英尺以下的船舶	一天	600元
	全长500英尺以上的船舶	一天	800元
领航费	入港或出港一次		150元
	移泊		60元
拖船费	使用一次		80元
供水费	对于码头滞留船给水一吨		4元
	对于港口滞留船给水一吨		6元

【59】

开滦　号

　　昭和19年6月30日

军管理开滦矿务总局最高监督官　白川一雄

北京大使馆　樋田调查官先生

敬启者　酷暑时节，祝您平安健康，开心快乐。

　　有关19年度秦皇岛港作业收费及船舶相关费用于今年3月31日北大交交极秘第132号得到许可。其后，6月14日的一部修正许可案，前几日就本费率与港务局局长在赴宴时亲切交谈，若实施上有任何不便之处，敬请提出，可再度商议。

实施上不方便之处及修订事项如下文所示。

敬上

记

对于各种货物的收费，根据其作业内容制定，因此各类货物的差异也是存在的。其金额根据作业类别与船舶费用合计制定，此点符合修订。

（一）矾土的货车装载及卸载费用为每吨 2.50 元（矾土的货车装卸与煤炭相比，约需花费 3 倍的时间，理论上需要 3 倍的装卸费，符合大使馆的综合认可率，按上文修订）。

（二）杂货的货车装卸费为每吨 4 元（符合大使馆的综合认可率）。

（三）因杂货及耀华玻璃公司材料根据输出及输入的情况不同收费，存在不合理之处，应一律以输出费用处理。耀华工厂的装卸货由自家劳工来做，因此，此装卸费的征收不甚合理，应将输入货物费用由 16 元下调至 9.60 元。

（四）运送长城、柳江煤炭的铁路费用，按照其作业本质，由 2.1 元或者 1.4 元一律修订为 4 元。

（五）船舶费用中船泊停航费本年度加倍上涨。取消一直以来多受诟病的对开滦货物装载船的价格折扣率（依据您的希望）。

港务局修订作业费用及船舶相关收费表

（昭和 19 年 4 月 1 日实施）

品名	码头通过费	牵引费			装卸费			合计	大使馆综合认可率
		码头—秦皇岛站或各公司堆放场之间	码头—开滦堆放场之间	开滦堆放场—秦皇岛站之间	船舶装卸费	货车卸载费	货车装载费		
码头输出或输入									
柳江煤	3.60	1.80	—	—	4.20	—	2.20	11.80	11.80
长城煤	3.60	1.80	—	—	4.20	—	2.20	11.80	11.80
矾土	3.60	—	1.00	1.00	4.20	2.50	2.50	14.80	14.80
耀华玻璃或器材	3.60	1.80	—	—	4.20	—	—	9.60	9.60
杂货	3.60	—	1.00	1.00	4.20	4.00	4.00	17.80	17.80

续表

品名	码头通过费	牵引费			装卸费			合计	大使馆综合认可率
		码头—秦皇岛站或各公司堆放场之间	码头—开滦堆放场之间	开滦堆放场—秦皇岛站之间	船舶装卸费	货车卸载费	货车装载费		
开滦器材（输入）经由铁路的输出或输入		（各公司堆放处或码头—秦皇岛站之间）	大使馆综合认可率						13.00
柳江煤	—	1.80	—	—	—	—	2.20	4.00	
长城煤	—	1.80	—	—	—	—	2.20	4.00	
耀华玻璃	—	1.80	—	—	—	—	—	1.80	
杂货	—	—	—	—	1.00	—	4.00	5.00	
矾土	—	—	—	—	1.00	—	2.50	3.50	

保管费

  仓库内及覆盖保管 40 立方英尺、一个月或未满一个月 1.80（1.00）元

  露天堆放 同 1.00（60）元

  但，支付码头通过费的货物享受十天内免费保管

  理　　货 白天　　1 人 1 天 10 元

      晚上　　1 人 1 晚 20 元

  依照铁路现行规定 标记重量 30 吨以下　　每吨 0.33 元

      标记重量 30 吨车　　每吨 0.41 元

      标记重量 40 吨车　　每吨 0.53 元

      标记重量 50 吨车　　每吨 0.70 元

      标记重量 60 吨车　　每吨 0.82 元

货车滞留时间为 8 小时止，超过 8 小时按超时计，以双倍价格计算，未满 1 小时按 1 小时计算。

  船舶停航费 重量 800 吨以下船舶 每日 120 元

      全长 300 英尺以下船舶 每日 240 元

      全长 300 英尺以上 400 英尺以下船舶 每日 360 元

      全长 400 英尺以上 500 英尺以下船舶 每日 600 元

      全长 500 英尺以上船舶 每日 800 元

但一、撤销对开滦货物装载船的减价费率

二、最低收费为一日分，停泊一日以上的情况，12 小时以内以半日分，12 小时以上以一日分计算。

领航费	入港或出港一次	150 元
	移泊	60 元
拖船费	使用一次	80 元
供水费	对码头滞留船的供水　一吨	4 元
	对滞留油轮的供水　一吨	6 元

【60】
抄送　运输部部长
开滦北 200—39 号
　　昭和 19 年 7 月 10 日

北京事务所所长　永井克太郎

港务局局长　柴田一美先生

关于煤炭报告的问题

　　关于题目所言之事，我们之前一直都是采用从开滦炭贩卖公司收到电报，并向大使馆矿山科汇报的形式。今后会制作旬报，以书面形式向大使馆汇报。目前，有位驻在我科的大东亚省金田调查官，希望能够得到开滦炭贩卖公司的联系方式。

【61】
军管开滦东 19 第 5011 号
　　昭和 19 年 7 月 31 日

军管理开滦矿务总局东京事务所　大平进一

柴田港务局局长先生

寄送石化相关未解决事项联络书

　　7 月 21 日寄送第 14191 号文书以后，在资材相关未解决事项联络书中另附相关未解决事项联络书寄出。

　　附：

石化相关未解决事项联络书　1 份

一、石化炉设备拆除后物资运输情况
二、新制作仪器设备订购情况
三、昭和18、19年度资产配额情况
四、炉子建设费用预估

石油化学相关

（一）石化炉设备拆除后物资运输情况

石化炉相关设备拆除后钢铁制品共计515吨（重量），耐火砖（重量）2200吨。在这些待运输物资中，已经运输完毕的如下，钢铁制品130吨，耐火砖1600吨，余下的存放在大阪的杉村仓库，数量如下：

钢铁制品150吨（重量），耐火砖300吨（重量）

但是目前，很难找到从日本石化发往秦皇岛的船只，虽然可以找到发往天津的船只，但是要取决于天津当地的态度。所以更加需要日本石化努力联系发往秦皇岛的船只，如果考虑到秦皇岛船舶运营会的船舶调度方针，这不过是局限于当地的问题，相对更好解决。比如开滦煤炭的返航船，相同船只经常在秦皇岛及其他内陆地区往返，而且根据各港口的停泊情况，根据随时所需，可以决定前往秦皇岛的船只，根据配船计划，也有取消预订的可能。

以下为京滨仓库的库存量：

钢铁制品	200吨
耐火砖	300吨
合　计	500吨

运送情况如下所示：

因为没有从京滨发往支那方向的船只调度计划，所以只能根据政府方针，尽力往阪神方面调配。但是也会相应产生货车运输不足的情况，需要考虑。

（二）新制作仪器设备的订购情况

石化相关设备的订购，都是通过各统制会，以厂家为接收方进行订购。7月3日，日本石油化工向高崎市的小岛机械订购，其预算计划书如下所示。另外，7月5日公司的麦田技师提出申请，在出发北支之前需要得到开滦煤矿的同意书，因为以现在的预算单价3,900日元，总计995,000日元的价格来看未免过高，应不拘泥于条款，而将开滦视作独立单位提出预算。

日本石化的麦田技师在4日后提出小岛机械可以减额12万日元，依据此再次讨论开滦的费用，但是可以先拿出设计图纸。

记

序号	名称	数量	金额	产品重量（千克）	交货期
1	电动挤压机	1台	142,000	27.0	19.11
2	电动运煤车	1台	49,000	14.0	19.11
3	瓦斯抽放泵	1台	180,000	71.5	19.10
4	名配管	5台一套	270,000	80.0	19.10
5	瓦斯洗涤器	1台	18,000	4.5	19.11
6	消防车	1台	27,000	7.2	19.11
7	电动消防车用起重机	2台	14,000	3.0	19.11
8	其他修补设备	15台一套	258,000	82.0	19.11
9	煤炭粉碎机	2台	37,000	7.3	19.11
合计			995,000	296.5	

（1）钢材约 300 吨，材料无偿提供，并在 19 年 7 月前完成运输。

（2）铸铁约 50 吨，铸钢约 10 吨，非铁金属等无偿提供，并在 19 年 2 月末前以物有偿支付垫付材料。

（3）需要根据预算价格以及差价概算预算价格不变。

（4）焦炭每月 50 至 60 吨，总重量在 300 吨有偿提供。

（5）电动机以及钢材全部提供，焊接棒以及线材可以提供，但是非金属材料需要找到替代品。

主要材料如铁和钢，需要在七、八月份有现货的时候发送。有关辅助材料，大东亚各省并没有做好充足准备，我们目前正在积极考虑对策。实际我们在之前已经考虑到了辅助材料供应困难的问题，我们不要局限于单价的高低，可以用辅助材料的供应为条件与小岛机械进行协商。

东京事务所这次积极和石油化工公司联系，应该可以达成运输任务。这个是第一步，之后我们将尽快处理京滨仓库的积压货物。随着时局激烈恶化，我们无法依靠其他力量，只能依靠自己想办法运输，但是依靠自己的力量也有可能完不成运输任务，比如东京事务所人员急速减少，这个问题对运输，对与石化相关的产业都有不小的影响，需要尽快拿出对策。

（三）昭和 18、19 年度资产设备概况

（1）昭和 18 年度普通钢材申请量

钢　　材　　　　1013,618 千克

二次制品　　　　16,593 千克

合　　计　　　　1030,211 千克

其中，钢材 931,345 千克，日铁瓦斯管 66,790 千克，日本钢管及瓦斯

管 15,483 千克，由住友金属将现货分配给各公司。现在正在履行手续，钢铁统制会在七、八月全部支付完毕。同时，分配申请需要得到白川最高监督官出具给大平东京事务所所长委任状。

（2）昭和19年度普通钢材申请量

钢　　材　　　　700,865 千克
二次制品　　　　 45,407 千克
总　　计　　　　746,272 千克

（四）筑炉预算

使用品川白砖建设炉子的预算为274050元。以上为附带条件。但是秦皇岛当地的西迫所长认为附带条件的第二、第三以及第八条难以实现。我们通过日本石化联系品川方面希望他们再考虑一下，我们建议拿出石化、品川以及开滦的三方合同。但是品川方面以业务繁忙为由迟迟不肯进入程序。东京事务所方面也认同品川意见，材料以及场地的不足都成为工程进行中的问题。如果材料等都依靠品川方面筹备的话，则预算也可能变高。另外从当地来的反馈认为木材调配较难。

记
预算书

昭和19年6月17日

日本石油化工 公启

　　金　　额　　274050 元
　　缴纳时间　　着手后5个月内
　　缴纳地点　　北支唐山

品川白砖株式会社

合同开始期：6月25日　交易方法：合同达成时需支付一半费用

具体项目包括：煤炭石化炉50台、炉子建筑工程一项，金额274050元、派驻14名职工以及2到3名工程指导员（含旅费及旅途中1餐）、现场筹备人员30名及加班职工15名（贵方介绍）经费由我方负担。

情势所迫，这件事暂且通过产机统制物色生产厂家。

但是针对以上合同，需要再执行以下条件：

1. 在预算出来后，如果物价有涨幅，则可以更改合同数字。

2. 在达成合同的同时需要支付一半的费用，如果工程进行60%，则需要支付余额的一半，竣工的同时需要支付剩余所有费用。

3. 关于出境相关的准备手续，贵方需要提供帮助。

4. 本合同不包含混凝土浇筑保温工程。
5. 冬季工程需要更改合同内容。
6. 17 名派遣出差员工及正式职员（日本人）需由贵方支付所有住宿及伙食费。
7. 以下附属材料由贵方无偿现场出借。

以下附属材料明细以 15 台基准测算。

（1）脚手架材料；（2）压框板 8 分乘 7 寸 210 根；（3）钉 1 寸 2 分、2 寸、3 寸所需要量；（4）纱（3 号品）2 贯；（5）麻绳 200 尺；（6）铁锹 20 把；（7）桶 100 个；（8）柱子 50 根；（9）水平仪（三尺与均码）各 15 个；（10）墨斗 3 个。

除以上条件外，当地约 50 名小工劳务费用也由贵方负担。

【62】

抄送　秦皇岛港务局、北京事务所、天津事务局、运输部、企划部、会计部
开滦 7571 号

昭和 19 年 8 月 3 日

　　　　　　　　　　　　　　军管理开滦矿务总局最高监督官　白川一雄
驻北京大日本帝国大使馆事务所　樋田调查官先生

有关 19 年度秦皇岛港作业收费及船舶相关部分收费修订事宜

敬启者　酷暑时节祝您身体健康，快乐开心。

19 年度秦皇岛港作业收费及船舶相关各种费用于今年 3 月 31 日通过附件北大交交极秘第 132 号得到许可。此后，通过 6 月 14 日附件，部分修订得到许可。关于本费率，前段时间曾与港务局局长在宴会上面谈，在实施上若有不便之处，劳烦提出，我方再与修订许可方进行商议，多谢谅解。

实施上不方便之处以及修订事项如前文所示，望您知悉。

敬上

记

对于各种货物的收费，根据其作业内容制定，因此各类货物的差异也是存在的。其金额根据作业类别与船舶费用合计制定，此点符合修订。

（一）矾土的货车装载及卸载费用为每吨 2.50 元（矾土的货车装卸与煤炭相比，约需花费 3 倍的时间，理论上需要 3 倍的装卸费，符合大使馆的综合认可率，按上文修订）。

（二）杂货的货车装卸费为每吨 4 元（符合大使馆的综合认可率）。

（三）因杂货及耀华玻璃公司材料根据输出及输入的情况不同收费，存在

不合理之处，应一律以输出费用处理。耀华工厂的装卸货由自家劳工来做，因此，此装卸费的征收不甚合理，应将输入货物费用由 16 元下调至 9.60 元。

（四）运送长城、柳江煤炭的铁路费用，按照其作业本质，由 2.1 元或者 1.4 元一律修订为 4 元。

（五）船舶费用中船泊停航费本年度加倍上涨。取消一直以来多受诟病的对开滦货物装载船的价格折扣率（依据您的希望）。

【63】
秦营海 04 第 78 号
　　昭和 19 年 8 月 21 日
　　　　　　　　　　　　　　　　　　　　华北运输株式会社秦皇岛营业所
开滦港务局船务处处长先生
水泥以及朝鲜进货接收人通知的问题
题目所指货物接收人如下文所示：

　　　　　　　　　　记
8 月 20 日入港　NO15　京仁丸　水泥 500 吨　　收货方：大兴贸易
装卸用草包　　100 捆　　　　　　　　　　　收货方：华北藁工
8 月 20 日入港　NO6　　京仁丸　水泥 180 吨　　收货方：三井物产
8 月 21 日入港　NO13　春光丸　装卸用草包 675 捆　收货方：华北藁工
　　　　　　　　　　　　　　　　　　　　　　　　　以上

【64】
抄送　港务局局长
开滦北 100—59 号
　　昭和 19 年 8 月 21 日
　　　　　　　　　　　　　　　　　　北京事务所所长　永井克太郎
会计部部长　立川敏先生
关于秦皇岛—石景山之间装载 30 吨货物的 25 辆货车多付运费返还问题
　　4 月 30 日于秦皇岛港入港的马公丸号所装载货物的运费为 6920.50 元以及 5 月 15 日入港的昭宝丸号所载货物的装载费用 7401.20 元，共计 14321.70 元。应当由北支制铁多付运费返还给开滦煤矿。由港务局田代会计副处长通知北支制铁，返还费用由开滦北京事务所领取或直接寄送至北支制铁处。至于何时领取，本所尚未接到通知。关于本件如有不明之处，敬请垂询。

【65】

昭和 19 年 8 月 22 日

开滦炭贩卖株式会社

秦皇岛驻在员先生
敬启者

  昭和 18 年度下半期装载地点，船泊滞留费及提前离港费，针对这两项费用的计算单因为延迟给贵公司添麻烦了，现在把计算单作为附件发送给您以作参考。
  烦请查收。

匆匆

【66】

抄送 港务局局长、东京事务所所长、企划部部长、运输部部长
开滦北 200—4 号

  昭和 19 年 8 月 23 日

北京事务所所长 永井克太郎

采矿局局长 中岛龟吉先生

关于特洗粉质量低下的问题

  北京大使馆矿山科来函反映，最近抵达八幡的特洗末煤质量低下。灰粉比例达到 15%、14%，高于要求的 12%，因此需要二度洗涤。中央当局提出严重抗议，请对相关事宜作出调查并回复。

【67】

抄送 各航运一线人员
港发支第 110 号

  昭和 19 年 8 月 24 日

船舶运营会 运航局港务部长 滨田喜佐雄

支部办事处驻在员　　公启
有关港湾各种费用修订手续事宜

近来，关于联络船船费、领航费、港湾作业费等港湾相关各种费用，根据各地形势有修订的必要，当地相关人员向直接管辖机关提出申请。该费率实施之时，我方初次知晓。以往的港湾相关费用与附近港湾持平，有其他需要商榷之事，一概按当地规定执行，今后有费率修改的必要时，敬请事先联络。

匆匆

【68】

开滦北 200—45 号

昭和 19 年 8 月 26 日

北京事务所所长　　永井克太郎

港务局局长　　柴田一美先生
有关 19 年度秦皇岛作业收费及船舶相关部分收费修订事宜

有关 8 月 16 日附件开滦北 200—45 题目所言事宜，请尽快告知。26 日大使馆交通科樋田调查官前来督促，望能快速得到您的答复。

【69】

抄送　（会计部部长）

O—1282 号

昭和 19 年 8 月 28 日

港务局局长　　柴田一美

北京事务所所长　　永井克太郎先生
关于北支那制铁所多支付运费返还事宜

关于题目所言之事，我方已拜读 8 月 21 日贵社给我们发来的函电，开滦因为从北支那制铁所多收取了费用，因此需要从未支付的费用中扣除这部分费用，从当局会计处得到的通知指出与现金支付问题无关，请了解。我们随信向您发去请求书复写件，截至昭和 19 年 8 月 28 日，北支那制铁所有 280494.14 元的债权。需要返还的多付运费为 14321.70 元，扣除这部分费用，仍有 266172.44 元的债权余额。请贵社就以上内容回复北支那制铁所。关于尚未支付的费用，266172.44 元余款，多有叨扰，请您尽快确认支付方法。

【70】

抄送　港务局局长

开滦 7571 号

　　昭和 19 年 8 月 31 日

会计部部长　立川敏

北京事务所所长　永井克太郎先生

有关 19 年度秦皇岛作业部分收费修订事宜

　　查询 8 月 16 日附件开滦北 200—45 号后,题目所言之事的回答如下:

品名	码头通过费	牵引费			装卸费			合计
		码头/站	码头/储煤场	储煤场/站	装船	装货车	卸货车	
(一)开滦煤(50%)	3.60	1.80	—	—	4.20	—	—	9.60
(二)开滦煤(50%)	3.60	—	1.00	1.00	4.20	2.20	2.20	14.20
(三)平均	3.60	0.90	0.50	0.50	4.20	1.10	1.10	11.90

(注)

(一)是经由储煤场直接装货的情况

(二)是经由储煤场的情况

(三)是按(一)和(二)的各 50% 的平均值计算

【71】

抄送　会计部部长、港务局局长

开滦北 200—45 号

　　昭和 19 年 9 月 6 日

北京事务所所长　永井克太郎

运输部部长　金子英辅先生

昭和 19 年度下半期港湾相关收费修订及各公司的收支

　　关于题目所言之事,现寄送来自矿山科的通知作为参考资料。

　　附件:

　　一、昭和 19 年度下半期港湾相关收费修订及各公司的收支对比表　1 份

昭和19年度下半期港口相关收费修订 各公司的收支对比表（19—8—31）①

（单位:千元）

类别	公司	青岛码头				塘沽新港				连云港				天津驳船			
		现行	修订	对比	下半期上涨率	现行	修订	对比	下半期上涨率	现行	修订	对比	下半期上涨率	现行	修订	对比	下半期上涨率
收入	船舶收入	662	1587	925	250	72	196	124	250	80	174	94	250	5522	6051	529	20
	作业收入	11983	51021	39038	571	5248	23132	17934	542	6235	27760	21525	644	9323	30995	21672	544
	货物收入	2983	12311	9328	550	475	2107	1632	550	417	1606	1189	550	810	810	—	—
	各种收入	833	1087	254	57	374	427	53	100	—	—	—	—	15655	37856	22201	298
	合计	16461	66006	49545	531	6169	25912	19743	533	6732	29540	22808	633	1766	1766	—	—
支出	船舶费	1429	1429	—	—	2314	2314	—	—	623	623	—	—	20451	20451	—	—
	作业费	50106	50106	—	—	16740	16740	—	—	22511	22511	—	—	14139	14139	—	—
	货物费	710	710	—	—	6658	6658	—	—	6206	6206	—	—	36356	36356	—	—
	各种经费	12161	12161	—	—	25712	25712	—	—	29340	29340	—	—	1500	1500	—	—
	总计	64406	64406	—	—	19543	200			22608	200	22808		20701	29665	22201	
扣除亏盈		47945	1600	49545			1808				1211				2573		
备考	上半期损失金		5568														
	下半期经费		51708				21446				25002				25592		
	利润		1600				200				200				1500		
	合计		58876		合计		23449		合计		26413		合计		29665		合计

① 表中数值原样照原档案填入，如有计算失误，非作者误译。

【72】
抄送　港务局局长
开滦北 200—45 号
　　昭和 19 年 9 月 6 日

　　　　　　　　　　　　　　　　　北京事务所所长　永井克太郎
运输部部长　金子英辅先生
　　　　　　　　有关港湾收费修订事宜
　　本以为 10 月来自大使馆交通科樋田调查官的港湾收费修订不可实施，有关该事宜我将尽快与提出修订案的龟井企划部副部长关于未充分说明之处取得联络。

【73】
秦运运第 76 号
　　昭和 19 年 9 月 17 日

　　　　　　　　　　　　　　　船舶运营会秦皇岛驻在员　井上时近
开滦港务局局长　柴田一美先生
敬启者
　　　　　　　　有关港湾各类费用修改手续事宜
　　关于题目所言之事，我会的港务部长在其他文件标注所示，今后望与我方联系。

　　　　　　　　　　　　　　　　　　　　　　　　　　　　　　敬上

【74】
G—SH—7095 号
　　昭和 19 年 9 月 19 日

　　　　　　　　　　　军管理开滦矿务总局港务局局长　柴田一美
船舶运营会秦皇岛驻在员　井上时近先生
　　　　　　　有关我局作业费用及船舶相关收费修订事宜
敬复者　已拜读 9 月 17 日所附秦运运第 76 号文件。
　　我局作业费用及船舶相关收费，自 10 月 1 日按照其他文件的费率表修订，由于有预先决定，因此立刻通知。

如前文所示，修订率已经得到大使馆的许可。

敬上

【75】

O—1282 号

昭和 19 年 9 月 22 日

军管理开滦矿务总局港务局局长　柴田一美

三井物产株式会社唐山事务所所长　五岛利雄先生

生铁实际收货数量通知的事宜

敬启者　谨祝愈益康泰。

根据上次双方的会谈，生铁数量如下所示。上次您发来的信函中称，8 月 12 日装载货物的 2323 号货车并未送达，本次会一并送达。

敬上

记

到货时间　8 月 6 日　货车车牌 1531　数量　33.39 吨

到货时间　8 月 14 日　货车车牌 22321　数量　34.40 吨

【76】

军管理开滦矿务总局　运输部　公启

昭和 19 年 9 月 27 日我社的东京总公司发来电报，转发给您仅供参考，其内容如下。

5 日开往川崎的南仁丸号，装载开滦煤 2992 吨的量，船主约定 3084 吨左右的装载量，但是并不确定，约定在卸货地验收，结果卸载 3041 吨。其验货单复印件于 26 日给您发过去。

开滦炭贩卖株式会社驻天津办事处

【77】

抄送　会计部部长、运输部部长、企划部部长

开滦 7571 号

昭和 19 年 10 月 11 日

最高监督官　白川一雄

港务局局长　柴田一美先生

有关昭和19年度秦皇岛港口收费修订事宜

关于题目之事，北京大使馆发来的修改许可文件，4月1日开始实施。

有关10月以后还应修改的费率，已得到北京大使馆内部的批准。有关内地决策的预定，望各方分别进行联络。

港务局修订作业费用及船舶相关收费表

（昭和19年4月1日实施）

品名	码头通过费	牵引费			装卸费			合计	大使馆综合认可率
		码头—秦皇岛站或各公司堆放场之间	码头—开滦堆放场之间	开滦堆放场—秦皇岛站之间	船舶装卸费	货车卸载费	货车装载费		
码头输出或输入	3.60	0.90							
开滦煤（平均）	3.60	0.90	0.50	0.50	4.20	1.10	1.10	11.90	11.90
柳江煤	3.60	1.80	—	—	4.20	—	2.20	11.80	11.80
长城煤	3.60	1.80	—	—	4.20	—	2.20	11.80	11.80
矾土	3.60	—	1.00	1.00	4.20	2.50	2.50	14.80	14.80
耀华玻璃或器材	3.60	1.80	—	—	4.20	—	—	9.60	9.60
杂货	3.60	—	1.00	1.00	4.20	4.00	4.00	17.80	17.80
开滦煤（即期装运）（输出）	3.60	1.80	—	—	4.20	—	—	9.60	
开滦煤（储煤装运）（输出）	3.60	—	1.00	1.00	4.20	2.20	2.20	14.20	
开滦煤（上两项平均）（输出）	—							11.90	
开滦器材（输入）经由铁路输出或输入	—	各公司堆放场或码头—秦皇岛站之间	大使馆综合认可率						15.00
柳江煤	—	1.80	—	—	—	—	2.20	4.00	
长城煤	—	1.80	—	—	—	—	2.20	4.00	
耀华玻璃	—	1.80	—	—	—	—	—	1.80	
杂货	—	—	—	1.00	—	4.00	—	5.00	
矾土	—	—	—	1.00	—	2.50	—	3.50	

保管费			
仓库内及覆盖保管	40 立方英尺 1 个月或未满 1 个月		1.80 元
露天堆放	同	同	1.00 元
	但支付码头通过费的货物享受 10 天免费保管		
理货	白天	1 人 1 天	10.00 元
	晚上	1 人 1 晚	20.00 元
依据铁路现行规	标记重量 30 吨以下	每小时	0.33 元
定的货车使用费	标记重量 30 吨	每小时	0.41 元
	标记重量 40 吨	每小时	0.53 元
	标记重量 50 吨	每小时	0.70 元
	标记重量 60 吨	每小时	0.82 元

货车滞留时间为 8 小时止，超过 8 小时按超时计，以双倍价格计算，未满 1 小时按 1 小时计算。

船舶停航费	重量 800 吨以下船舶	每日	120 元
	全长 300 英尺以下船舶	每日	240 元
	全长 300 英尺以上 400 英尺以下船舶	每日	360 元
	全长 400 英尺以上 500 英尺以下船舶	每日	600 元
	全长 500 英尺以上船舶	每日	800 元

但一、撤销对开滦货物装载船的减价费率。

二、最低收费为一日分，停泊一日以上的情况，12 小时以内以半日分，12 小时以上以一日分计算。

领航费	入港或出港一次	150 元
	移泊	60 元
拖船费	使用一次	80 元
供水费	对码头滞留船的供水	一吨 4 元
	对滞留油轮的供水	一吨 6 元

【78】

抄送 开滦、北京、天津

昭和 19 年 10 月 26 日

8 月 29 日来自您的 71 号开滦港湾使用费修订文件，虽然被允许实施，但要从 5 月以后开始实施。

港务部长

秦皇岛驻在员　井上时近

【79】

抄送　港务局局长

开滦北 200—45 号

　　昭和 19 年 11 月 9 日

北京事务所所长　永井克太郎

运输部部长　金子英辅先生

有关秦皇岛港务收费修订许可申请事宜

　　昭和 19 年 8 月 3 日附件开滦 7571 号发给大使馆，题目之事得到了中央的同意，随后由大使馆交通科樋田调查官通知，对于通知有疑问之处再联络，许可书将于三四日内寄出。

【80】

抄送　天津事务局局长、港务局局长、会计部部长

开滦北 200—29 号

　　昭和 19 年 11 月 17 日

北京事务所所长　永井克太郎

运输部部长　金子英辅先生

19 年度下半期煤炭贩卖价格事宜

　　军用、铁路用、电业用、制铁用、指定工厂用（水泥厂等）等行业的售卖价格当局审查后裁定，10 月 1 日起应该可以开始实施。其他民用煤炭（日本人自用及其他特种煤炭），需要决定开滦煤炭在天津以及唐山地区的分配统制价格，如下所示，预计自 11 月 1 日起开始实施。

【81】

抄送　运输部部长　企划部部长　会计部部长

开滦 7342 号

　　昭和 19 年 11 月 30 日

最高监督官　白川一雄

港务局局长　柴田一美先生

有关昭和19年度下半期秦皇岛港湾收费修订事宜

　　关于题目所言及事宜，以9月27日附件开滦7342号正在申请中，11月10日附件北大交交秘第259号申请通过，自10月1日起实施。

【82】

抄送　秦皇岛港务局局长、会计处处长

开滦4758号

　　昭和19年12月27日

会计部部长

运输部部长先生

有关昭和20年度秦皇岛港务局装卸处理数量事宜

　　昭和20年度秦皇岛营业收支预算编造以及装卸处理预计数量（按照品名、作业种类）核定后，请于1月10日前通知。

【83】

会14第90号

　　昭和20年2月17日

（抄送秦皇岛开滦矿务总局、我方秦皇岛驻在员）

唐山开滦矿务总局运输部　公启

有关19年4月后秦皇岛港各种费用上涨事宜

　　敬启者　通过发给贵局会计部的1月13日我会14—第70号文件，题头之事，航运实务者的一部分（三井船舶、山下轮船）于5月开始收费上涨，当地的船舶运营会持同样意见，于5月开始上涨，肯定了4月的收费。

　　贵局已得到正式许可，关于涨价试用期，与当局确认，特此通知。若5月后开始试用，4月份应补交结束，对于实务者，应退还费用。

　　当地运营会对贵局4月的申请于5月同意通过。

敬上

【84】

抄送　敝港务局
开滦 4996 号

昭和 20 年 3 月 6 日

军管理开滦矿务总局运营局运输部部长　金子英辅

东京开滦炭贩卖株式会社　公启

有关昭和 19 年度上半期秦皇岛港各种费用上涨事宜

敬复者　关于题头之件，拜读了 2 月 17 日贵会 14 第 90 号文件，华北地区煤炭价格及港湾收费上涨的实施日期与输出煤炭、当地煤炭无关，与申请的日期无关。依 4 月 1 日实施的文件，依据来自大使馆的指示，秦皇岛港湾各种收费及船舶焚烧煤炭价格也从 4 月 1 日起适用新价格，贵地的船舶运营会请迅速联系我们进行精算。

回答如上所述

敬上

附件
北大交交极秘第 132 号　1 份
3 月 14 日附件开滦 7571 号　1 份

以上

【85】

抄送　大使馆矿山科科长、交通科科长、北京事务所、秦皇岛港务局
开滦 7571 号

昭和 20 年 3 月 22 日

军管理开滦矿务总局最高监督官　白川一雄

驻北京大日本帝国大使馆特命全权公使　桥本宝隆先生

昭和 20 年度上半期秦皇岛港湾收费认可申请事宜

敬启者　关于题目之事，希望得到许可，特此申请。

另外，有关收费，不满 1 元数按照进位计算，提出申请。

敬上

【86】

抄送　港务局局长
开滦北 200—45 号
　　昭和 20 年 4 月 14 日

　　　　　　　　　　　　　　北京事务所所长　永井克太郎
会计部部长　立川敏先生
昭和 20 年度秦皇岛港湾收费事宜

　　由大使馆交通科樋田调查官处得知，题目之事如下所示。
　　我方向部下提出的预算书正在履行得到大使馆正式认可手续中。
　　上文所示 4 月 1 日提出的内容未得到真正许可而实施。
　　有关该事在 4 月 11 日还要通过电报发给您。

【87】

抄送　运输部部长、会计部部长
开滦 7571 号
　　昭和 20 年 4 月 16 日

　　　　　　　　　　　　　　　　　　副经理　岩村仙弥
港务局局长　柴田一美先生
有关昭和 20 年度上半期秦皇岛港务局各种收费修订事宜

　　有关寄给北京大使馆题头文件附表中的修订申请，预计从 4 月 1 日开始实施的计划，与客户充分联络沟通后，妥善处理。
　　附加文件
　　昭和 20 年度上半期秦皇岛港务局各种收费修订一览表

【88】

北大交交秘第 77 号
　　昭和 20 年 4 月 16 日
　　　　驻北京大日本帝国大使馆事务所所长特命全权公使　楠本实隆
军管理开滦矿务总局最高监督官　白川一雄先生
战时增强港湾装载能力一事

　　在决战情况下，提升港口运载能力实属第一要事。我认为我们要不断努力提升港口的运载能力,但是最近在籍劳工人数减少,装载能力也因此降低。如果不能严格按照既定提升运载能力的目标来执行,势必会影响到后期战况的有力推动。随着战况的推进,用于运送的船舶需求必定会增加,我们要动用一切手段,务必按照如下目标增加劳工数量,需要大家共同努力紧急增加运载能力。

记

一、劳工确保目标
  秦皇岛 6000 名
  连云港 3000 名

二、截至 6 月末为止要实现如下计划,仍需要在以后的 4 个月中继续分配船只
  秦皇岛
  煤炭   69000
  矾土   64000
  共计   133000
  连云港
  煤炭   39950
  磷灰石   10000
  共计   49950

本信寄送地址 军管理开滦矿务总局最高监督官、连云港港湾局局长
本信抄送地址 山海关领事、船舶运营会北京支部

【89】

抄送 秦皇岛开滦矿务局、本社业务第一科科长、分店仓库管理负责人
北铁贩天支配 05 第 28 号
  昭和 20 年 4 月 16 日
         北支那钢铁贩卖株式会社天津分店店长 中村正人
天津制铁所 公启
  敬启者 谨祝愈益康泰。

有关 1、3 月份秦皇岛面向天津的生铁运输量增减事宜

  关于题目的问题,从秦皇岛开滦矿务局收到了收货通知书,我方把相关数据做成表格向贵方发送,请您核实。3 月份(但是因 28 日当天运输的一部分货物,以及 29 日以后的货物还未到,未做结算。)我们并未从表格中除去这

些未到货物。根据目前的 117 吨的数量，有 7.62% 的增量。秦皇岛港接收的开滦生铁也同时需要称重，一般无事故等发生，但是通过铁路在直送途中事故多发。还希望贵社在今后装载货物时能更加谨慎督促，妥善处理，以期增加装载量。

敬上

【90】

抄送　秦皇岛港务局局长，天津事务局局长，东京、北京事务所所长

开滦 M6657 号

　　昭和 20 年 4 月 19 日

运输部部长　金子英辅

会计部部长　立川敏先生

昭和 20 年度第 1 季度开滦煤炭售卖价格通知

　　有关以上问题，请参考添加文件，即 4 月 9 日由北京大使馆认可的北大经矿秘第 112 号，特通知各方 4 月 1 日起开始实施。

　　另外，输出煤炭的种类中如超出以上规定范围，则需要追加申请。这个问题一经讨论后会通知。

　　　添加文件

　　　矿山售卖基准价格表　　　　　　　1 份

　　　输出煤炭贩卖价格表　　　　　　　1 份

　　　对日本、朝鲜输出煤炭各费用表　　1 份

　　　对满洲输出煤炭各费用表　　　　　1 份

　　　在华煤炭售卖价格表　　　　　　　1 份

以上

【91】

船名变更请求

开滦矿务局　公启

　　船名：樱丸

　　装载货物名及数量：煤炭 180 吨

　　目的地：大连

如上述记载船只及其装载货物已经获得运输许可证，但是因为船主个人原因，无法完成任务。因此，希望把运输许可证更换给 4 月 19 日入港的扶桑丸号。而且扶桑丸号与樱丸号一样，都是将 180 吨煤炭运往大连。请您知悉这种情况并予以批准。

昭和 20 年 4 月 19 日

华北运输株式会社　秦皇岛营业所

【92】

抄送　天津事务局会计处处长、唐山会计部会计处处长、唐山制铁会计处处长、唐山三井物产唐山事务所所长、秦皇岛开滦矿务局局长、本社业务第一科科长、经理科科长

北铁贩天支配 05 第 39 号

昭和 20 年 4 月 24 日

北支那钢铁贩卖株式会社天津分店店长　中村正人

军管理开滦矿务总局会计部部长先生

敬启者　谨祝愈益康泰。

3 月份生铁货款缴纳请求书事宜

针对以上问题请参考敝公司 4 月 20 日北铁贩天支配 05 第 20 号文件，3 月 2 日ムイ 3196 号货车装载运出的铸造生铁共计 36 吨，3 月 18 日夕ハ 56131 号货车装载运出的铸造生铁 48 吨，这两辆货车的具体情况，请贵社核查再次通知我方。我们 4 月 21 日收到了贵方提交的 3 月份下旬铸铁货款缴纳请求书，但是我方没有接到贵方的通知，有关以上信息也不明确，3 月 10 日夕ハ 56131 号货车装载运出层型铸造生铁 48 吨（接收通知是由秦皇岛开滦矿务总局发出的，且接收日期是 3 月 12 日），在贵方这份请求书中，3 月 18 日装载运出的货源有所记载，但是 3 月 2 日运出的货车却毫无记录。应该如何妥善处理还望贵方核实。而且，3 月 2 日装运的ムイ 3196 号货车应由三井物产唐山事务所发出通知。

敬上

【93】

开滦 7903 号

昭和 20 年 5 月 10 日

运营局局长　岩村仙弥

港务局局长　柴田一美先生

关于增强战时港口装载能力事宜

关于题目之事，北京大使馆来信指示，随附件发给您。

附加文件：

抄送　北大交交秘第 77 号复印件　1 份

【94】

抄送　北支那钢铁贩卖株式会社业务第一科科长、经理科科长、三井物产唐山事务所所长、我公司会计处处长、天津事务局会计处处长、港务局局长、西部运输事务所所长

开铁会第 21 号

昭和 20 年 5 月 14 日

军管理开滦矿务总局会计部部长　立川敏

北支那钢铁贩卖株式会社天津分店店长　中村正人先生

关于昭和 19 年度 3 月份生铁货款缴纳请求书事宜

敬启者　谨祝愈益康泰。

　　针对贵社发来的 4 月 24 日北支那钢铁贩卖株式会社天津分店 05 第 39 号文件有过商议，关于以上问题请贵社核查 4 月 14 日附加的开铁运第 1 号文件，确认我方整理无误后，望回复。

敬上

【95】

抄送　北京本社业务第一科科长、唐山三井物产事务所所长、天津制铁所所长

北铁贩天支配 05 第 61 号

昭和 20 年 5 月 15 日

北支那钢铁贩卖株式会社天津分店店长　中村正人

秦皇岛开滦港务局　公启

敬启者　恭祝愈益康泰。

有关已到达的货车明细以及未到达货车延期理由

唐山装载　4月25日　36吨　ムサ21088号接收　5月4日　实载34吨

天津装载　4月26日　36吨　ムイ52153号接收　5月5日　实载30.430吨

向您汇报实际数量如上无误。

每天装载的货车如果顺利到达，则上面两货车的实载报告会延迟几日向您发送。

请您确认，盼回复。

敬上

【96】

抄送　唐山开滦矿务总局制铁局局长、唐山会计部会计处处长、秦皇岛开滦矿务局港务局局长、唐山制铁局会计处处长、天津事务局会计处处长（开滦）、本社业务第一科科长、唐山开滦总务局会计部部长、经理科科长

北铁贩天配05第64号

昭和20年5月15日

北支那钢铁贩卖株式会社天津分店店长　中村正人

三井物产株式会社唐山事务所所长先生

敬启者　恭祝愈益康泰。

关于商议唐山3月2日装载36吨铸铁的ムイ3169号货车事宜

3月31日附件　敝北铁贩天支配01第102号

3月28日附件　唐山三井物产2/3装载货物的ムイ3196号货车未到站事宜

4月12日附件　敝北铁贩天支配05第20号

4月24日附件　敝北铁贩天支配05第39号

4月14日附件　唐山制铁局开铁运第1号

4月27日附件　秦皇岛港务局0—1282号

根据以上条款正在交涉中，并确认从唐山装载运至秦皇岛的事宜并无差错。我们突然收到了贵社的来信，但是既没有信中提到的货车，所提的车站也并未支付货车运费，希望贵社能调查一下情况再次发来信函。

总而言之，发送的货车运费如何计算、付费、收费都是较为困难的问题。希望贵社尽快确认回复为盼。

敬上

【97】
0—1282 号
　　　昭和 20 年 5 月 21 日
　　　　　　　　　　　　　　军管理开滦矿务总局港务局局长　柴田一美
北支那钢铁贩卖株式会社天津分店店长　中村正人先生
　　　　　有关已到达货车明细以及未到达货车延期理由（回复）
敬启者　感谢贵社多方关照。
　　关于题目所言及事宜，我们收到 5 月 15 日来自北支那钢铁贩卖株式会社天津分店的 05 第 61 号信函，我们经调查得出以下结果：
　　　唐山　　装载　　ムサ 21088 号　　34 吨
　　　天津　　装载　　ムイ 52153 号　　30.65 吨
　　　根据 5 月 4 日实际载重量（轨道衡测量结果）
　　确认后做如上订正修改。
　　另外，有关货车延迟的原因已经与华北交通秦皇岛站联系，但是仍然没有详细的答复，可能是发货站出现了一些事故的原因。
　　暂且回复如上。
　　　　　　　　　　　　　　　　　　　　　　　　　　　　　　　　敬上

【98】
抄送　敝局北京事务所、秦皇岛港务局、企划部、运输部
开滦 M7651 号
　　　昭和 20 年 5 月 24 日
　　　　　　　　　　　　　　军管理开滦矿务总局最高监督官　白川一雄
甲第 1800 部队　高津（脩）队长先生
　　　　　　　关于提升码头装卸能力事宜
敬启者　过去的 7 日在贵部队参加提升秦皇岛港及东三煤矿运出煤炭的装卸能力的会议。经审议，提出以下意见。预计在未来 15 日内实施，还希望贵方就秦皇岛港未来的船舶调度及装卸事宜提出意见。
一、在未来 15 日开始维持 3 个月的提升装载能力期间，劳工每月收入增加 1000 元至 1500 元，除了现行各种补助外，按照下列规定给予补助，以期能增进作业效率。
二、（一）秦皇岛港装卸高额补助

1. 厂区内

煤炭	货车卸货	每吨6元
	货车装货	每吨7元
杂货	卸货	每吨12元
	装货	每吨14元
矾土页岩	卸货	每吨12元
	装货	每吨14元
生铁	卸货	每吨14元
	装货	每吨16元

2. 码头（船舶装卸）

煤炭	装货	每吨10元（包含货车卸货、装船以及船舶内装载）
杂货	装货	每吨20元
		卸货每吨20元
矾土页岩	装货	每吨25元
生铁	装货	每吨30元

但是在秦皇岛储煤场的工作量，循环列车以及开往朝鲜及满洲方向的列车，只要没有变化，劳工所担负的工作量不变。而码头方面，因为来往船只有变化，因此所担负工作量及补助，还需要贵方进行预测并对上述费率进行增减。

（二）秦皇岛港劳工

自5月7日起至今秦皇岛港在籍劳工数量为4343人，如果按照上述规定增加劳工补助并对外公布的话，可以招募到更多的劳工。秦皇岛港目前有机车以及用于替换的车辆可以装载的同时，有4艘在港船舶以及循环列车（古冶—秦皇岛间）6辆，还有固定开往朝鲜和满洲的5辆列车，我们要招募足够劳工，保证以上车辆的装载任务能够顺利完成，至少需要4943名劳工，现在急需招募600名劳工。

（三）5艘及以上的船只同时进港情况

因为您预计有5艘及以上船只同时进港的情况，如发生这样的问题希望得到贵队的指示。秦皇岛港有时会需要使用大型替换机车2台和40吨替换货车50辆，需要通过贵队的斡旋借用以保证秦皇岛港口专用。

（四）其他

泊位饱和的情况下，继续募集大量劳工。此时港务局应努力于招募事宜，如果预计港务局无法完成任务的情况下，我方再与贵队商议。

虽可根据上述条款增加补助金以帮助募集劳工，但是最大金额不得超过秦皇岛港经费增加额度，约每月 1125 万元。

三、（一）矿山储煤情况（5 月 10 日至今）

东三矿以及唐山矿目前可以向满洲及日本可能输送的煤炭储存量如下：（除杂煤、洗煤等外）

	林西	唐家庄	赵各庄	唐山	合计
一级块煤	—	—	—	793	793
机器用块煤	—	2158		998	3156
二级块煤	—	7477	1585	1585	10647
特级末煤	—	—	17306	3843	21149
一级末煤	—	—	40830	44622	85452
二级末煤	2059	497	104387	—	106943
合计	2059	10132	164108	51841	228140

（二）矿山劳工状况

出煤和运输情况如下：

出煤现状　10500 吨

自家消费　3000 吨

可运输煤　7000 吨

运输计划　13600 吨

出煤不足　6600 吨

即加入出煤不足的分量后，以每名劳工承担 8 吨来计算的话，需要共计 825 人。但是目前的劳工数量为林西 420 人，唐家庄 120 人，赵各庄 120 人，唐山 40 人，合计 700 人，缺 125 人。原来驻扎在唐家庄和林西的秦皇岛工人共有 620 名，他们具有相当好的装卸能力。为了让港口的装卸任务顺利完成，预计在 4 月 30 日至 5 月 1 日前全部归还港口。但是矿山的装卸劳工暂时较难补充。尽管目前有些困难，但是如果我们尽力整备劳动力，争取达到 1 千名。其预期计划如下：林西 500 人、唐家庄 150 人、赵各庄 250 人、唐山 100 人，合计 1000 人。

（三）增加煤炭储备量办法

根据上述 1000 名劳工的计划，增加煤炭储备量计划如下：

1.5 月 15 日—20 日

林西、唐家庄	4000 吨	依据此标准，林西和唐家庄完全没有煤炭储存量
赵各庄	2000 吨	
唐山	600 吨	依此，最近预计逐渐增加赵各庄的煤炭储存量
合计	6600 吨	

2.5 月 21 日起

赵各庄	3000 吨	据此计算，东三矿可以在约 40 日内完成任务
林西、唐家庄	200 吨	
唐山	1000 吨	
合计	4200 吨	

5 月 20 日起，赵各庄矿修缮完成，每日平均共约 2000 吨，即我们需要确保 12500 吨的出煤量，才能保证输送按照计划顺利进行。因此，我们正在商讨决定设置出煤奖励、出勤奖励等政策，以保证我们的工作按计划进行。

（四）增加出煤以及煤炭储存能力的强化政策

1. 增加出煤能力奖励方案

为加快矿区运送货车的转运速度，实施以下奖励政策，并取得良好效果。从前天的 18 点到今天的 8 点，顺利增加货车数量，并持续到今日 18 点。如能顺利完成以上目标，则给机工、伙夫、调车员、联结员等每人奖励 10 元。如能超越上述货车数量，则每车各嘉奖 5 元。

2. 增加煤炭储存能力方案

（1）各煤矿在籍劳工（包括装载卸货），其薪水的 80% 应该按照其实际装卸工作量，核定每人应完成 10 吨装卸量，如有超过，每超出 1 吨则支付其 15 元。

（2）但唐山矿依据以下累计原则实施

满 200 不满 210 吨	每吨	14 元
满 210 不满 220 吨	每吨	14.6 元
满 220 不满 230 吨	每吨	15.2 元
满 230 不满 240 吨	每吨	15.8 元
满 240 不满 250 吨	每吨	16.4 元
满 250 不满 260 吨	每吨	17 元
满 260 不满 270 吨	每吨	17.6 元
满 270 不满 280 吨	每吨	18.2 元
满 280 不满 290 吨	每吨	18.8 元

满 290 不满 300 吨　　每吨　　19.4 元
满 300 吨以上　　　　每吨　　20 元

由于唐山矿人员迅速增加，因此，根据上述标准进行核算。

四、在为时 3 个月的增强装卸能力之后，也可能废除本办法，但目前要思考与研究开滦相关从业人员的待遇改善办法，这才是长久之计。

以上

【99】

北大交交秘第 110 号

军管理开滦矿务总局最高监督官　　白川一雄

同意昭和 20 年 3 月 22 日附件，开滦 7571 号申请的秦皇岛港务局收费修订一事。

昭和 20 年 5 月 30 日

驻北京大日本帝国大使馆事务所所长特命全权公使　　桥本实隆

【100】

抄送　港务局局长

开滦北 200—45 号

昭和 20 年 6 月 2 日

北京事务所所长　　永井克太郎

会计部部长　　立川敏先生

秦皇岛港务局相关费用更改问题

题目之件，5 月 30 日由大使馆发来了相关文件及许可，在此转送。

附加文件：

北大交交秘第 110 号　　1 份

【101】

北支秦出第 33 号

关于促进航运效率事宜（通牒）

昭和 20 年 6 月 13 日

晓第2941部队　国井队长

开滦港务局局长先生

　　关于船舶航运效率问题，船舶参谋长希望联络相关部门各位。希望直接或间接相关各方共同协力提升船舶航运效率。本次载有2565吨矾土的泰利丸号停泊在秦皇岛港，希望在停泊的17小时以内，仰仗各位协力提升其航运效率。

【102】

开滦7571号

　　昭和20年6月18日

总经理事务代理　白川一雄

秦皇岛港务局局长　柴田一美先生

昭和20年度秦皇岛港湾费用更改事宜

　　3月22日以开滦7571号文件为根据，开始昭和20年度秦皇岛港费用更改事宜。5月30日以北大交交秘第110号文件为依据正式同意执行，特此通知。

以上

第二节　合同

　　本节选译档案为1942—1944年间开滦营运相关合同共6份，按照合同签订时间的先后顺序进行整理，内容涉及开滦矿务总局与华北运输株式会社、亚细亚航运公司、船舶运营会签订的供煤合同。本部分内容主要集中于两卷档案。（见图3.3、图3.4和图3.5）

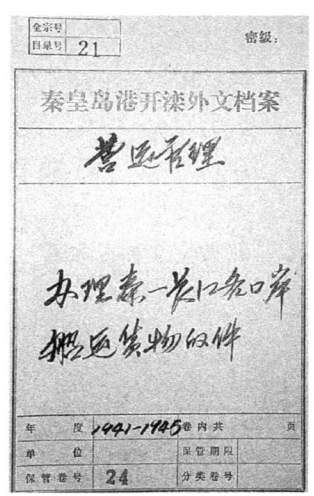

图3.3　卷24档案封皮

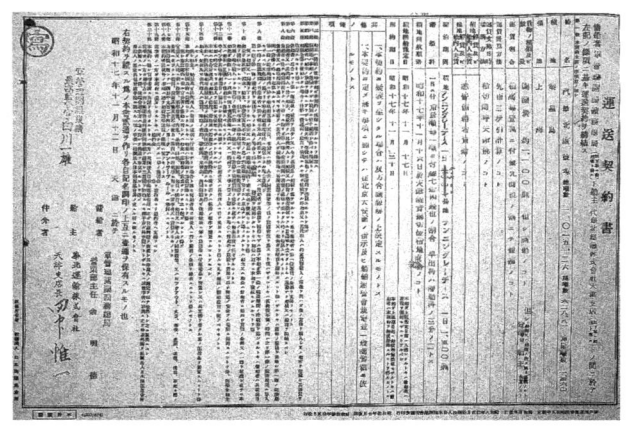
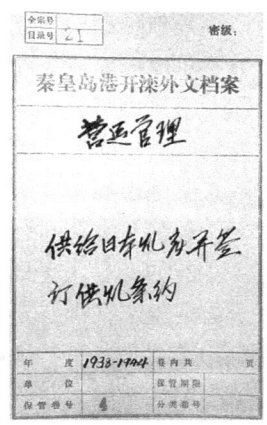

图 3.4 开滦与华北运输缔结运输合同　　　　图 3.5 卷 4 档案封皮

【103】

运输合同

租船方：军管理开滦矿务总局（以下简称租船方）

船　主：代华北运输株式会社天津分店（以下简称船主）

双方签署以下合同：

第一条　本合同主要内容如下：

船　名：北华号轮船　总吨数 1378.89　净吨数 846.07　重量吨数 2210 吨

装货地：秦皇岛

卸货地：上海

货物种类及数量：开滦煤炭约 1800 吨，但以满载为标准。（以船舶吃水线或船只装载量为限满载，但是船主可自由决定增减 1 成。）

运费比例：以载重每吨 9 元整的比例暂付。

运费计算方法：以 B/L 面 2% 折扣计算。

运费支付日期及场所方法：装货后天津支付。

装卸地驳船费及船员劳务费：皆由雇船方负担。

停泊期限：在装货地每日运输 2600 吨，在卸货地每日运输 1500 吨。

船舶滞留费用：以每日每吨 0.52 元的比例支付，提前离港费用为船舶滞留费用的 3 分之 2。

顺路返航装载地：昭和 17 年 10 月 30 日左右于天津卸货后直接返回装货地。

返航装载地预定日：昭和 17 年 11 月 1 日（如本船在预定日前入港，租船方不可以提前装载货物）

合同解除日期：昭和 17 年 11 月 10 日（如本船在该日期前，仍然没有做好装卸货物准备，则租船方无偿解除该合同。）

其他事项：

1. 如对本合同有异议的情况，则需要双方合意决定。

2. 如发生本合同没有记载的情况，则依据驻北京大使馆的指示、船舶运营会的规定以及一般商业习惯。

第二条　船主从船只起航起要保证船只有能力有条件完成本次航行。

第三条　装卸地址应慎重选择，不可给本船只带来任何危险。

第四条　租船方如不得到船主许可，不可以装载易燃易爆等危险品。

第五条　如船只全部装载租船方货物，则遵照本合同条款 1。如除了租船方货物外，还有其他货物及乘客的情况下，船主或代理方应首先将租船方的货物装卸完毕，进行装载量的记录。然后再装载其他货物或乘客，可收取一定运费。

第六条　如因为租船方的原因无法完全装载合同第 1 条所记录的货物数量，或因租船方原因无法装载货物情况，仍然需要按照合同第 1 条支付全额运费。

第七条　租船方或其代理人，在接收到船主、船长或代理人可以装卸货物的通知后，不可延迟，需立即开始装卸作业。

第八条　不论租船方因为何种原因开始或不开始装卸货物，在停泊港口后，都应当按照第 1 条规定开始计算费用。租船方或承担装卸货物方，如在港口没有代理店铺，确认船长同时位于港口的情况下，可以免于通知。时间及费用从停泊于港口开始计算。另外，如在港口停泊期间，遇到暴风雨以及其他天灾人祸或劳工罢工等情况时，该类无法装载的时间不属于第 1 条规定的停泊时间。如果船只因为避险，停泊在港口以外的时间，亦不属于该时间。

第九条　如租船方因某些原因在第 1 条规定时间外，仍需要将船只停泊在港口内，需要按照规定缴纳船舶滞留费。并且在规定日期之前，如租船方仍无法履行航行义务，则船长可以将船只驶离本港口。

第十条　如遇到暴风雨、退潮、结冰、事变等天灾或不可抗力，预料到不能够完成装卸任务时，船长或船主需立即通知租船方，放弃未装载完的全部或一部分货物，直接驶离本港。如事先未能及时告知，起航后应立即通知。

第十一条　与第 10 条情况相同，如船主或船长认为船只无论如何不能停泊入港并且完成装卸任务的情况下，应尽快通知租船方，并将船只停靠在港口外的安全地带。

第十二条 凡是装卸货物所需要的船只及其附属工具，船主应提供给租船方。但是租船方及其代理人在使用时，必须遵照船只的指挥与指示。

第十三条 本船只根据具体情况，决定是否使用领航员。本船只为保护生命财产，实施救助或避难等情况，可以驶出航线外，并改变航行顺序。本船只在航行中如需要取得燃料及其他航行必需品，可以就近停靠港湾补给。

第十四条 在非常情况下，船主及其代理人要获得运费、船舶滞留费、附属费用、公共海运费、押金以及救助救援相关费用，可以扣押船只装载货物，或在必要时候进行拍卖获得以上费用。但是如果船主、船长及其代理人不愿意行使以上权利，可以向货物接收方要求支付以上金额。

第十五条 本船只被大日本帝国征用的时候，船主需要无偿解除上述合同，但是对于已经与官方签订合同的船只，船主不可以随意与租船方解除合约。

第十六条 由于官方宪法规定或因人民而起的扣留、军事行为、内乱、暴动、海盗、土匪、船员盗窃，船员及搬运工人罢工，或者是因为劳动争议关闭工厂，火灾、冲突、撞击礁石，船只沉没，船体及各部位的损伤以及其他不可抗力造成的损害，当事人无责任。

第十七条 共同海损按照公历 1924 年马士基协议执行。

第十八条 对于本合同没有记载到的内容，均按照提货单记载的条款执行。

第十九条 当事人一方违背本合同的情况，所产生的一切违约金由违约方支付给另一方。

第二十条 如果合同双方中任一方对本合同有异议，需要通过社团法人日本海运集会所的仲裁，并且服从其最终裁决。由合同其中一方发起双方共同向社团法人日本海运集会所的共同申请，如果提出两周后，另一方并没有执行，则发起方可以单方面向社团法人日本海运集会所申请选定其他仲裁手续，并且按照社团法人日本海运集会所的规定执行。

本合同一式两份，双方签字盖章后各留一份妥善保管，以此作为凭证。

昭和 17 年 10 月 15 日于天津

租船方：军管理开滦矿务总局营业部主任　　余明德
　　　　军管理开滦炭矿最高监督官　　　　白川一雄
船　主：华北运输株式会社天津分店店长　　田中惟一
中间人：

【104】

运输合同

租船方：军管理开滦矿务总局（以下简称租船方）

船　　主：代华北运输株式会社天津分店（以下简称船主）

双方签署以下合同：

第一条　本合同主要内容如下：

船　　名：北康号轮船　　总吨数 1015.26　　净吨数 618.81　　重量吨数 1460

装货地：秦皇岛

卸货地：上海

货物种类及数量：开滦煤炭约 1100 吨，但以满载为标准。（以船舶吃水线或船只装载量为限满载，但是船主可自由决定增减 1 成。）

运费比例：以载重每吨 9 元整的比例暂付。

运费计算方法：以 B/L 面 3% 折扣计算。

运费支付日期及场所方法：装货后天津支付。

装卸地驳船费及船员劳务费：皆由租船方负担。

停泊期限：在装货地每日运输 2600 吨，在卸货地每日运输 1500 吨。

船舶滞留费用：以每日每吨 0.74 元的比例支付，提前离港费用为船舶滞留费用的 3 分之 2。

顺路返航装载地：昭和 17 年 11 月 16 日于天津卸载杂货后直接返回装载地。

返航装载地预定日：昭和 17 年 11 月 17 日（如本船在预定日前入港，租船方不可以提前装载货物）

合同解除日期：昭和 17 年 11 月 30 日（如本船在该日期前，仍然没有做好装卸货物准备，则租船方可以无偿解除该合同。）

其他事项：

1. 如对本合同有异议的情况，则需要双方合意决定。

2. 如发生本合同没有记载的情况，则依据驻北京大使馆的指示、船舶运营会的规定以及一般商业习惯。

第二条　船主从船只起航起要保证船只有能力有条件完成本次航行。

第三条　装卸地址应慎重选择，不可给本船只带来任何危险。

第四条　租船方如不得到船主许可，不可以装载易燃易爆等危险品。

第五条　如船只全部装载租船方货物，则遵照本合同条款1。如除了租船方货物外，还有其他货物及乘客的情况下，船主或代理方应首先将租船方的货物装卸完毕，进行装载量的记录。然后再装载其他货物或乘客，可收取一定运费。

第六条　如因为租船方的原因无法完全装载合同第 1 条所记录的货物数量，或因租船方原因无法装载货物情况，仍然需要按照合同第 1 条支付全额运费。

第七条　租船方或其代理人，在接收到船主、船长或代理人可以装卸货物的通知后，不可延迟，需立即开始装卸作业。

第八条　不论租船方因为何种原因开始或不开始装卸货物，在停泊港口后，都应当按照第 1 条规定开始计算费用。租船方或承担装卸货物方，如在港口没有代理店铺，确认船长同时位于港口的情况下，可以免于通知。时间及费用从停泊于港口开始计算。另外，如在港口停泊期间，遇到暴风雨以及其他天灾人祸或劳工罢工等情况时，该类无法装载的时间不属于第 1 条规定的停泊时间。如果船只因为避险，停泊在港口以外的时间，亦不属于该时间。

第九条　如租船方因某些原因在第 1 条规定时间外，仍需要将船只停泊在港口内，需要按照规定缴纳船舶滞留费。并且在规定日期之前，如租船方仍无法履行航行义务，则船长可以将船只驶离本港口。

第十条　如遇到暴风雨、退潮、结冰、事变等天灾或不可抗力，预料到不能够完成装卸任务时，船长或船主需立即通知租船方，放弃未装载完的全部或一部分货物，直接驶离本港。如事先未能及时告知，起航后应立即通知。

第十一条　与第 10 条情况相同，如船主或船长认为船只无论如何不能停泊入港并且完成装卸任务的情况下，应尽快通知租船方，并将船只停靠在港口外的安全地带。

第十二条　凡是装卸货物所需要的船只及其附属工具，船主应提供给租船方。但是租船方及其代理人在使用时，必须遵照船只的指挥与指示。

第十三条　本船只根据具体情况，决定是否使用领航员。本船只为保护生命财产，实施救助或避难等情况，可以驶出航线外，并改变航行顺序。本船只在航行中如需要取得燃料及其他航行必需品，可以就近停靠港湾补给。

第十四条　在非常情况下，船主及其代理人要获得运费、船舶滞留费、附属费用、公共海运费、押金以及救助救援相关费用，可以扣押船只装载货物，或在必要时候进行拍卖获得以上费用。但是如果船主、船长及其代理人不愿意行使以上权利，可以向货物接收方要求支付以上金额。

第十五条　本船只被大日本帝国征用的时候，船主需要无偿解除上述合同，但是对于已经与官方签订合同的船只，船主不可以随意与租船方解除合约。

第十六条　由于官方宪法规定或因人民而起的扣留、军事行为、内乱、暴动、海盗、土匪、船员盗窃，船员及搬运工人罢工，或者是因为劳动争议关闭工厂，火灾，冲突，撞击礁石，船只沉没，船体及各部位的损伤以及其他不可抗力造成的损害，当事人无责任。

第十七条　共同海损按照公历1924年马士基协议执行。

第十八条　对于本合同没有记载到的内容，均按照提货单记载的条款执行。

第十九条　当事人一方违背本合同的情况，所产生的一切违约金由违约方支付给另一方。

第二十条　如果合同双方中任一方对本合同有异议，需要通过社团法人日本海运集会所的仲裁，并且服从其最终裁决。由合同其中一方发起双方共同向社团法人日本海运集会所的共同申请，如果提出两周后，另一方并没有执行，则发起方可以单方面向社团法人日本海运集会所申请选定其他仲裁手续，并且按照社团法人日本海运集会所的规定执行。

本合同一式两份，双方签字盖章后各留一份妥善保管，以此作为凭证。

昭和17年11月12日于天津

军管理开滦煤矿最高监督官　白川一雄

租船方：军管理开滦矿务总局　营业部主任　余明德

船　主：华北运输株式会社天津分店店长　田中惟一

中间人：

【105】

运输合同

租船方：军管理开滦矿务总局（以下简称租船方）

船　主：代华北运输株式会社天津分店（以下简称船主）

双方签署以下运输合同：

第一条　本合同主要内容如下：

船　名：北华号轮船　总吨数1378.89　净吨数846.07　重量吨数2210

装货地：秦皇岛

卸货地：上海

货物种类及数量：开滦煤炭约1800吨，但以满载为标准。（以船舶吃水线或船只装载量为限满载，但是船主可自由决定增减 1 成。）

运费比例：以载重每吨 9 元整的比例暂付。

运费计算方法：以 B/L 面 2% 折扣计算。

运费支付日期及场所方法：装货后天津支付。

装卸地驳船费及船员劳务费：皆由租船方负担。

停泊期限：在装货地每日运输 2600 吨，在卸货地每日运输 1500 吨。

船舶滞留费用：以每日每吨 0.52 元的比例支付，提前离港费用为船舶滞留费用的 3 分之 2。

顺路返航装载地：昭和 17 年 11 月 28 日左右于天津杂货场卸货后直接返回装货地。

返航装载地预定日：昭和 17 年 11 月 29 日（如本船在预定日前入港，租船方不可以提前装载货物）

合同解除日期：昭和 17 年 12 月 15 日（如本船在该日期前，仍然没有做好装卸货物准备，则租船方可以无偿解除该合同。）

其他事项：

1. 如对本合同有异议的情况，则需要双方合意决定。

2. 如发生本合同没有记载的情况，则依据驻北京大使馆的指示、船舶运营会的规定以及一般商业习惯。

第二条　船主从船只起航起要保证船只有能力有条件完成本次航行。

第三条　装卸地址应慎重选择，不可给本船只带来任何危险。

第四条　租船方如不得到船主许可，不可以装载易燃易爆等危险品。

第五条　如船只全部装载租船方货物，则遵照本合同条款 1。如除了租船方货物外，还有其他货物及乘客的情况下，船主或代理方应首先将租船方的货物装卸完毕，进行装载量的记录。然后再装载其他货物或乘客，可收取一定运费。

第六条　如因为租船方的原因无法完全装载合同第 1 条所记录的货物数量，或因租船方原因无法装载货物情况，仍然需要按照合同第 1 条支付全额运费。

第七条　租船方或其代理人，在接收到船主、船长或代理人可以装卸货物的通知后，不可延迟，需立即开始装卸作业。

第八条　不论租船方因为何种原因开始或不开始装卸货物，在停泊港口后，都应当按照第 1 条规定开始计算费用。租船方或承担装卸货物方，如在港口没有代理店铺，确认船长同时位于港口的情况下，可以免于通知。时间及费用从停泊于港口开始计算。另外，如在港口停泊期间，遇到暴风雨以及其他天灾人祸或劳工罢工等情况时，该类无法装载的时间不属于第1条规定的停泊时间。如果船只因为避险，停泊在港口以外的时间，亦不属于该时间。

第九条　如租船方因某些原因在第1条规定时间外，仍需要将船只停泊在港口内，需要按照规定缴纳船舶滞留费。并且在规定日期之前，如租船方仍无法履行航行义务，则船长可以将船只驶离本港口。

第十条　如遇到暴风雨、退潮、结冰、事变等天灾或不可抗力，预料到不能够完成装卸任务时，船长或船主需立即通知租船方，放弃未装载完的全部或一部分货物，直接驶离本港。如事先未能及时告知，起航后应立即通知。

第十一条　与第10条情况相同，如船主或船长认为船只无论如何不能停泊入港并且完成装卸任务的情况下，应尽快通知租船方，并将船只停靠在港口外的安全地带。

第十二条　凡是装卸货物所需要的船只及其附属工具，船主应提供给租船方。但是租船方及其代理人在使用时，必须遵照船只的指挥与指示。

第十三条　本船只根据具体情况，决定是否使用领航员。本船只为保护生命财产，实施救助或避难等情况，可以驶出航线外，并改变航行顺序。本船只在航行中如需要取得燃料及其他航行必需品，可以就近停靠港湾补给。

第十四条　在非常情况下，船主及其代理人要获得运费、船舶滞留费、附属费用、公共海运费、押金以及救助救援相关费用，可以扣押船只装载货物，或在必要时候进行拍卖获得以上费用。但是如果船主、船长及其代理人不愿意行使以上权利，可以向货物接收方要求支付以上金额。

第十五条　本船只被大日本帝国征用的时候，船主需要无偿解除上述合同，但是对于已经与官方签订合同的船只，船主不可以随意与租船方解除合约。

第十六条　由于官方宪法规定或因人民而起的扣留、军事行为、内乱、暴动、海盗、土匪、船员盗窃，船员及搬运工人罢工，或者是因为劳动争议关闭工厂，火灾，冲突，撞击礁石，船只沉没，船体及各部位的损伤以及其他不可抗力造成的损害，当事人无责任。

第十七条　共同海损按照公历1924年马士基协议执行。

第十八条　对于本合同没有记载到的内容，均按照提货单记载的条款执行。

第十九条　当事人一方违背本合同的情况，所产生的一切违约金由违约方支付给另一方。

第二十条　如果合同双方中任一方对本合同有异议，需要通过社团法人日本海运集会所的仲裁，并且服从其最终裁决。由合同其中一方发起双方共同向社团法人日本海运集会所的共同申请，如果提出两周后，另一方并没有执行，则发起方可以单方面向社团法人日本海运集会所申请选定其他仲裁手续，并且按照社团法人日本海运集会所的规定执行。

本合同一式两份，双方签字盖章后各留一份妥善保管，以此作为凭证。

昭和 17 年 11 月于天津

军管理开滦炭矿最高监督官　白川一雄

租船方：军管理开滦矿务总局营业部主任　余明德

船　　主：华北运输株式会社天津分店店长　田中惟一

中间人：

【106】

运输合同

租船方：军管理开滦矿务局（以下简称租船方）

船　　主：亚细亚航运公司（以下简称船主）

双方签署以下运输合同：

第一条：本合同主要内容如下：

船　　名：福星号轮船　总吨数 760.93 吨　重量吨数 850 吨

装货地：秦皇岛

卸货地：上海

货物名称及数量：开滦煤炭 550 吨

运费：暂付国币 9 元整

运费计算方法：根据货物装载数量，但是根据船券，可以打折。

运费支付日期及场所方法：本船只从装货地出发的同时，在天津用现金支付。

装卸地驳船费及船员劳务费：由雇船方全部负担。

停泊期限：在装货地从停泊开始停留 12 小时，如因港口船只过多而抛锚，自 1 小时后开始计算 12 小时。无提前离港费用。在装货地运输 2600 吨，在卸货地运输 1500 吨。

船舶滞留费用：以每日每吨 0.85 元的比例支付。

顺路返航装载地：

装载地出发预定日：昭和 17 年 12 月 3 日（如本船在预定日前入港，租船方不可以提前装载货物。）

合同解除日期：昭和 17 年 12 月 20 日（如本船在该日期前，仍然没有做好装卸货物准备，则租船方无偿解除该合同。）

其他事项：滞期费从本船停泊在该港口时开始计算。装货地代理店雇船者安排。

第二条　船主从船只起航起要保证船只有能力有条件完成本次航行。

第三条　装卸地址应慎重选择，不可给本船只带来任何危险。

第四条　租船方如不得到船主许可，不可以装载易燃易爆等危险品。

第五条　如船只全部装载租船方货物，则遵照本合同条款 1。如除了租船方货物外，还有其他货物及乘客的情况下，船主或代理方应首先将租船方的货物装卸完毕，进行装载量的记录。然后再装载其他货物或乘客，可收取一定运费。

第六条　如因为租船方的原因无法完全装载合同第 1 条所记录的货物数量，或因租船方原因无法装载货物情况，仍然需要按照合同第 1 条支付全额运费。

第七条　租船方或其代理人，在接收到船主、船长或代理人可以装卸货物的通知后，不可延迟，需立即开始装卸作业。

第八条　不论租船方因为何种原因开始或不开始装卸货物，在停泊港口后，都应当按照第 1 条规定开始计算费用。租船方或承担装卸货物方，如在港口没有代理店铺，确认船长同时位于港口的情况下，可以免于通知。时间及费用从停泊于港口开始计算。另外，如在港口停泊期间，遇到暴风雨以及其他天灾人祸或劳工罢工等情况时，该类无法装载的时间不属于第 1 条规定的停泊时间。如果船只因为避险，停泊在港口以外的时间，亦不属于该时间。

第九条　如租船方因某些原因在第 1 条规定时间外，仍需要将船只停泊在港口内，需要按照规定缴纳船舶滞留费。并且在规定日期之前，如租船方仍无法履行航行义务，则船长可以将船只驶离本港口。

第十条　如遇到暴风雨、退潮、结冰、事变等天灾或不可抗力，预料到不能够完成装卸任务时，船长或船主需立即通知租船方，放弃未装载完的全部或一部分货物，直接驶离本港。如事先未能及时告知，起航后应立即通知。

第十一条　与第 10 条情况相同，如船主或船长认为船只无论如何不能停泊入港并且完成装卸任务的情况下，应尽快通知租船方，并将船只停靠在港口外的安全地带。

第十二条　凡是装卸货物所需要的船只及其附属工具，船主应提供给租船方。但是租船方及其代理人在使用时，必须遵照船只的指挥与指示。

第十三条　本船只根据具体情况，决定是否使用领航员。本船只为保护生命财产，实施救助或避难等情况，可以驶出航线外，并改变航行顺序。本船只在航行中如需要取得燃料及其他航行必需品，可以就近停靠港湾补给。

第十四条　在非常情况下，船主及其代理人要获得运费、船舶滞留费、附属费用、公共海运费、押金以及救助救援相关费用，可以扣押船只装载货物，或在必要时候进行拍卖获得以上费用。但是如果船主、船长及其代理人不愿意行使以上权利，可以向货物接收方要求支付以上金额。

第十五条　本船只被大日本帝国征用的时候，船主需要无偿解除上述合同，但是对于已经与官方签订合同的船只，船主不可以随意与租船方解除合约。

第十六条　由于官方宪法规定或因人民而起的扣留、军事行为、内乱、暴动、海盗、土匪、船员盗窃，船员及搬运工人罢工，或者是因为劳动争议关闭工厂，火灾，冲突，撞击礁石，船只沉没，船体及各部位的损伤以及其他不可抗力造成的损害，当事人无责任。

第十七条　共同海损按照公历 1924 年马士基协议执行。

第十八条　对于本合同没有记载到的内容，均按照提货单记载的条款执行。

第十九条　当事人一方违背本合同的情况，所产生的一切违约金由违约方支付给另一方。

第二十条　如果合同双方中任一方对本合同有异议，需要通过社团法人日本海运集会所的仲裁，并且服从其最终裁决。由合同其中一方发起双方共同向社团法人日本海运集会所的共同申请，如果提出两周后，另一方并没有执行，则发起方可以单方面向社团法人日本海运集会所申请选定其他仲裁手续，并且按照社团法人日本海运集会所的规定执行。

本合同一式两份，双方签字盖章后各留一份妥善保管，以此作为凭证。

昭和 17 年 11 月 27 日
军管理开滦炭矿最高监督官　白川一雄

租船方：军管理开滦矿务局营业部主任　余明德

船　主：亚细亚航运公司

中间人：

【107】

运输合同

船种船名：北康号轮船（载重 1460 吨）

装载商品名称及数量：开滦煤炭 1060 吨

到港日期：昭和 18 年 1 月 8 日 10 时 30 分

检疫结束日期：昭和年月日时分

开始装卸日期：昭和 18 年 1 月 8 日 12 时 45 分

结束装卸日期：昭和 18 年 1 月 9 日 21 时 30 分

使用天数：1 天 11 小时 0 分

现有正副本两份合同，双方各持 1 份，以作凭证。

昭和 18 年 1 月 9 日于上海港北康号

船长：北康号松叶四郎

货物所属：军管理开滦炭矿上海事务所监督官　中田雄信

负责公司：国际运输株式会社上海分店

【108】

合同书

　　船舶运营会（以下称为甲方）、开滦炭贩卖株式会社（以下称为乙方）关于开滦煤炭销售事宜缔结以下合同。

交易地点：秦皇岛港口码头

煤炭名称：开滦煤炭机车用 2 号块煤、1 号末煤以及 2 号末煤

数量：约 5 万吨

价格：机车用块煤　每吨 82.63 元

　　　2 号块煤　　每吨 78.13 元

　　　1 号末煤　　每吨 74.63 元

　　　2 号末煤　　每吨 72.63 元

交付条件：参考秦皇岛 fob

交付时间：自昭和 19 年 4 月 1 日至昭和 20 年 3 月 31 日

用途：船舶用燃料煤

　　费用支付条件：各船只分别一次性把费用支付给秦皇岛。但是如有订购以上品种以外的煤炭，需要双方协商。在正常供应的前提下，按照当局指定价格支付。

特别条款

  船舶运营会实际航运人员或其代理店需要向乙方提供补给煤炭的船只名称，补给煤炭地点，补给煤炭预订时间，补给煤炭的具体名称以及所需数量等信息。这些都是履行补给煤炭手续所需要的信息。但是必要时，甲方或其支部、办事处等可以与乙方直接交涉补给煤炭事宜。

  船舶运营会的实际航运人员应当根据以上条件，将燃料煤炭费用直接支付给乙方或其分店。

  本合同生效期间，如合同规定数量已经交付完毕，甲乙双方需商议追加煤炭购买量，并应得到当地当局的同意与认可。如合同期满，合同规定数量仍有结余的话，则无条件停止供货。

  如因天气原因、战争以及罢工等不可抗力产生的问题，因原因不在责任方，因此，由于货物交付延迟或无法交货而产生的一切损失甲乙双方均不承担责任。

  根据煤炭相关管理规定，军队或者关系当局，根据命令配给或者受其他限制的情况下，可以对本合同进行部分或全部更改。

  本合同价格根据当局命令，规定或变更执行期间。

  合同一式两份，甲乙双方各执一份，以此作为凭证。

昭和19年6月日
船舶运营会理事航运局局长 八幡屋春太郎

（东京都麦町区内幸町二丁目一番地二）

开滦炭贩卖株式会社常务董事 堀内文二郎

【本章所整理档案为秦皇岛港藏"对开滦煤定级事"（保管卷号1），"购运销售长城、柳江无烟煤"（保管卷号3），"供给日本煤炭并签订供煤条约"（保管卷号4），"日军管时提交装卸效率对策"（保管卷号12），"泊港及运费规定的决定纪事"（保管卷号17），"为外界转口百杂货"（保管卷号18），"铁路货运费率"（保管卷号23），"1941—1945办理秦—长江各口岸船运货物的件"（保管卷号24），"煤炭价格卷"（保管卷号26），"转运龙烟铁矿石的件和办理船货及船运燃料的件"（保管卷号33），"船只速遣、滞期计算单"（保管卷号35），"秦经理处对日本运煤之函电"（保管卷号36），"有关港口铁路中转事宜"（保管卷号37）中的部分内容。】

研究编

第四章　档案选译与解读

第一节　秦皇岛港藏日军侵占时期日华语教育档案选译与题解[①]

开平矿务局是洋务运动时期官督商办的一个重要企业，义和团运动爆发后，被英、比帝国主义骗占。1907 年，袁世凯命周学熙开办了北洋滦州官矿有限公司，意欲"以滦收开"，由于种种原因，最终却以滦矿遭开平吞并告终，开滦矿务局由此产生。秦皇岛港地理位置优越，自然条件得天独厚。1898 年，清政府为"借箸饷源""扩充利源"，以解救自己"筹还洋款""恒苦不继"的苦衷[②]，主动开辟秦皇岛为对外通商口岸。1900 年 10 月，英国又以"开平矿务局"的名义骗取对秦皇岛港的统治权，成立开平矿务局秦皇岛经理处，占领其长达 40 余年。全面抗战爆发后，日军占领华北，但对于开滦却没有触动。目的是"让英人继续经营下去为其侵华战争效劳"[③]。1941 年 12 月 8 日，太平洋战争爆发，当天日军以武力从英国手里全面接管垂涎已久的开滦矿务总局及其所属秦皇岛港，自此，开始了日本人在开滦与秦皇岛港独占的局面。1942 年 11 月，开滦矿务总局对内改为军管理开滦矿务总局，对外为军管理开滦炭矿。1943 年 1 月 1 日，秦皇岛经理处也随之改称，对内为军管理秦皇岛港务局，对外为军管理开滦炭矿港务局。柴田一美为军管理秦皇岛港务局局长，毕祖培为副局长，局长室办事为荒木忠次郎。军管理下的秦皇岛港成为日军重要的军事运输基地和实行经济掠夺的输出港口。[④] 上述历史沿革，一方面力图理清秦皇岛港与开滦矿务局间密不可分之关系及档案中所涉港务局名称的沿革变化，另一方面旨在究明此日文档案的由来。

秦皇岛港藏民国时期档案种类繁多，其中，涉及日军侵占时期的档案中，大部分为日文，也有部分中、英文。内容涉及外国营盘、行政机构设置、人事、财务、生产、运输、营运、业务、教育、文化、卫生管理等方方面面。这里择译了日文教育管理档案"职工学日语情况""秦皇岛举办日文学

[①] 本文曾发表于董劭伟、柴冰主编《中华历史与传统文化研究论丛（第 3 辑）》，中国社会科学出版社，2017 年 12 月。题目与内容较之原文略有改动。
[②] 黄景海、沈瑞祥：《秦皇岛港史》（古/近代部分），人民交通出版社，1985，第 137 页。
[③] 熊性美、阎光华：《开滦煤矿矿权史料》，南开大学出版社，2004，第 28 页。
[④] 黄景海、沈瑞祥：《秦皇岛港史》（古/近代部分），人民交通出版社，1985，第 341 页。

习班"和"华语班及对学员考试和奖励等规章"三卷中部分函件，拟对其中部分关于日语教育与华语教育的信函进行解析，详细钩沉其背景与内容，管窥日军侵占秦皇岛港时期日语教育与华语教育实施情况，对既有相关研究提供实证性补充。

【译文】

抄送　人事部长
G—3450
　　昭和 18 年 8 月 16 日

港务局局长　柴田一美

总经理先生

关于港务局日语讲习会

　　本港务局自去年 7 月对中级职员开始实施日语讲习以来，已满一年，今年 7 月 3 日举行了初等科结业式。当初，参与讲习者 133 名，初等科结业者按照附表所记为 61 名，落伍者为 72 名，甚为遗憾。但所幸 61 名结业者均取得了不错的成绩，如此学习热情，倘继续进行足以增强其信心。此 61 名学员本年度将升入普通科一年、普通科二年，以共计三年的学习为一阶段，至此暂且终止讲习。如能从此中遴选出优秀人员在高等科学习两年，即可完成培养未来有为职员之计划，所列课程如下：

　　初等科一年　会话　《ハナシコトバ》、东亚同文会发行上、中、下
　　　　　　　　阅读　《日本语读本》、日语教育振兴会发行卷一、二
　　普通科两年　会话　一级会话（重点在于成为业务上参考）
　　　　　　　　阅读　《日本语读本》卷三、四、五、六
　　　　　　　　作文　汉译日、自由作文、书信文

　　高等科两年以会话、阅读、作文均可达到毫无障碍地使用日语，并以成为日常工作语言为培养目标。

　　除以上外，自去年 9 月以高级员司、高中级员司为一级，称之为特别科。教授要领依照前项，采用英语解释方法。

　　本年度成绩表依据附件，以出勤率的百分比作为衡量讲习生学习热情度的标准。对此，以全勤、准全勤、精勤的顺序奖励相应日语学习参考书，且对 5 名成绩优秀者分别奖予了一等一百元，二等五十元，三、四、五等各三十元

的书费。

对特别科讲习生未进行特别考查，依据平时成绩以最优、优、良、可来表示其学习能力。

大部分讲习生人过中年，结束日常的工作，在回家应休息的时间，勤于日语学习，确为难得之事。但倘若学习日语者与未学习日语者在待遇上并无二异，势必会削弱难得的学习热情，进而对何时能够摆脱依存英语的现状深表堪忧。故烦请务必在权衡升职加薪之时参照附表，考虑学习日语者与未学习日语者之间的显著差异。

如满铁、华北交通实施口译考试，并分别授予四等、三等、二等、一等、特等局里公认的证书，并一次性或按月分发奖金亦可作为一种方法。另外，每年一次举行日语竞演会，由各局选拔选手，并对优秀者授予总经理奖等亦为提高日语学习热情的权宜之计。总而言之，现在各局各自实施的日语讲习如果仅仅靠教师势必收效甚微，故务必在各局安排日本人干部监督指导，教授方法亦应适当。再者，本年度将进一步从低级员司及日工中挑选年轻人，简单考查，约择选60名，旨在培养未来精通日语的职员。

新建初等科二班，预计9月开课。

以上

荒木

【题解】

以上档案为1943年8月16日，由秦皇岛港务局人事部长荒木忠次郎抄送，秦皇岛港务局局长柴田一美（日本人）写给开滦矿务总局总经理的一封信函。信函主要针对秦皇岛港务局日语讲习会已实施情况及接下来的实施计划进行了汇报。

为稳定局势，日本一开始保持了开滦原有的组织机构和人事安排。那森·爱德因承受英国政府谴责的压力，于1942年8月31日率其他英籍人员辞职，由日本军管理最高监督官白川一雄兼任总经理。日军为了实行"以华制华"的政策加强掠夺开滦煤炭，将时任滦州公司董事的孙多钰推上台充当开滦的傀儡总经理。[①] 开滦矿务总局沿用30年的中、英两总经理的制度至此废止。从此信函中可知，秦皇岛港务局日语讲习会自1942年7月始实施。日军

---

① 熊性美、阎光华：《开滦煤矿矿权史料》，南开大学出版社，2004，第29页。

于太平洋战争爆发当天，即 1941 年 12 月 8 日全面接管开滦矿务局所属秦皇岛港。接管后，日军"为了确保工厂不受破坏，并保障安全，不容一日间断"①，因深知"在管理五万名中国职员方面及工人方面也是一件难事，在这一方面的能力赶不上英国人，而且一般中国人还存在反日情绪，对此不能有所忽视"②，故而，仅利用短短约半年时间，急于筹划完毕日语讲习会便不难理解。当然，之所以能够在短时间内完成日语讲习会的筹措，也与此时期已为日本侵华战争后期，在满铁、伪满等地实施的日语教育几近成熟，有蓝本可参不无关系。

信函中明确此日语讲习会实施的目的为"完成培养未来有为职员之计划"，并"以会话、阅读、作文均可达到毫无障碍地使用日语为日常工作语言为培养目标"，重点培养其中优秀人员进入高等科学习。除此之外，对中高级以及高级职员另设特别科。更计划"从低级职员及日工中挑选年轻人"参与讲习。可见，日语讲习涵盖对象范围之广，培养"精通日语人才"，达到日华"官吏办公敏捷，增进事务之能率"期望之迫切。港务局局长柴田一美在信中建议，将学习过日语者与未学习过日语者区别对待，在升职加薪方面给予倾向性考虑，以此来鼓舞讲习生的学习热情。其原因实际上在信中开头有所提及，实施一年的讲习会，133 名讲习生参加讲习，仅 61 名结业，毕业率仅为 45.86%，实施效果可以说并非喜人，尽管信中柴田一美的口吻表达了一种乐观的态度，但从接下来"为提高日语学习热情"而提出的"区别对待学习日语者与未学习日语者"、效仿满铁及华北交通"举行口译考试、日语竞演会"等种种建议中，不难看出不尽如人意的讲习结果使其深感忧虑的一面。满铁，全名南满洲铁道株式会社，是日本根据日本特殊立法在中国大连设立的"国策会社"，是对中国东北进行殖民侵略的机构，承担着为日军侵略行为搜集情报的特务职能。华北交通是日本于 1938 年成立的"华北开发会社"的子公司"华北交通株式会社"，是当时华北最大的交通运输垄断机构，统管整个华北占领区的铁路、公路、水路各项业务，负责运输兵员、军需物资等，因此是一个不折不扣的军事机构。由此，以满铁、华北交通为参照，在秦皇岛港实施的日语讲习，不是日本侵华教育中独立的一环，而是纳入整个对华奴化教育体系中的。综上，尽管日军在秦皇岛港推行日语教育过程中颇费心机，但其实施的艰

---

① 王庆普主编：《秦皇岛港口史料汇辑 1898—1953》，秦皇岛港务局史志编审委员会，2000，第 179 页。
② 王庆普主编：《秦皇岛港口史料汇辑 1898—1953》，秦皇岛港务局史志编审委员会，2000，第 179 页。

难性以及中国人职员不太热衷日语学习的事实显而易见。既然有抵触，便要有对策，信函中提及要在各局安排日本人干部进行监督指导，即随着日军在秦皇岛港加快统治步伐，强制与奴化的特点越发明显。

【译文】

（一）

开滦 0603 号

昭和 18 年 10 月 18 日

人事部长　王崇植

港务局局长　柴田一美先生

日本人职员华语学习班实施方法件

标题之事按附件实施之，以作参考，望周知。

附件

华语讲习会实施要领　一册

以上

华语学习班实施要领

一、目的

鉴于本煤矿人员配置特点，兹对中国人职员进行日语讲习，复行对全体日本人职员（中年以上者除外）讲习，以达其初级水平华语会话能力。以此增进日华职员间的相互沟通，提高工作效率，以备将来废除英文，采用华文之需。

二、期间

自 10 月 18 日起至明年 3 月末为第 1 期，每周 3 次，下午 5 点始，每次 1 小时（星期六下午 1 点开始）。

三、课程

初级水平（以会话为主）

四、讲习生

天津[①]在职全体未满 40 岁日本人职员，经委员长指定为学员（但目前已具备初级水平者除外）。

---

① 开滦矿务总局原设天津，1944 年才在白川一雄主持之下将总局由天津移至唐山。

其余人员可自愿参与。
五、讲师
　　尾坂嘱托
六、教科书
　　《急就篇》，指名讲习生免费领取。
七、日程表
　　男子班星期一、三、五
　　女子班星期二、四、六
八、会场
　　总局会议室
九、奖励办法
　　指名讲习生无故缺席次数多者，经委员长申报，由总经理以玩忽职守论处。出席情况良好且成绩优秀者，课程结束后给予表彰。关于日华语检定考试及奖金规则目前正在商讨中，另行安排。
十、主管人员
　　为使本讲习会顺利实施，特设指导、监督及总务等管理人员如下：
　　委员长　峰间副局长
　　委　员　尾坂、大津、手塚、寺本
　　班　长　男子班　班　长　岸野
　　　　　　　　　　副班长　平山
　　　　　　女子班　班　长　長澤
　　　　　　　　　　副班长　市原

（二）

G—3123 号

昭和 18 年 11 月 6 日

港务局局长　柴田一美

人事部长　王崇植先生

日本人职员华语学习班件

标题之事，本港务局依照附件要项预计近日开始实施，敬请知悉。

附件

对港务局日本人职员实施华语讲习要领　一册

（三）

G—3123 号

昭和 18 年 11 月 5 日

关于开设日本人职员华语学习班事宜

港务局局长　柴田

对中国人职员的日语讲习进行中，此番实施华语讲习，使日本人职员掌握汉语为目的，在港务局日语讲习会内开设华语部，实施要领如下：

一、期间

开课时间定为 11 月 15 日，亦是日华善邻周第一天。至明年 7 月末为第 1 期，上课时间另行规定。

第 2 期以后的开课时间每次另行告知。

二、课程

初等水平的会话及现代文章猜读

三、讲习生

港务局在职日本人职员，不满 40 岁者均有接受讲习的义务，称之为义务学员。40 岁以上者亦应尽量参与讲习，但如确有无法参加讲习事由情况，应事先经港务局局长同意。

四、教科书

翁克齐著《开滦炭矿华语课程》

五、教室

　　甲组　总务处建筑内

　　乙组　船务处建筑内

六、奖励办法

依据日语讲习生实施细则

七、负责人及讲师

　　干事　荒木忠次郎

　　　同　汤泽清

　　讲师　陶文辉

　　　同　岳家光

【题解】

上述 3 份档案译文分别为开滦矿务总局人事部长王崇植写给秦皇岛港务

局局长柴田一美的信件、柴田一美写给王崇植的信件、柴田一美发布的对港务局日本人职员实施华语讲习要领件。

3份档案的内容均围绕日本人职员学习华语事宜展开，按照档案时间、内容以及人物关系综合推断，第一封信件为给秦皇岛港的指导性或者通知性文件，第二封信件为秦皇岛港向开滦矿务总局汇报性质的回复件，因当时的秦皇岛港务局从属于开滦矿务总局，如此密切的往来关系不足为奇，但从另一个侧面也表明了日军军管理下的开滦矿务总局对秦皇岛港务局的高度重视。

从以上3份档案中不难发现，尽管秦皇岛港务局与开滦矿务总局为从属关系，但在实施华语讲习方面依然存在较大差异。首先，讲习时间。开滦矿务总局实施的时间为1943年10月18日至1944年3月末，约5个月时间；秦皇岛港务局实施时间为1943年11月15日至1944年7月末，约8个月时间。按照"外语讲习会制"章程中规定每周3小时以上的话，秦皇岛港务局显然较之开滦矿务局华语讲习时间更长。其次，讲习对象。开滦矿务局不满40岁的职员要经委员长指定为学员，秦皇岛港务局未满40岁均要义务参与讲习，满40岁者也鼓励其尽可能参与，讲习对象范围更广泛。再次，讲习使用教材。开滦矿务局所使用的教材《急就篇》，全称《官话急就篇》，是在日俄战争开战期间的1904年8月由日本善邻书院发行的日本汉语教学史上著名的一本汉语入门教材。该教材编者为曾在中国师从清末著名学者张裕钊近八年之久的日本人宫岛大八。这一书名是借自中国西汉时期史游所编纂的学童启蒙书籍《急就篇》，编者意在使这本教材要像中国的《急就篇》一样，成为日本人学习汉语的启蒙书籍。[①] 秦皇岛港务局所用教材为翁克齐著《开滦炭矿华语课程》。翁克齐原为开滦矿务局及秦皇岛经理处华语讲习委员会委员长。该教材其中详细内容目前尚不得而知，但从题目以及笔者多方调查未能获得此教材信息来推断，此教材可能为专门用于开滦矿务局及其所属其他部门所用，或并未公开出版，或出版范围有限，或出版数量极少。"在日军未接管秦皇岛港之前，开滦矿务总局已然开始扩大生产，努力供煤，为战争服务"[②]。可见，秦皇岛港务局之所以选择实用性很强的现地华语教材，速成语言是日本急需运输开滦煤炭，为加速掠夺资源服务的。综上，日军在统治区相当重视不同地域特点的差异性，但其共同点是无论是在开滦矿务总局还是在秦皇岛港务局，均将学习华语与学习日语放到几乎同等重要的地位，目的即扫除加快掠夺步伐的语言障碍。除此之

---

① 寇振锋：《日本汉语教材〈急救篇〉的编刊及影响》，《国际汉语学报》第6卷第2辑，第176页。
② 熊性美、阎光华：《开滦煤矿矿权史料》，南开大学出版社，2004，第742页。

外，华语讲习与日语讲习，前者为旧事物，后者为新事物。据史料记载，1923年起英人控制下的开滦局既已成立外籍员司华语学习班，1930年6月起为一、二级职员还开设了英语学习班。可见，英日对于如何最大程度地获得在开滦及其附属秦皇岛港利益的想法如出一辙，二者欲长期占据的野心也昭然若揭。

【译文】
开滦060号

昭和18年11月19日

人事部长　王崇植

矿务局局长　　　中岛龟吉先生
港务局局长　　　柴田一美先生
北京事务所所长　永井克太郎先生
东京事务所所长　大平进一先生
塘沽营业所所长　李赓昌先生
上海经理处经理　三井俊雄先生

关于日语、华语学习奖励件

首题之事按附页实施之，敬请知悉。

另"外语讲习会制""外语检定考试及外语学习奖励规则"，预计以日、华文在公报刊载。

附件
一、外语讲习会制（日文）
二、外语检定考试及外语学习奖励规则（日文）
三、其他（日文）
　目录
一、外语讲习会制（方案）
二、外语检定考试及外语学习奖励规则（方案）
三、其他
　（一）改善日语学成者待遇
　（二）日语竞演会

附件一　外语讲习会制

第一条　面向职员的日语与华语讲习会，除特殊情况外，依本则执行。

第二条　各局应于适当场地举办讲习会。

第三条　每种语言的讲习会应以6个月为1期，每年举办两期，每周讲习会的时长为3个小时以上，同时不影响正常业务。

第四条　讲习的外语水平分为4类，分别为初等、中等、高等、研究科。

第五条　参加讲习会的学员根据需要可由局长指定。被指定的学员作为经局长承认的人员参加讲习会，还可免费领取教材。

第六条　讲习会讲师由局长委任职员或职员外人员。经总经理认可后，可支付其报酬或谢礼。

第七条　局长应按需从部门职员中任命负责人，负责讲习会的指导、监督以及日常事务等。

第八条　局长应监督被指名学员的出勤情况，针对出勤欠佳者可以玩忽职守论处。

第九条　对于各期完成规定课程的学员，将以局长之名义颁发结业证书。

第十条　对于出勤良好且成绩优秀的学员，结业后经总经理认可，可由局长授予其奖状、奖金或奖品。奖金金额每人不超过100元。

第十一条　局长应在各期讲习会开始前，向总经理提出实施纲要，并征得同意。各期讲习会结束后，应及时向总经理提交附有学员评价的成绩及出勤状况一览表。

附件二　外语检定考试及外语学习奖励规则

第一条　日语与华语检定考试（以下简称"考试"）的等级与标准为下记所示。详细标准另行规定。

一、日语

特等　普通报纸杂志的报道，现代文、近古文所书议论文的译读，口语、书面语及候文作文，高雅会话以及日本概况。

一等　日语讲习会研究科结业水平。

二等　日语讲习会高等结业水平。

三等　日语讲习会中等结业水平。

四等　日语讲习会初等结业水平。

二、华语

特等　报纸杂志的白话文、现代书面语的译读、白话体作文及书信体语法、高雅会话及中国概况。

一等　《谈论新篇》程度的白话文、现代书面语的译读、主要语法及普通会话、白话体作文及中国地理、历史概况等。

二等 《官话指南》程度的白话文译读、日常会话及白话体作文。

三等 《急就篇》程度的白话文译读、简单会话。

四等 《急就篇》中问答程度的译读、简单会话。

第二条 考试分为预备考试和正式考试。预备考试合格者方可参加正式考试。

第三条 考试科目为：预备考试：翻译阅读、写作；正式考试：会话、听写、翻译阅读。

第四条 考试每年于春季举行1次，亦可按需随时举行。

第五条 考试语言如为日语，参考人员限为非日本人职员；考试语言如为华语，参考人员限中国人、满洲国人以外职员。有意参考人员应在规定日期前提交申请书。正式考试合格人员不得再次参加同等级以下的考试，但特殊人员除外，必要时经总经理指定人员仍可参加考试。

第六条 向正式考试合格人员颁发合格证书，并授予下一条例中规定的外语奖金（以下简称"奖金"）。

第七条 奖金将从通过考试的次月始，依以下标准，为期两年分发。

特等 每月 200元

一等 每月 100元

二等 每月 60元

三等 每月 30元

四等 无奖励

但也可根据每次评议结果，一次性发放奖金或奖品。

第八条 已获得奖金人员若通过了更高等级的考试，将于次月根据更高等级的奖金标准发放。

第九条 对于以下一、二所述人员，即使通过考试，也不给予奖金。但特殊人员不受此限。

一 从事日语或华语翻译工作的人员

二 因掌握日语或华语能力而已获得待遇提升的人员

三 除上述各项外，认为无须发放奖金的人员

附件三 其他

（一）改善日语结业人员待遇

外语检定考试及奖金规则第九条相关，以日语口译、笔译为本职工作或者以擅长日语为条件被录用人员等，无领受奖金之资格。取而代之为升职加薪等（今后新录用者同）。或在升职加薪评议时对通过检定考试者优先考虑，在

津贴制以外的基本工资方面给予优待。以期运用良好，发挥最大之功效。

以上内容，在慎重研究基础上，明年 4 月为期实施之。

（二）日语竞演会

各地派遣参赛人员参加，在讲演、作文、朗读等方面的，经审查获得冠军者，授予总经理奖。举办方准备第一次竞演会将于明年（1944 年）春举行。

【题解】

以上档案译文为开滦矿务总局人事部长王崇植于 1943 年 11 月 19 日写给矿务局局长中岛龟吉、港务局局长柴田一美、北京事务所所长永井克太郎、东京事务所所长大平进一、塘沽营业所所长李赓昌、上海经理处经理三井俊雄关于外语讲习会制、外语检定考试、外语学习奖励规则等相关文件。文件对于外语讲习会的实施办法、外语检定考试的等级标准与实施方案、外语学习奖励细则等方面做了明确规定及解释。

通过对以上文件的翻译与解读，可总结当时外语教育的以下特点。首先，将日语、华语教育以文件形式双语发布于公报中，并对外语检定考试的各等级划分标准进行详细规定，对其奖励规则和办法做详细诠释，其制度化、规范化程度可见一斑。其次，通过分析发现，日语教育的形式更加多样，标准也更加细化，在某种程度上日本人对日语教育更为重视。正如接管开滦最高监督官白川一雄向日本国务大臣藤原的报告中提到："关于日本职员我们采取了少而精的办法。……我认为，要求日本人能以少数抓住要点，掌握情况，使中国人能够发挥积极性，这是很必要的。"[①]日本采取日本人少而精的任用原则，使之掌管开滦的重要部门的方针，在"不声不响"中抓紧培养为己所用的中国技术人员，是其军管下积极开展日语教育的原因和关键。再次，无论是日语教育还是华语教育，均强调要"监督被指名学员的出勤情况，针对出勤欠佳者可以玩忽职守论处"，其强制性贯穿始终。"之所以要求军管，是根据实际情况，如不军管，根本无法经营下去。因为军管可以在大动荡的时期，对工人和职员给予压力。"[②]因此，强制实施对当时的日军来说是"适时适地"的需要。

---

① 王庆普主编：《秦皇岛港口史料汇辑 1898—1953》，秦皇岛港务局史志编审委员会，2000，第 181 页。
② 王庆普主编：《秦皇岛港口史料汇辑 1898—1953》，秦皇岛港务局史志编审委员会，2000，第 182 页。

结　语

　　本文选取了秦皇岛港藏开滦外文教育管理档案中关于日语教育与华语教育的部分信函与文件，其中涉及日军实施日语、华语教育的具体办法等。尽管在一定程度上对于日军侵占时期开滦矿务总局与秦皇岛港务局的教育管理情况有所窥探，但仅限于部分内容的选译与题解。对于教育管理档案的进一步翻译与深入研究将是今后工作的目标与重点。比如秦皇岛港日语讲习会所使用教材的研究；华语讲习会所使用教材的研究；日军在秦皇岛港与在伪满、满铁附属地以及华北其他地区等日语教育的比较研究；日军在秦皇岛港实施外语教育的结果；人事管理中职工培训的角度等方面的研究，还有待进一步深入与挖掘。

　　依上述可知，尽管华语讲习与日语讲习表面被认为同等重要，但从实施过程及细节上看，仍以日语讲习为主，这一方面说明日军在开滦矿务总局及其所属秦皇岛港务局的日语教育已然纳入整个日本侵华教育体系之中。另一方面也暴露了日本欲通过日语教育等奴化教育方式企图长期侵占中国的野心。尽管在实施过程中，采取的方式方法有符合教育规律的方面，但其强制性等特点抹杀不掉其奴化教育的本质与依靠多种手段达到侵略目的的行径。

　　综上所述，通过对秦皇岛港藏部分外语教育档案的翻译与分析，表明日本之所以在侵占秦皇岛港推行日语教育与华语教育，主要是为配合其军事占领、经济侵略的需要，根本目的则在于加强在秦皇岛港的军事管理，使日本人游刃有余管理好秦皇岛港务局事务的同时，通过日语教育使中国人也为己所用，加快对华资源掠夺的步伐，进一步为侵华战争服务。

附原文

一

寫　人事部長
G—三四五0
　　昭和十八年八月十六日

　　　　　　　　　　　　　　　　　港務局長　柴田一美

総経理殿

港務局日語講習會ニ就テ

　當港務局ニ於テハ昨年七月中級社員ニ日語講習ヲ開始シテ以来満一年ヲ経過シタルヲ以テ本年七月三日初等科修業式ヲ挙行セリ。當初講習参加者ハ一三三名ナリシガ初等科修了者ハ別表ノ通リ六一名ニシテ落伍者七二名ヲ出セシハ甚ダ遺憾ナリ、サレド修了者六一名ハ皆相當ノ成績ヲ納メ尚ホ進ンテ学習ヲ熱望シ居ル事ハ意ヲ強クスルニ足ルモノアリ、之等六一名ハ本年度更ニ普通科一年ニ進級セシメ普通科二年通計三年ノ学習ヲ以テ一ト先ツ講習ヲ終了シ此中特ニ優秀者ヲ選ビ更ニ高等科二ケ年ノ修学ヲナサレメ将来有為ノ職員ヲ養成スル計畫ナリ、課程ヲ示セバ

　　初等科一ケ年　話方　ハナシコトバ、東亜同文會発行上、中、下
　　　　　　　　　讀方　日本語讀本、日本語教育振興会発行巻一、二
　　普通科二ケ年　話方　一級会話（業務上参考トナル如ク寫點ヲ置ク）
　　　　　　　　　讀方　日本語讀本巻三、四、五、六
　　　　　　　　　作文　華文日譯、自由作文、書簡文
　　高等科二ケ年　話方、讀方、作文共ニ日常業務ヲ日本語ヲ以テスルモ何等支障ナキ程度ヲ目標トシテ養成ス

　右ノ外昨年九月ヨリ高級、高中級社員ヲ以テ一級ヲ成シ之ヲ特別科ト稱シ教授要領ハ前者ニ準ズルモ英語ニ依ル説明方法ヲ採用シ居レリ

　本年度成績表ハ別紙ノ通リナルモ出席率ノ百分比ヲ以テ講習生ノ熱心サノ尺度トシテ採用セリ。之ニ對シテハ皆勤、準皆勤、精勤ノ順位ニ各各日語学修上ノ参考書ヲ賞與セリ、又成績優秀ナル者五名ニ對シテハ一等金百圓、二等五十圓、三、四、五等各三十圓ノ書籍代ヲ賞與セリ

　特別科講習生ニハ特ニ考査ヲ行ハヌ日常ノ成績ニヨリ最優、優、良、可ノ順位ニ学力ヲ示セリ

　日常ノ職務ヲ終ヘテ家庭ニ帰リ休養スベキ時間ニ中年ヲ過ギタル大多数ノ講習生ガ日語ノ勉学ニ精励シ居ル事ハ誠ニ心強キ事ナルガ又一回日本語ヲ学習スル者モセサル者モ其間何等待遇上ノ相違無キ事ハ折角ノ勉強心ヲ鈍ラセテ引イテハ英語依存ノ現状ヨリ何時ノ日ニカ脱却シ得可キヤ甚ダ寒心ニ堪ヘサルモノアリ、是非共昇給、進級等ノ御詮衡ニ當リテハ別表ヲ御参照被下日語学習セサルモノトノ間ニハ格段ノ相違ヲ生ズル如ク高慮相煩度シ

　又満鉄、華北交通ニテ實施ニ居レルガ如キ通譯試験ヲ課シテ四等、三等、二等、一等、特等ノ局公認免状ヲ與ハ之ニ對シテハ一時金、月額等ニヨリ奨

励金ヲ給スルモ一方法タルベク、又年一回各局ヨリ選手ヲ出シテ日語競演会ヲ開催シ優秀者ニハ総経理賞ヲ與フル等ノ事モ日語学習熱ヲ高ムル方便ナルベシ。之ヲ要スルニ現在各局ニ於テ思ヒ思ヒニ實施サレ居ル日語講習ハ□教師ニ任セキリニテハ其效果甚ダ薄カルベク是非各局ニ於ケルニ日人幹部ニ依リ監督指導サレサルベカラズ思料ス。之ガ教授方法採用スル事、適當ナリト存ズ

　尚本年度ハ更ニ下級社員及デーメン中ヨリ若年者ヲ選ビ将来日語ニ堪能ナル職員ヲ養成スベク簡單ナル考査ヲ行ヒ約六十名ヲ得タリ。

　新ニ初等科ニ組ヲ作リ九月ヨリ開講スル豫定ナリ

以上
荒木

二
（一）

開灤０六０三號
　昭和十八年十月十八日

人事部長　王崇植

港務局長　柴田一美殿

日人職員華語講習會實施方ニ關スル件

　首題ニ關シ別紙ノ通實施スルコトト相成タルニ付參考迄及通知
　添付書類
　華語講習会實施要領　一部

以上

華語講習會實施要領

一、目的

　本炭礦ノ人的構成ノ特質ニ鑑ミ華人職員ニ對スル日語講習ト相並ヒ年輩者ヲ除ク日人職員全員ニ對シ取リ敢ヘス初等程度ノ華語会話力ヲ附興シ、以テ日華職員間ノ意志疎通並事務能率増進ヲ計リ且将来英文廃止華文採用ノ際ニ對スル準備ヲ爲スモノトス

二、期間
　　十月十八日ヨリ明年三月末迄ヲ第一期トシ毎週三回、午後五時ヨリ一時間（土曜日ハ午後一時ヨリ）
三、課程
　　初等程度（會話ヲ主トス）
四、講習生
　　天津在勤日人職員中四十歳未満ノモノ全員ヲ委員長ヨリ講習生トシテ指名ス（但シ現ニ初等完了程度ノ能力ヲ有スル者ヲ除ク）
　　其ノ他ノ者ハ任意参加スルコトヲ得（指名講習生ノ氏名別紙ノ通）
五、講師
　　尾坂嘱託
六、教科書
　　急就篇、指名講習生ニハ無料支給ス
七、日割
　　男子班　月・水・金
　　女子班　火・木・土
八、會場
　　総局會議室
九、奨励方法
　　指名講習生ニシテ理由不明確ナル缺席多き者ニ對シテハ委員長ノ申告ニ基キ總経理ニ於テ職務怠慢ニ準シ處置スルモノトス
　　出席状態良好且成績優秀ナル者ニ對シテハ終了後表彰スルモノトス尚日華語檢定試驗竝奨励金別途設定方目下研究中
十、役員
　　本講習會實施ニ關シ指導・監督竝庶務ニ當ル為左ノ役員ヲ置ク
　　委員長　峯間副局長
　　委　員　尾坂、大津、手塚、寺本
　　班　長　男子班　班　長　岸野
　　　　　　　　　　副班長　平山
　　　　　　女子班　班　長　長澤
　　　　　　　　　　副班長　市原

（二）

G―三一二三號
　昭和十八年十一月六日

　　　　　　　　　　　　　　　　　　　港務局長　柴田一美

人事部長　王崇植殿

日人職員ニ對スル華語講習実施の件

　首題ノ件當港務局ニ於テモ別紙要項ノ通リ近日開講の豫定ニ就き御參考迄及通知ス
　添　附　書　類
　港務局日人職員ニ對スル華語講習実施要項　一部

（三）

G―三一二三號
　昭和十八年十一月五日

日人職員ニ對スル華語講習実施ニ就テ

　　　　　　　　　　　　　　　　　　　　港務局長　柴田

　従來華人職員ニ對シテハ日語講習ヲ實施中ナルガ今般日人職員ニ對シ華語ヲ習得セシムル目的ヲ以テ港務局日語講習會内ニ左記要領ニ依リ華語部ヲ開設ス
一、期間
　來ル十一月十五日、日華善隣週間第一日ヲトシテ開講シ明年七月末ヲ以テ第一期トス、授業日時ハ別ニ指示スル所ニ依ル。
　第二期以降ノ開始期日ハ其の都度告示ス
二、課程
　初等程度ノ會話、並ニ時文判讀
三、講習生
　港務局在勤日人職員中四十歳未滿ノモノハ講習ヲ受クル義務アルモノトス、ノヲ義務講習生ト稱ス。四十歳以上者モナルベク講習ヲ受クベシ、但シ講習ヲ受ケ難キ事由アルモノハ豫メ港務局長ノ許可ヲ受クベキモノトス

四、教科書
　　翁克齊氏著開灤炭礦華語課程
五、教室
　　甲組　　総務處建物内
　　乙組　　船務處建物内
六、奨励方法
　　日語講習生ニ実施中ノモノニ準ス
七、役員並講師
　　幹事　　荒木忠次郎
　　同　　　湯澤清
　　講師　　陶文輝
　　同　　　岳家光

三

開灤０六０號
　昭和十八年十一月十九日

人事部長　王崇植

礦務局長　　　中島亀吉殿
港務局長　　　柴田一美殿
北京事務所長　永井克太郎殿
東京事務所長　大平進一殿
塘沽営業所長　李　賡　昌殿
上海経理處経理　三井俊雄殿

日華語学奨励ニ關スル件

　首題ニ關シ別紙ノ通實施スルコトト相成タルニ付了承相成度
　尚"語学講習會制"及"語学検定試驗及語学奨励金規則"ハ追テ公報ニ日華文ニテ掲載ノ豫定
　添附書類
一、語学講習會制（日文）
二、語学検定試驗及語学奨励金規則（日文）

三、其ノ他（日文）
　目次
一、語学講習會制（案）
二、語学検定試験及語学奨励金規則（案）
三、其ノ他
　（一）日本語学修得者ニ對スル待遇改善
　（二）日本語競演會

添附書類一　語学講習會制

　第一條　職員ニ対スル日本語並中国語ノ講習會ニ関シテハ特別ノ場合ヲ除ク外本規則ニ依ル

　第二條　講習會ハ各局ニ於テ適當の場所ニ於テ之ヲ行フ

　第三條　講習會ハ各語共六箇月程度ヲ以テ一期トシ毎年二期之ヲ實施ス　講習時間ハ毎週三時間以上トシ業務ニ支障ナキ時刻ニ之ヲ行フ

　第四條　講習スヘキ語学ノ程度ハ初等、中等、高等、研究科ノ四トス

　第五條　講習生ハ必要ニ応シ局長ニ於テ之ヲ指名ス　指名ヲ受ケサル職員ハ局長ノ承認ヲ経テ聴講スルコトヲ得　指名講習生ニ對シテハ教科書ヲ無料支給スルモノトス

　第六條　講師ハ職員若ハ職員外より局長之ヲ委嘱ス　講師ニ對シテハ総経理ノ承認ヲ経テ手当若ハ謝禮ヲ支給スルコトヲ得

　第七條　局長ハ必要ニ應シ所属職員中ヨリ係員ヲ任命シ講習會ノ指導監督並庶務ニ従事セシムルコトヲ得

　第八條　局長ハ指名講習生ノ勤怠状況ヲ監視シ不良ナル者ニ對シテハ職務怠慢ニ準シ措置スルモノトス

　第九條　各期所定ノ課程ヲ修了シタル者ニ對シテハ局長名ヲ以テ修了証ヲ交付ス

　第十條　出席状況良好ニシテ成績優秀ナル者ニ對シテハ修了後総経理ノ承認ヲ経テ局長ヨリ表彰状並賞金（又ハ賞品）ヲ授興スルコトヲ得　賞金額ハ一人ニ付最高百圓程度トス

　第十一條　局長ハ各期開始前其ノ實施要目ヲ提出シ総経理ノ承認ヲ求ムヘシ　各期終了後ハ成績並出缺状況總括表ヲ作成シ講評ヲ附シ遅滞ナク総経理ニ提出スヘシ

添附書類二　語学検定試験及語学奨励金規則

第一條　日本語及中国語検定試験（以下試験ト稱ス）ノ等級及標準ハ左ノ通トシ標準細目ハ別ニ之ヲ定ム

一、日本語

特等　一般新聞雑誌ノ記事、論説程度ノ現代文及近古文ノ譯読解、口語、文語及候文ノ作文、高尚ナル會話並日本事情一般

一等　日本語講習會研究科修了程度

二等　日本語講習會高等科修了程度

三等　日本語講習會中等科修了程度

四等　日本語講習會初等科修了程度

二、中国語

特等　新聞雑誌程度ノ白話文、時文ノ譯読解、白話體ノ作文及書簡文文法、高尚ナル會話並中国事情一般

一等　談論新篇程度ノ白話文、時文ノ譯読解、文法の大要及普通一般ノ會話、白話體ノ作文及中国地理、歴史等ノ大要

二等　官話指南程度ノ白話文ノ譯読解、日常會話並白話體ノ作文

三等　急就篇程度ノ白話文ノ譯読解、平易ナル會話

四等　急就篇問答上程度ノ譯読解、平易ナル會話

第二條　試験ヲ分チテ豫備試験及本試験トス　豫備試験ニ合格シタル者ニ非サレハ本試験ヲ受クルコトヲ得ス

第三條　試験科目ハ左ノ如シ

豫備試験　譯読解、作文

本試験　　会話、書取、譯読解

第四條　試験ハ毎年一回春季ニ之ヲ行フ　但シ必要ニ應シ随時之ヲ行フコトアルヘシ

第五條　試験ハ日本語ニ在リテハ日本人以外ノ職員　中国語ニ在リテ中国人、満州国人

以外ノ職員ニ限リ之ヲ受クルコトヲ得　受験志願者ハ其ノ都度定ムル期日迄ニ所定ノ願書ヲ提出スヘシ　本試験ニ合格シタル者ハ再ヒ同等級以下ノ試験ヲ受クルコトヲ得ス　但シ特ニ認メラレタル者ハ此ノ限リニ在ラス　總経理ニ於テ必要ヲ認メタルトキハ受験者ヲ指名スルコトアルヘシ

第六條　本試験ニ合格シタル者ニハ合格證を交付シ次條以下ニ定ムル語学奨励金（以下奨励金ト稱ス）ヲ支給ス

第七條　奨励金ハ左ニ依リ合格ノ翌月ヨリ二箇年間ヲ限リ之ヲ支給ス
特等　月額　二百圓
一等　月額　一百圓
二等　月額　六十圓
三等　月額　三十圓
四等　支給セス
但シ其の都度詮議ニ依リ一時金若ハ賞品ヲ支給スルコトアルヘシ
　第八條　奨励金ノ支給ヲ受クル者ニシテ更ニ上級ノ試験ニ合格シタルトキハ其の翌月ヨリ上級ニ従ヒ奨励金ヲ支給ス
　第九條　奨励金ハ左ノ各號ノ一ニ該當スル者ニ對シテハ試験ニ合格シタル者ト雖モ
之ヲ支給セス但シ特ニ認メラレタル者ニ對シテハ此ノ限ニ在ラス
　一　日本語又は中国語ノ通譯ヲ本務トスル者
　二　日本語又中国語ヲ習得セルコトニ依リ待遇上有利ノ取扱ヲ受ケ居ル者
　三　前各號ノ外支給ノ必要ナシト認メタル者"

添附書類三、其ノ他

（一）日本語学修得者ニ對スル待遇改善

　語学検定試験及奨励金規則第九條に關聯シ、日本語通譯、飜譯ヲ本務トシ或ハ之ニ準スル者、日本語堪能ナルコトヲ條件トシテ採用サシタル者等ニ就テハ奨励金受給資格ナキ代リニ本俸増額、優先的昇格等待遇ヲ改善シ（今後新採用者ニ就テモ同様）又一般ニ検定試験ニ合格シタル者ニ對シテハ昇給、昇格詮議ニ當リ優先的ニ取扱フ等手當制以外ニ基本給與ニ於テ優遇方考慮スル必要アリ、之カ運用宜シキヲ得ハ最モ大ナル効果ヲ発揮シ得ヘシ

　右ニ關シテハ慎重研究ノ上明年四月ヲ期シ實施スルコトト致度

（二）日本語競演會

　各地ヨリ選手ヲ派遣参集セシメ演説、作文、朗読等ニ依リ審査ノ上優勝者ニ総経理賞ヲ授與スルモノトシ第一回ヲ明春開催方準備スルモノトス

第二节　秦皇岛港藏日军侵占时期日文档案之"向日本供应开滦煤炭基本合同书"选译与题解[①]

　　1941年12月8日太平洋战争爆发后，日本借机加紧对华侵略，在全面接收秦皇岛港后，随即进行野蛮统治与经济掠夺。秦皇岛港藏民国时期档案体量较大，内容丰富。其中，涉及日军侵占时期的档案大部分为日文，也有部分中文和英文。内容涉及外国营盘、行政机构设置、人事管理、财务管理、生产管理、船舶管理、营运管理、经营管理、业务管理、教育管理、文化管理、卫生管理等方面。这里选译了秦皇岛港史志科档案室所藏开滦外文档案营运管理卷（1925—1945）"与日本签订契约"中关于交易营团与开滦煤炭贩卖公司签订的一份基本合同书。在将档案进行翻译的基础上，详细钩沉这一基本合同确立的背景与内容，进一步管窥此合同订立始末。本选译有助于揭示日军全面侵占秦皇岛港时期（1941.12—1945.8）利用秦皇岛港掠夺煤炭运往日本的实况。为学界对开滦煤矿、秦皇岛港及其日本侵华问题相关研究提供有价值的第一手档案史料的同时，揭露日本掠夺开滦煤炭资源的面目。

【译文】

向日本供应开滦煤炭基本合同书

　　交易营团（以下称甲）与开滦煤炭贩卖公司（以下称乙）关于向日本供应开滦煤炭事宜签署基本合同如下：
一、甲于乙处依据昭和19年度（译者注：1944年）物资动员计划[②]购买开滦煤炭，乙依以下如数向日本供应，售卖并交付予甲。
　　（1）煤炭种类
　　向日本供应煤炭的种类依昭和19年物资动员计划而定。
　　（2）数量

[①] 本文曾发表于董劭伟柴，冰主编《中华历史与传统文化研究论丛（第5辑）》，中国社会科学出版社，2020年5月，内容较之原文略有改动。本选译自秦皇岛港史志科档案室所藏开滦外文档案，营运管理卷（1925—1945）"与日本签订契约"。
[②] 简称"物动计划"，是日本为应对战时需要所实施的经济统制手段之一。日本颁布"国家总动员法"，1941年，又颁布了"物资统制令"，1942年进行了全面总动员，集中发展军事工业。1943年以后物动计划全面完成，1944年后，军需省将年度物资供给计划变更为每季度计划。后随着战况的恶化难以实现，直至日本战败，此计划也随之消亡。

向日本供应煤炭的数量依昭和 19 年物资动员计划而定的范围之内，昭和 19 年 12 月 1 日后向日本如数交货。

（3）品位

依煤炭品位管理规则第二条或第三条，依乙通知予甲的煤炭种类、等级、品级以及最低保证品位而定。

（4）交货场所及其条件

（一）直路轮船交货　依秦皇岛港大船装船货物单据所记数量交付

（二）转换陆路运输　依山海关运输单所记数量交付

（5）价格　依官厅指示价格

（6）货款结算

每有大船出港或货车通过山海关后，乙需做好与甲截至每旬货款结算的相关文件，汇总后提交至甲的天津事务所，甲于天津结款给乙。

（7）出口实务

交货后，调度船只车辆、运输装载货物、确保通关等实务由乙负责，相关诸费用由甲承担。

但进口通关事宜需以甲之名义办理。

二、如因事态有变，本合同产生变更，应依甲、乙之间的协议变更之。

三、本合同自昭和 19 年 12 月 1 日起至昭和 20 年 3 月 31 日有效。有效期满后，如无特殊情况当继续沿用本合同。

四、本合同实施过程中的主要项目基于本合同条款，具体安排依照甲的天津事务所所长与乙的天津办事处处长之间的协商备忘录。

本合同一式两份，双方各执一份，以作凭证。

交易营团北京联络部
理事　加藤德善
开滦煤炭贩卖公司天津办事处
所长　吉田□疑

【题解】

以上为交易营团与开滦煤炭贩卖公司就向日本供应开滦煤炭事宜签署的一份基本合同书档案的译文。合同中关于双方煤炭交易过程中涉及的煤炭种类、数量、品级、交货场所、价格、货款结算、运输以及有效期限等事宜做出了明确的规定。合同中提及的甲方交易营团设立于 1943 年，是日本"为顺利完成大东亚战争，在决战体制下设立的交易机构"①。乙方开滦炭贩卖公司为卢沟桥事变爆发的 1937 年 7 月，由日本钢铁公司、日本钢管公司、大阪化学工厂、日本化学工业公司及东京瓦斯公司在东京联合成立，开始主要负责同英国资本家商洽向日本输出开滦煤炭事宜，掠夺开滦煤炭。1941 年 12 月 8 日太平洋战争爆发后，日军全面接收了秦皇岛港，尽管如此，日本仍以两家均为日本战争需要而设立的机构或公司进行商品交易的形式，使掠夺开滦煤炭资源"正当化"，其用心良苦可见一斑。1936 年，日本政府将内阁调查局和资源局合并为企划院。企划院负责日本经济政策包括殖民地经济政策的审议与制定，其不仅是统制经济的中枢机构，实为综合国策机构，从机构设置及其职能来看，企划院更像一个影子内阁。企划院的中心活动是推行统制经济，其中，制定和实施《国家总动员法》和"物资动员计划"（物动计划）是这方面最为重要的工作之一。1941 年 11 月，大本营—政府联席会议通过《战争经济基本方略》，决定了对大东亚共荣圈实行经济统制的基本方针。该方略规定其一为以 1943 年末为期，实现所需物资有计划地生产自给，促进和加强以石油、煤炭、钢铁、造船为核心的生产自给。②本合同即为此背景之下的产物。是为战争需要，实现日本"生产自给"，将赤裸裸的殖民掠夺摇身一变成为"商业行为"的重要手段。在某种程度上将掠夺殖民地资源"正当化"。另一方面也反映了日本蓄谋已久，掠夺开滦矿产资源步骤及程序严密的不争事实。1944 年后，军需省将年度物资供给计划变更为每季度计划，企图加紧对殖民地的资源略夺，这一事实通过合同有效期限可见。但之后随着日本战况的恶化，物动计划难以实现，随着日本战败而消亡。

【原文】

開灤炭對日供給ニ關スル基本契約書

　交易營團（以下甲と稱ス）ト開灤炭販賣株式會社（以下乙と稱ス）トノ間ニ於テ開灤炭ノ對日供給ニ關シ基本契約ヲ締結スルコト左ノ如シ
一、甲ハ乙ヨリ昭和拾九年度物動計畫ニ依リ決定セル開灤炭ノ對日供給數量ヲ左記條件ニ依リ買入レ乙ハ甲ニ之ヲ賣渡スモノトス

---

① ［日］谷口吉彦：《交易营团的成立》，《经济论丛》1943 年第 56 卷第 3 号。
② 毕世鸿：《太平洋战争期间日本对东南亚的经济统制》，南开大学博士学位论文，2012，第 71 页。

（1）炭種
　昭和拾九年度物動計畫ニ依リ對日供給ニ決定セル炭種トス
　（2）數量
　昭和拾九年度物動計畫ニヨリ對日供給ニ決定セル數量ノ内昭和拾九年拾貳月壹日以降對日積出ヲ爲ス數量ノ全部トス
　（3）品位
　石炭品位取締規則第二條又ハ第三條ニ依リ乙ヨリ甲ニ通知シタル種類及等級又ハ銘柄及最低保證品位ニ依ルモノトス
　（4）受渡場所竝條件
　（一）直路汽船積　　秦皇島港本船乘船荷證券面數量渡トス
　（二）大陸輸送轉換炭　山海關乘送状面數量渡トス
　（5）價格官廳指示價格ニ依ル
　（6）代金決濟
　乙ハ本船出港ノ都度又ハ貨車山海關通過後毎旬締切甲ノ代金決濟ニ必
要ナル書類ヲ作成シ一括天津甲事務所ヘ提出甲ハ乙ニ對シ天津ニ於テ決濟スルモノトス
　（7）輸出實務
　受渡後ニ於ケル配船配車運賃取極積込通關附保等ノ實務ハ乙ニ於テ擔當シ之カ諸掛費用ハ甲之ヲ負擔ス
　但シ輸入通關ハ甲ノ名儀ヲ以テ行フモノトス
二、事情變更ニ伴ヒ本契約ニ變更ノ必要生ジタル場合ニハ甲、乙間ノ協議ニヨリ之カ變更ヲ爲スコトアルベシ
三、本契約ハ昭和拾九年拾貳月壹日ヨリ昭和貳拾年參月參拾壹日迄有效トス
　但シ有效期限經過後ハ特別ノ事情ナキ限リ本契約ヲ踏襲スルモノトス
四、本契約實施ニ必要ナル項目ニ就テハ本契約條項ニ基キ甲ノ天津事務所長及乙ノ天津出張所長トノ間ニ於テ覺書ヲ以テ取極メスルモノトス
　本契約ノ證トシテ本書貳通ヲ作成シ各自其の壹通ヲ保有スルモノトス
　交易營團北京連絡部
　理事　加藤德善
　開灤炭販賣株式會社天津出張所
　所長　吉田□疑

第三节　秦皇岛港藏日文档案选译
——从秦皇岛港向日本、伪满、朝鲜输出煤炭情况函件（1943—1944）[①]

秦皇岛港为清朝政府于1898年自开的通商口岸，是渤海北岸的天然不冻良港，是军、渔、商用兼而有之的重要港口。1900年，英国骗占了当时中国最大、技术最先进的开滦煤矿及其所属秦皇岛港，后英日相互勾结，自九一八事变直至抗日战争全面爆发，日本帝国主义利用秦皇岛港输入大批侵略军队、作战物资，掠夺了大量资源。1941年12月8日太平洋战争爆发，日本借战争之机，加紧对华侵略，全面接收了秦皇岛港，对其进行野蛮统治与经济掠夺。这里选译了1943—1944年日军按照物资动员计划掠夺开滦煤炭资源的部分往来函件。记述了日军全面侵占秦皇岛港时期（1941.12—1945.8）利用秦皇岛港掠夺煤炭运往日本、朝鲜等地的基本情况。本选译一方面旨在为日本侵占秦皇岛港、掠夺开滦煤炭资源提供有力证据，另一方面为学界对开滦煤矿、秦皇岛港及其日本侵华问题的相关研究提供有价值的第一手档案史料。

（一）

抄送　矿务局局长、港务局局长、东京事务所所长
军管开滦[②]　总北18第484号
　　昭和18年8月24日

　　　　　　　　　　　　　　　　北京事务所所长　永井克太郎
副经理　岩村仙弥先生
　　　　（昭和）18年度开滦煤炭对日物动数量变更通知函
　　关于函题之事，北京大使馆矿山科下达通知，内容如下，敬请知悉。

[①] 本文曾发表于董劭伟、柴冰主编《中华历史与传统文化研究论丛（第4辑）》，中国社会科学出版社，2020年，内容较之原文略有改动。本选译自秦皇岛港史志科档案室所藏开滦外文档案，营运管理卷之"日军驻秦业务、账目往来函文"，原卷号5550，现卷号30，外文卷号CWA-411。
[②] 1900年10月，英国以"开平矿务局"的名义骗取对秦皇岛港的统治权，成立开平矿务局秦皇岛经理处。1941年12月8日，太平洋战争爆发，当天日军从英国手里以武力全面接管开滦矿务总局及其所属秦皇岛港。1942年11月，开滦矿务总局对内改为军管开滦矿务总局，对外为军管理开滦炭矿。1943年1月1日，秦皇岛经理处也随之改称，对内为军管秦皇岛港务局，对外为军管理开滦炭矿港务局。

（单位千吨）

炭种	日本	朝鲜	总计
洗末煤	1500	—	1500
特级末煤	90	230	320
一号末煤	140	120	260

（二）

抄送　矿务局局长、港务局局长、东京事务所所长

军管开滦总北 18 第 553 号

　　昭和 18 年 9 月 11 日

　　　　　　　　　　　　　　　北京事务所所长　永井克太郎

副经理　岩村仙弥先生

（昭和）18 年度开滦煤炭对日物动数量变更函

　　现采纳大使馆栗林工程师 9 月 10 日发表的意见，对日物动计划做如下变更，特此通知。

（单位千吨）

煤炭种类　地区	日本	朝鲜	总计
洗末煤	1500	—	1500
特级末煤	90	230	320
一号末煤	140	120	260

（三）

抄送　矿务局局长、港务局局长、东京事务所所长

军管开滦总北 18 第 557 号

　　昭和 18 年 9 月 11 日

　　　　　　　　　　　　　　　北京事务所所长　永井克太郎

副经理　岩村仙弥先生

第 3 季度对日本船舶调度申请

　　9 月 10 日于北支军运输统制总部召开了船舶调度会议，关于开滦煤炭之事决定如下，敬请知悉。关于确保洗末煤的供应与运输，应留意军方命令，听从指示。

供给请求数量

（单位千吨）

月份	日本	朝鲜
10月	160	18※20
11月	170	18※20
12月	170	18※20

备考

（一）当尽全力确保洗末煤向日本本土的供应，但亦需视情况而定，若洗末煤无法发出，将以特级末煤或一号末煤代发，此虽为物动计划规定之外，但无奈之举还望军方及大使馆海涵。

（二）每月向朝鲜供应18千吨特级末煤、※20千吨一号末煤，此一号末煤依靠军方调配船只运输。

（四）

抄送　矿务局局长、港务局局长、东京事务所所长
军管开滦总北18第913号
　昭和18年11月8日

北京事务所所长　永井克太郎

副经理　岩村仙弥先生

开滦煤炭下半年物动计划改订件

现接到大使馆矿山科通知，昭和18年度下半年对国内（日本）、朝鲜、满州输送开滦煤炭的物动计划改订如下，特此联络。

（单位千吨）

煤炭种类	日本	朝鲜	满州
洗末煤15%	80	—	15
特洗末煤12%	402	—	65
一号末煤	208	—	117
特级末煤	—	112	—
一号块煤	—	—	162
二号块煤	—	—	216

（五）

抄送　矿务局局长、港务局局长

军管开滦总北 18 第 1047 号

　　昭和 18 年 11 月 27 日

　　　　　　　　　　　　　　　　　　　　北京事务所所长　永井克太郎

销售部部长　余明德先生

12月向日本、满洲、朝鲜运输的煤炭种类事宜

　　按照军方运输统制总部指示，关于 12 月向日本、满洲、朝鲜运输煤炭种类如下，为确保发货，敬请留意。

记

（单位：吨）

煤炭种类＼地区	日本	朝鲜	满洲
特洗末煤	85000	—	20000
特级末煤	—	19000	—
一号末煤	35000	—	24230
一号块煤	—	—	30000
二号块煤	—	—	29000
合计	120000	19000	103230

以上

（六）

抄送　秦皇岛港务局局长

开滦 7503 号

　　昭和 19 年 4 月 10 日

　　　　　　　　　　　　　　　　　　　　运营局营业部部长　余明德

北京事务所所长　永井克太郎先生

4月份对日输送煤炭供求问题

　　关于上述事件开滦炭贩卖株式会社发来以下函电。请求军方、大使馆的批示。电报原文（4月2日）：

　　最近，八幡、釜石、昭和的工厂，因北支煤炭的输入量减少而陷入紧急状态，特别是 4 月以来，因当地配车计划几乎无法完成正常作业，目前此已构成严重的问题，我们连日来与军需省以及其他相关当局联系，所得到的消息

是，4月以后取消了向元山输送开滦煤炭，取而代之的是送往秦皇岛7万1千吨煤炭，包括船舶调度在内的货运计划，都需要跟当地和关东军联系确认。因为4月井下以及洗煤机修理问题，也有人提出延期的意见，总动员局椎名局长以及煤炭部部长山口希望在视察煤矿后给出决策。已经决定取消3月船只超过4万2千吨的份额。

以上

（七）

抄送　营业部部长、天津事务局局长、北京事务所所长

O—1067号

昭和19年4月12日

港务局局长　柴田一美

运营局局长　岩村仙弥先生

关于4月份对日运送煤炭事宜

关于标题事宜，贵局营业部部长4月10日发往北京事务所所长的函电，并附加书面文件开滦7503号（抄送当局），供您参考。

开滦炭贩卖公司电话联络，希望得到军方以及大使馆的联络和相关指示。

记

"最近，八幡、釜石、昭和的外需工厂，因北支煤炭的输入量减少而陷入紧急状态，特别是4月以来，以当地配车计划几乎无法完成正常作业，目前此已构成严重的问题，我们连日来与军需省以及其他相关当局联系，所得到的消息是，4月以后取消了向元山输送开滦煤炭，取而代之的是送往秦皇岛7万1千吨煤炭，包括船舶调度在内的货运计划，都需要跟当地和关东军联系确认。因为4月井下以及洗煤机修理问题，也有人提出延期的意见，椎名总动员局局长以及山口煤炭部部长希望在视察煤矿后给出决策。已经决定取消3月船只超过4万2千吨的份额。"

然而，船舶运营会支那科于11日给当地运营会驻在员的电话内容如下所示：

记

"4月计划秦皇岛发往釜石18000吨、川崎22000吨、横滨7000吨，合计47000吨，另还有特别增产所需，物动计划之外，33000吨发往八幡，合计80000吨。"

对比两个联络内容可知，开滦炭贩卖公司发来电报以后，中央意见发生了很大变化，最终决定依本电文内容实施。4月1日以后本港的装载出货量如

下所示：

日升丸	3100 吨	大阪
荣城丸	10200 吨	大阪
荣久丸	10200 吨	广畑
汐首丸	4740 吨	广畑
成利号	1560 吨	若松
梭罗丸	10444 吨	川崎
合计	40244 吨	

上述内容和船舶运营会来电内容一致的只有一艘载重不过 10444 吨的梭罗丸号开往川崎的船只。除了这艘船以外，3 月份装卸运输量的剩余，应该看成昭和 18 年度物动计划的一部分，所以从之前船舶运营会发来的电报来看，剩余大约 8 万吨的量只能等待 4 月中旬运输。预计今天入港的飞鸟山丸号运往八幡方向的 10200 吨，因为是贵方急需运输的一号末煤，这个姑且可以抵消 8 万吨需求量中的一部分，但是剩余的 6 万乃至 7 万吨，目前，秦皇岛港的储存量是不够的。

如您所知，如果我们要完成企业机构交代的任务，必须确保一定的储煤量。即使是船只调度的任务，也必须要有能立即执行的船只待命才能完成。因为是战时，所以要求船只尽自己的最大荷载能力，我们自会尽力执行。然而，自从当局的运输方针转换为陆地运送方案之后，虽然我们积极关注动向，但是我们当地与东京中央当局无法密切联系，另一方面，船舶运营会给了我们港口相当多的船舶调度任务，虽然我们进行了解释，但是当地的运输当局只是指示把送往矿山的 3 万吨转送到我们这里，除此以外，没有任何增加输送量的指示，而且事实上也没有任何增加运输量的趋势，作为敝局来说，如果再分配给我们上述船舶调度任务，我们不知道应该如何应对。如果需要我们完成任务请尽快与北京负责机构联系，如果从东京来的电报内容属实，也请尽快安排增加输送量。对以上所述本日无法送达之事，特以电话联络，断想您已知悉为防万一，再次确认。

关于今后的船舶调度任务，请您得到确切消息后尽快通知我方。

以上

（八）

电话联络确认

昭和 19 年 4 月 19 日

港务局局长

运营局长先生

本日 10 点半本局荒木给您发件如下：

"当地运营会就月末前向日本利用船只运输煤炭情况通知如下：

进港日	船名	运输地	吨数	煤炭种类
4月25日	日升丸	名古屋	3200	特洗末煤
4月26日	利川丸	八　幡	11200	一级末煤
4月26日	山照丸	川　崎	10500	特级末煤
4月28日	安利丸	吉　浦	2200	特级末煤
4月28日	大彰丸	八　幡	11200	一级末煤
4月30日	庐山丸	川　崎	9200	特级末煤
4月30日	大寿丸	川　崎	11200	特级末煤
4月30日	飞鸟山丸	八　幡	11200	一级末煤
合计	特洗末煤 特级末煤 一级末煤	3200 33100 33600		

与之相对，本日储炭额为：

4557　　特洗末煤

10616　　特级末煤

14724　　一级末煤

故而，需加急增运特级末煤及一级末煤"

以上

（九）

抄送　矿山科长先生、港务局局长、北京事务所所长

开滦 6254 号

昭和 19 年 4 月 26 日

军管理开滦矿物总局最高监督官　白川一雄

驻北京大日本帝国大使馆交通部部长　长久保俊夫先生

敬启者

向满洲船运煤炭事宜

听闻近日我方龟井企划部副部长访问贵部之时，与南云嘱托先生进行了

会谈。有意借用往来于满洲国营口运送坑木的船只从秦皇岛运送开滦煤炭,我认为此法可行,然定需装卸货物,现将码头设备所需情况附之如下,烦请诸位费心,拜托各位。

敬上

记

一、为秦皇岛港现有码头设备能够承担大型轮船装卸,需进行必要的建造,如货船,船侧低,将船舶直接停靠不方便装卸,需使用附绳的船台。建造材料方面望尽快着手,当然难度显而易见。依贵方要求,目前借与华北煤炭贩卖公司用于运输天津、塘沽间煤炭的两艘船只,因急用故命之返还。此外,以备机动帆船装卸的附绳船台、用于轮船焚烧的燃料煤堆以及遇空袭等万一事态致轮船滞留时使用。

二、若万一上述货船未能及时返还,烦请物色一长度约75尺的浮栈桥(若小型为两个),以备不时之需。

进而,在系船设备完善之前可尽其所能完成无设备装卸。

再敬

【原文】

(一)

寫　鑛務局長、港務局長、東京事務所長

軍管開灤總北一八第四八四號

　昭和十八年八月二十四日

北京事務所長　永井克太郎

副經理　岩村仙彌殿

十八年度開灤炭對日物動數量變更通知ノ件

　首題ノ件ニ關シ北京大使館鑛山課ヨリ左記ノ通リ通知アリタルニ付御了承相煩度

(单位千瓲)

炭　　種	內地	朝鮮	計
洗粉	一五〇〇	—	一五〇〇
特粉	九〇	二三〇	三二〇
一號粉	一四〇	一二〇	二六〇

（二）

寫　鑛務局長、港務局長、東京事務所長

軍管開灤總北一八第五五三號

　昭和十八年九月十一日

　　　　　　　　　　　　　　　　　　北京事務所長　永井克太郎

副經理　岩村仙彌殿

十八年度開灤炭對日物動數字變更ノ件

　對日向物助計畫左記ノ通リ變更サレタル旨大使館栗林技師ヨリ九月十日發表アリタルニ付御通知申上ク。

（單位千瓲）

炭種　　向地	內地	朝鮮	計
洗粉	一五〇〇	一	一、五〇〇
特粉	九〇	二三〇	三二〇
一號粉	一四〇	一二〇	二六〇

（三）

寫　鑛務局長、港務局長、東京事務所長

軍管開灤總北一八第五五七號

　昭和十八年九月十一日

　　　　　　　　　　　　　　　　　　北京事務所長　永井克太郎

副經理　岩村仙彌殿

第三、四半期對日向配給要請ノ件

　九月十日北支軍輸送統制本部ニ於テ首題配給會議開催サレ開灤炭ニ對シ左記ノ通リ決定シタルニ付御諒承相成度

　特洗粉礦山確保ニ付キ時ニ注意万軍ヨリ指示アリタリ為念

配給要請數量　　　　　　　　（單位千瓲）

月	內地	朝鮮
十月	一六〇	一八 ※二〇

续表

月	内地	朝鮮
十一月	一七〇	一八 ※二〇
十二月	一七〇	一八 ※二〇

備考

對内地向洗粉確保ニ全力ヲ盡シタルモ諸般ノ都合ニ依リ洗粉積出不可能ナルトキハ、特粉又ハ一號粉ヲ物動枠外ニテ代積スル事ニ同席上ニ於テ軍並大使館ノ諒解ヲ得タリ

朝鮮向毎月一八千瓲ハ特粉、※二〇千瓲ハ一號粉此ノ一號粉ハ軍配給ニ依ルモノトス

(四)

寫　鑛務局長、港務局長、東京事務所長

軍管開灤總北一八第九一三號

昭和十八年十一月八日

　　　　　　　　　　　　　　　　　北京事務所長　永井克太郎

副經理　岩村仙彌殿

開灤炭下期物動計畫改訂ニ關スル件

十八年度下期對日、鮮、滿向開灤炭物動計畫左記ノ通リ改訂サレタル旨大使館礦山課ヨリ通知受ケタルニ付御連絡申上ク

(單位千瓲)

炭種	日本	朝鮮	滿洲
洗　粉 一五%	八〇		一五
特洗粉 一二%	四〇二		六五
一號粉	二〇八		一一七
特　粉		一一二	
一號塊			一六二
二號塊			二一六

（五）

寫　鑛務局長、港務局長

軍管開灤總北一八第一〇四七號

　昭和十八年十一月二十七日

　　　　　　　　　　　　　　　　　　　　　北京事務所長　永井克太郎

営業部長　余明德殿

　　　　　　　十二月對日、満、鮮向炭種ニ關スル件

　十二月對日、満、鮮向炭種ニ關シテ左ノ通リ軍輸送統制本部ヨリ指示アリタルニ付積出確保ニ御留意相煩度

　　記

　　對日　　特洗粉　　　　八五、〇〇〇
　　　　　　一號粉　　　　三五、〇〇〇
　　計　　　　　　　　　　一二〇、〇〇〇噸
　　對満　　特洗粉　　　　二〇、〇〇〇
　　　　　　一號塊　　　　三〇、〇〇〇
　　　　　　二號塊　　　　二九、〇〇〇
　　　　　　一號粉　　　　二四、二三〇
　　計　　　　　　　　　　一〇三、二三〇噸
　　對鮮　　特粉　　　　　一九、〇〇〇噸

　　　　　　　　　　　　　　　　　　　　　　　　　　　　　　　以上

（六）

寫　秦皇島港務局長

開灤七五〇三號

　昭和十九年四月十日

　　　　　　　　　　　　　　　　　　　　運營局營業部長　余明德

北京事務所長　永井克太郎殿

　　　　　　　四月分對日向輸出炭需給關係ニ關スル件

　首題ノ件ニ關シ左記ノ通リ開灤炭販賣會社ヨリ通知有之タルヲ以テ軍、大使館ニ連絡何分ノ指示願度

　　　　　　　　　電文（四月二十日附）

　最近八幡、釜石、昭和外需要工場皆北支炭入荷減ノタメ緊急状態ニ陷リ殊ニ四月現地配車計畫テハ到底作業維持出來ヌタメ大問題トナリ居リ、連日軍需省其他關係當局テ打開策ニ腐心シタル結果、四月開灤炭元山送リ取止メ

代リニ秦皇島ヘ七一千瓲送リ特別ロ配給ヲ含メ船ニテ積取ル事ニ決リタ、現地及ヒ關東軍宛連絡スルコトニナリタ」四月坑内及ヒ洗炭機修理ヲ延期サセル意見モ有力ナルモ椎名（?）總動員局長、山口石炭部長炭鑛視察ノ上考慮スルコトトナリタ」三月船四二千ヲ超ヘル分ハ取消ス

以上

（七）

寫　營業部長、北京事務所長、天津事務所長

〇――〇六七號

昭和十九年四月十二日

港務局長　柴田一美

運營局長　岩村仙彌殿

四月分對日向輸出炭ニ關スル件

首題ニ關スル貴局營業部長出北京事務所長宛四月十日附書面開灤七五〇三號（寫當局）御叅照被下度

右ニ據レバ開灤炭販賣會社ヨリノ入電（左記）ヲ移牒シ軍、大使館ニ連絡ノ上何分ノ指圖方要請シ居レリ

記

「最近八幡、釜石、昭和ノ外需要工場皆北支炭入荷滅ノ爲緊急狀態ニ陷リ殊ニ四月現在配車計畫ニテハ到底作業維持出來ヌ爲大問題トナリ居リ連日軍需省其他關係當局ニテ打開策ニ腐心シタル結果、四月開灤元山送リ取罷メ代リニ秦皇島ヘ七萬一千瓲送リ特別ロ配給ヲ含メ船ニテ積取ル事ニ決ツタ、現地及關東軍宛連絡スルコトニナツタ

四月坑内及洗炭機修理ヲ延期サセル意見モ有力ナルモ椎名總動員局長、山口石炭部長炭鑛視察ノ上考慮スルコトニナツタ

三月船四萬二千瓲ヲ超ヘル分ハ取消ス」

然ル處船舶運營會支那課ハ十一日附當地運營會駐在員宛左記ノ通リ架電シ來レリ

記

「四月計畫秦皇島釜石一八、〇〇〇瓲、川崎二二、〇〇〇瓲、橫濱七、〇〇〇瓲、計四七、〇〇〇瓲、別ニ特別增產用計畫物動外八幡三三、〇〇〇瓲、合計八〇、〇〇〇瓲」

兩者ヲ對比スルニ曩ノ開灤炭販賣會社發電以後中央ノ意見更ニ變化シ遂ニ本電ノ如ク實施スルコトニ決定シタルモノト想像セラル、然ル處更ニ□テ

四月一日以後ニ於ケル當港積出狀態ヲ見ルニ左ノ如シ

日昇丸	三、一〇〇瓱	大阪
榮城丸	一〇、二〇〇瓱	大阪
榮久丸	一〇、二〇〇瓱	廣畑
汐首丸	四、七四〇瓱	廣畑
成利號	一、五六〇瓱	若松
ラカルタ丸	一〇、四四四瓱	川崎
合計	四〇、二四四瓱	

右ノ内前記運營會ヨリノ電報ニヨル八萬屯ハ四月中新ニ輸出スルモノト解釋セラルル次第ナルガ本日入港豫定ノ飛鳥山丸積八幡向一〇、二〇〇瓱ニ對シテハ曩ニ貴方ニ增送方要請セル一號粉貯炭皆無ナル現狀ニアリ

御諒知ノ如ク現業機關ノ使命トシテハ常ニ相當ノ貯炭ヲ確保シ何時如何ナル配船ニ對シテモ之ニ即應シ得ルガ如キ態勢ヲ確立シ置キ戰□□□□ノ運航能率ヲシテ極度ニ昂上セシムルガ如ク努力スルハ正ニ當然ノ義務ナリ

然ルニ曩ニ當局ニ於テ陸送轉換ノ大方針確立以來ノ動向ヲ見ルニ現地ト東京中央當局トノ連絡密接ナラザルモノノ如ク運營會方面ヨリ來ル通信ニ依レバ當港ニ對シ相當ノ配船アルガ如ク解釋サルルニ拘ラズ現地輸送當局ヨリハ最近元山向ケ三萬屯ヲ當地向ケニ振リ替ヘタル以外何等當地向增送ノ指令ニ接セズ且事實上モ增送ノ傾向更ニナキコト御諒知ノ通リナリ。斯クテハ現業機關タル弊局トシテハ若シ前記ノ如キ配船アリタル場合如何ニ之ニ對處スベキヤ處置ナキ次第ナレバ、貴職ニ於テ至急北京當局ト打合セ若シ東京ヨリノ電報ガ真實ナレバ當地向ケ增送方緊急御取計ヒ願度此段申進ス

右ニ對シテハ本日不取敢電話ヲ以テ連絡シ置キタルニ付御既承ノ事トハ存ズルモ茲許確メ上グ

追而今後ノ配船ニ就テハ判明次第早刻電信ニテ御通知申上可シ

以上

（八）
電話連絡確メ

昭和十九年四月十九日

港務局長

運營局長殿

本日十時半貴職宛當方荒木局附ヲシテ左記ノ通リ連絡セシメタリ「月末迄ニ左記ノ通リ對日配船豫定當地運營會ヨリ通知アリタ

入港豫定日	船名	揚地	屯数	炭種
四月二十五日	日昇丸	名古屋	三、二〇〇	特洗粉
四月二十六日	利川丸	八幡	一一、二〇〇	一粉
四月二十六日	山照丸	川崎	一〇、五〇〇	特粉
四月二十八日	安利丸	吉浦	二、二〇〇	特粉
四月二十八日	大彰丸	八幡	一一、二〇〇	一粉
四月三十日	盧山丸	川崎	九、二〇〇	特粉
四月三十日	大寿丸	川崎	一一、二〇〇	特粉
四月三十日	飛鳥山丸	八幡	一一、二〇〇	一粉
			三、二〇〇	特洗粉
合計			三三、一〇〇	特粉
			三三、六〇〇	一粉

之ニ對スル本日貯炭高ハ

　　　　　　　　　四、五五七　　特洗粉
　　　　　　　　　一〇、六一六　特粉
　　　　　　　　　一四、七二四　一粉

ニシテ特粉及一粉ヲ至急増送アリタレ」

　　　　　　　　　　　　　　　　　　　　　以上

（九）

寫　鑛山課長殿、弊港務局長、北京事務所長
開灤六二五四號
昭和十九年四月二十六日
　　　　　　　　　軍管理開灤鑛務總局最高監督官　白川一雄
在北京大日本帝国大使館交通部長　長久保俊夫殿

満洲向解送炭ニ關スル件

拝啓　陳者過般當方亀井企畫部副部長貴部ヲ訪問ノ節南雲嘱託殿ヨリ御相談有之候満洲国営口ヨリノ坑木積取艀船ノ往航ヲ利用シ秦皇島ヨリ開灤炭積送ノ件御申聞通リ御請可致候就而右荷役ニ要スル埠頭設備ニ付左記ノ點是非御配慮賜度

右御請旁々御依頼申上候

　　　　　　　　　　　　　　　　　　　　　　　敬具

記

一、秦皇島港ノ現有埠頭設備ハ大型汽船ノ荷役ニ適スル様構築セルモノニテ

艀船ノ如キ舷側低キ船舶ノ直接繋留荷役ニハ不適當ニ付繋船台ヲ使用スル必要アリ、然ルニ之レカ築造ハ資材ノ關係上早急ノ實現ハ期シ難キヲ以テ差シ當リ貴方ノ御要請ニヨリ目下天津/塘沽間石炭輸送用トシテ華北石炭販賣公司ニ貸與中ノ當方艀船二隻ヲ之レニ引當テ使用致度ニ付匆急返還方御指示相煩度尚右艀船ハ此ノ外機帆船荷役ノ繋船台並ニ汽船焚料炭積並ニ空襲等萬一ノ事態ニ於ケル汽船沖積ニモ使用スルモノナリ

二、萬一右艀船ノ匆急返還叶ハサレ節ハ長サ約七五呎程度ノ浮棧橋壹個（小型ナレハ貳個）ヲ御物色ノ上融通方斡旋願度

　追而繋船設備ノ實現ヲ見ル迄ハ不取敢無設備ノ儘極力荷役ヲ可致候

再拜

第五章 档案概述与相关研究

第一节 秦皇岛港藏日本"军管"时期外文档案概述①

全世界以"二战"结束70周年纪念为契机，反思历史、正视历史、以史为鉴，作为抗日战争的主战场，国内在挖掘日本侵华的相关资料中，对于特定时期形成的档案资料的整理与研究已经是当前学界的重要趋势，而档案资料的原始性也为利用其进行历史还原奠定了基础。秦皇岛港史志科档案室所藏2000余卷近代档案史料中，保存着有关日本侵华时期的外文历史资料千余卷，具有非常重要的史料价值。

一、秦皇岛港藏日本"军管"时期外文档案资料的由来及其概况

秦皇岛港（以下简称秦港）是个天然的寄泊良港，自秦汉以来，逐渐形成军、渔、商用兼而有之的重要港口。1900年10月，英国以"开平矿务局"的名义骗取对秦皇岛港的统治权，占领其长达40多年。秦港档案也从此进入了外文时代②。1933年至1940年日本帝国主义步步加紧对中国侵略，英日在中国的矛盾日益尖锐。在此期间，开滦矿务总局英国资本家与侵华日军当局频繁接触，为了双方的特殊需要，英日互相勾结，逐步形成英日共同管理秦皇岛港的局面。③1941年12月8日，日本海军偷袭美国在太平洋的军事基地，接着又袭击英国在新加坡的战略要地，从此，爆发了太平洋战争。日本帝国主义借战争爆发之机，加紧对华控制，全面接收了秦皇岛港，对港口实行野蛮的法西斯统治。④秦皇岛港这批档案史料就是在历经百年磨难之后而形成的宝贵财富。现秦皇岛港史志科档案室保存着1900年至1952年期间的各类档案2782卷，其中文书档案2732卷、科技档案50卷，另有历史照片档案260张、各种资料380册。这批珍贵的近代档案中九成为外文档案，其中英文占80%，日文和法文共占10%。⑤秦皇岛港档案资料中涉及日本侵华时期的文书、信函等共约1602卷，主要是英文和日文档案，部分为中文档案。

---

① 本文曾发表于《兰台世界》2016年第2期，内容稍作改动。
② 王庆普：《秦港近代档案漫谈》，《档案天地》2009年第11期，第19页。
③ 黄景海等：《秦皇岛港史》，人民交通出版社，1985，第295页。
④ 黄景海等：《秦皇岛港史》，人民交通出版社，1985，第337页。
⑤ 王庆普：《秦港近代档案漫谈》，《档案天地》2009年第11期，第18页。

二、秦皇岛港藏日本"军管"时期外文档案资料的分类及其主要内容

由于所涉及的外文档案数量较大,笔者尚未能阅读所有档案资料,现依据秦皇岛港史志科档案室所编制的基础目录以及笔者所了解的部分档案内容对秦皇岛港藏日本"军管"时期(1941—1945)外文档案资料按照不同内容,分为8大类及其他若干类目:

(一)教育、卫生管理。此类档案包括:教育管理方面,日本"军管"时期秦皇岛开滦矿务局职工子弟学校校规、制度、教学情况、扩建学校事项以及教员雇用、任教、招聘等函件,日军为秦皇岛港职员开办英语、日语、华语学习班等相关事宜。卫生管理方面,预防各种传染病的规定、通知、布告等,开滦医院对外界医疗及收费办法,医务工作年度报告及相关年报,对日工以上人员进行身体检查事宜等。

(二)行政、人事管理。此类档案包括:行政管理方面,外籍职员填报私人财产的事宜及高级职员消费合作社事项及有关消费合作社账目,总局内部机构组织划分变动和经营方针,军管理时期职工任免、待遇等事宜,开滦移交日本军管理事宜等。人事管理方面,日本军管时期开滦总局下属各部门的机构设置情况,职员提职、增薪、调工作、退职、补贴、任免、待遇、请假、调动等事宜,秦皇岛经理处外籍职员学习中文的事项以及其他专项人事卷等。

(三)经营、业务管理。此类档案包括:经营管理方面,防止运往秦皇岛煤炭中途遗失的研究经过及商拟防止对策,开滦矿务局香港口岸有关业务往来、铁路堆存、货物咨询、开滦煤炭铁路运输合同、收费等情况,历年由秦运朝、蒙、日等地货物情况,日华交易中的处理方针及其细目资料,征求增产对策奖金等。业务管理方面,增产节约文件,关于德、荷、日等国船只的业务卷,为满洲化工实业公司供煤,关于柳江和长城两煤矿的资料,供售日商华北煤矿贩卖公司煤炭事宜,运往日本、朝鲜等地月计划和有关准备工作,向伪满轮运煤炭的指示电文等。

(四)技术、设备管理。此类档案包括:技术管理方面,上海、塘沽、秦皇岛装卸设备方案图纸,关于电车头的事故调查报告,机修厂增加设备和修建工作,关于电机车等各种车辆统计表、车辆使用的有关往来函电,拟建机械化码头事项,秦皇岛港口及耀华厂水分析情况及函件等。设备管理方面,订购物资的相关事项,审定在伦敦签订船运煤的标准合同事项,关于秦皇岛处机厂的成立和工作,电厂业务管理事宜等。

(五)物资、劳资管理。此类档案包括:物资管理方面,日本提出煤炭质量问题有关函件,每月向海关报送煤炭储量、品种之报表,对职工子弟学校、

文具物料供应的事项，采购和保管秦皇岛的库材指示，开滦矿务局秦皇岛经理处 1941—1945 年售品报单等。劳资管理方面，有关职工工资、补助金、生活补贴、特别津贴等通告，有关职员探亲假、职工储蓄金等事宜，职工职务编制表、工资单及月报，有关天津航政局在秦设机构事宜等。

（六）财会管理。此类档案包括：发放年终奖金的规定，会计处与英美烟草公司关于临时费用储备金、账项的事项，关于预算经费的开支管理办法，记载 1942 至 1944 年各年度、月度的财务收支情况，关于来秦外轮装卸费及租船等事宜，开滦煤矿总管理处秦皇岛经理处盘存核资文件，逾期未收回账款加收利息的事项，互助会会计制度，秦开滦经理处财务收支预算报单，关于向海关办理欠税的事项，为外单位代付款事项，秦经理处职工月煤运送费用月报单，开滦矿区在秦交纳关税办法等。

（七）船舶、营运管理。此类档案包括：船舶管理方面，开滦自有和租用船船务及营运情况，为日本川崎汽船公司杂货服务，船务人员有关各项管理的文件，关于秦皇岛港口船舶靠岸泊位安排情况，船务处历年报告、记载等。营运管理方面，军运和秦皇岛、葫芦岛司令部在秦活动情况，日军驻秦业务、账目往来函文，秦经理处向日本运煤的函件，由秦港存煤给日本及朝鲜用铁路运输，日统时期开滦免税煤炭供应满洲国，日"军管"时提高装卸效率对策，秦港转运东北和日本的进出口木材，日本军管时期在秦港运送军队事宜等。

（八）基建工程、房地产管理。此类档案包括：基建工程管理方面，关于改建沽码头的预算事项，关于调查建葫芦岛港（张学良和高级军官去调研），改建增建车务处、运输处、会计处、船务处办公室事宜，有关修建开滦小学事等。房地产管理方面，租地给日商三菱商事会社建房，购买民间土地发展地亩计划、地亩处月报、地亩处房租收费账目及出租房屋事宜，租给英、日商人房地事宜，日商借用仓库事，军管理开滦炭矿务局耕种地契约，租让地皮和轻轨给美兵营等。

（九）其他档案类目。1. 耀华专卷。耀华玻璃厂租地建筑纪事，供给耀华玻璃厂用电事宜，有关玻璃生产和财务管理，开滦局与耀华来往函件等。2. 电厂专卷。供应秦皇岛海关及电厂职工住宅用电事宜，对外供电情况等。3. 外国营盘。供给秦皇岛美国、法国、日本营盘用电、煤斤事宜，租给驻秦日军房地事项。4. 工人运动。工人代表和工会组织向经理提出各项改善意见的事项，关于职工被强征入伍的事项及职工被警察分所派赴"自卫团"训练事宜。5. 总经理通告。职工升级、任免、考试、房租等事务指示文件，日本军管时期开滦行政、人事等规定办法，行政事务人员选录、职工工资、生活福利、港口秩序、卫生防疫等内容。

（十）其他杂项类目。此类档案包括：质量、计划、安全、档案、生产、通信、港务、交通等管理以及军事运输，生活福利、气象资料、会议文件、与海关等外界往来卷等。

三、秦皇岛港藏日本"军管"时期外文档案资料的开发情况

秦皇岛港外文档案尽管曾聘请和组织人员进行过重点翻译和重新整理，但大部分外文案卷仍未翻译出来，影响了外文档案的进一步开发和利用。尤其专门针对日本"军管"时期外文档案的翻译与整理尚未进行，绝大部分档案一直未正式公布。又因为这批档案史料均为外文，需要研究者除具备扎实的史学、文献学等知识基础外，还需要一定的外语功底，故这批珍贵而丰富外文档案资料长期沉睡在秦皇岛港档案馆中迟迟未得到充分地利用。除有《秦皇岛港史》《秦皇岛港口志》《秦皇岛港口近代史图志》《秦皇岛港口史料汇辑》等几部相关史料性著作外，对秦皇岛港日本"军管"时期的专门研究尚未有成果问世。所以，这批外文档案的前景"任重而道远"，为进一步挖潜档案资源，必要时机，还要对大部分案卷展开一定规模的翻译工作。①

四、秦皇岛港藏日本"军管"时期外文档案资料的使用价值

（一）对学术界的价值。秦皇岛港日本侵华时期的外文档案记录了日本对华侵略的阴谋和罪行，这些珍贵而丰富的外文档案史料不仅有利于以更广阔的视角与此前的海外研究对话，而且为学术界提供了新的史料依据，对研究外交史、日本侵华史具有很高的学术价值。

（二）对中日关系的价值。战后几十年来，日本国内一直存在一些人，对侵略中国的史实，采取不负责任的态度。特别是进入20世纪80年代以来，又进一步发展到企图否定和歪曲历史的地步，所以使用日本侵略者自己的档案资料，还原日本侵华时期的历史真相，不仅是对安倍等右翼势力种种谬论的最有力回击，也可以为今后中日关系的健康发展起到一定的推动作用。

（三）对秦皇岛港的价值。秦皇岛港在民国时期特别在日军侵占时期的不寻常地位，使得这批档案具有重要的史料价值，开发对当前秦皇岛港建设有益的信息资料，为秦皇岛港未来的发展提供历史经验，从而产生一定的经济效益和社会效益。同时，也是为秦皇岛港务局提供对职工进行爱国爱港教育的教材。

---

① 王庆普：《秦港近代档案漫谈》，《档案天地》2009年第11期，第20页。

五、秦皇岛港藏日本"军管"时期外文档案资料的开发建议

秦皇岛港日本"军管"时期外文档案资料可以弥补同时期文史料的缺失，加强对这批外文档案的整理编目与翻译研究，已为当务之急，亟待学者与档案工作者的开发利用。随着历史档案翻译工作的深入开展，一些问题和困难也逐渐暴露出来，有些是亟待解决的问题。一是从事历史档案翻译工作的人才普遍较为缺乏，后继乏人现象比较严重。二是外文历史档案的整理编目基础普遍较差①。因此，首先，要在基本保持原来整理的基础上，编制外文档案目录标题最好采用原外文标题与中文标题并存的双语模式，从而既能保持原文的准确性，又能方便国内利用者使用。其次，加强对外文档案翻译工作的重视，档案管理部门应当与当地高校合作，共同开发与利用外文档案资源，从而建立优势互补的开发模式，使这批珍贵的档案资料能够尽快地为各界有效利用。

结　语

日本侵华给中华民族造成了不可估量的损失，中华民族应该在复兴路上前事不忘后事之师，进而奋发图强，争取实现伟大民族复兴的强国梦。台湾近代史学家陈三井先生说："档案史料是研究的基础，研究工作必须建立在这块基石之上。"②秦皇岛港日本"军管"时期的档案史料中存有大量反映当时情况的事实记录和数据，在当前的学术研究资料多以中文为主的背景下，这批外文档案具有重要的史料价值。

第二节　1941—1945 年日本日语教育研究实况
——基于日语教育振兴会机关刊物《日语》的考察③

自甲午战争中国被迫签下《马关条约》之后，日本占领中国的台湾地区，开始了殖民奴化教育体系的建构，之后又借助日俄战争和第一次世界大战，在"关东州"和"满铁"附属地开启全面殖民教育，"从而打下后来尤其伪满时期在整个东北地区全面推行殖民奴化教育的历史基础。"④1931 年，"九一八"

---

① 屈六生：《我国历史档案的翻译工作刍议》，《档案学研究》1991 年第 2 期，第 64 页。
② 《一位史学工作者的档案观——台湾近代史学家陈三井先生访问中国第一历史档案馆纪实》，《中国档案》1995 年第 7 期，第 9 页。
③ 本文曾发表于《东北亚外语研究》2021 年 3 月，内容稍作改动。
④ 曲铁华：《日本侵华殖民教育史料（第一卷）》，人民教育出版社，2016，第 2 页。

事变爆发，日本帝国主义占领中国东北，建立伪满洲国，至此，"日本在我国东北地区的殖民奴化教育体制和秩序已经完全确立，形成了包括各级各类教育机构的庞大教育体系"①。1937年，日本发动"七七"事变，开始全面侵华。次年，日本第一届近卫内阁随之提出"大东亚共荣圈"的构想，企图将日语普及推行至"大东亚共荣圈"全域。②1938年12月，日本内阁设立兴亚院，专门负责处理侵华事宜，与文部省共同致力于中国占领地的日语教育。"为完整实现'全面亡华'的既定国策，日本军事侵略势力对中国实行'分而治之'的政策，先后在华北、华东、蒙疆等地区扶植多个伪政权，并且利用这些伪政权来全面推行其殖民奴化教育政策……建立起全面亡华的奴化教育体系。"③当时整个中国占领区都处在日本"无孔不入"的殖民奴化教育体系之下，日本国内包括政治家、教育人士、军人在内的各界人士也表现出对"大东亚共荣圈"构想下普及日语的关切，最集中的体现则为热衷于日语教育研究。

一直以来，国内外对日本侵华殖民教育研究侧重从中国各地奴化教育实况、文化教育侵略政策等方面入手进行考察，而关于当时日本国内日语教育研究现状的成果尚待厘清，对当时有关资料的收集与分析尚需深入。《日语》④是当时日语教育振兴会发行的机关刊物，该刊"是以当时的日语教育为主要内容发行的刊物，即便现在，对了解战时日语教育实态也具有重要参考价值"⑤。该刊物"刊载了各界学者、文化人在侵略政策之下的日语观，明确了日本举全力在占领地实施皇民化教育的企图"⑥。

有鉴于此，本文利用《日语》作为研究对象，使用统计分析的方法，考察"大东亚共荣圈"构想下日语教育研究实况，梳理当时日本日语教育研究的主要特点及其刊物《日语》中存在的问题。这一工作对日本侵华时期奴化教育研究具有重要意义。目前，国内外学界对日语教育振兴会的研究多散见于日语

---

① 曲铁华：《日本侵华殖民教育史料（第一卷）》，人民教育出版社，2016，第3页。
② 多仁安代：『大東亜共栄圏と日本語』，勁草書房，2000，第2-3頁。本译文为笔者自译，其中"支那""大东亚共荣圈"等词，为保持所引资料原貌，采用直接对译。
③ 曲铁华：《日本侵华殖民教育史料（第一卷）》，人民教育出版社，2016，第3页。
④ 作为本节内容的研究对象，主要参考的是1985年由日本教育出版中心出版的《日语（复刻版）》。(日本語教育振興会：日本語（復刻版），教育出版センター1985。)
⑤ 関正昭、平高史也：『日本語教育史』，アルク，1997，第192頁。
⑥ 川瀬生郎：『日本語教育学序説』，日本図書刊行会，2001，第70-71頁。

教育史方面的著作以及为数不多的论文中。①中国国内关于刊物《日语》的研究尚不多见，截至目前，仅齐琼芝（2018）对《日语》进行了相对细致的研究，但其侧重点在于通过该刊物考察侵华时期日本对中国华北、华中地区实施日语教育的情况。在此基础上，本文旨在探究1941—1945年间日本国内日语教育研究的基本状况及其存在的问题，把握特殊历史时期日本国内对日语教育的认识与言论倾向，梳理当时日语教育研究的脉络及其特点，并探究这些特点产生的原因，进而在某种程度上为相关问题研究提供线索，同时，也希望对当前日语教育以及日语教育研究有所裨益。

一、《日语》创刊始末及栏目

"二战"爆发后，日本政府为推进"大东亚共荣圈"理念，应对战时体制需要，"意图在所有领域实现国民一体组织化"②。作为日语教育领域"官民一体"组织代表的日语教育振兴会应运而生。1940年12月，振兴会由兴亚院与文部省共同成立，纳入日语文化协会领导之下。1941年8月将日语教育振兴会作为文部省外围组织。日语教育振兴会就此成为当时最大的日语教育机构，其主要目的为：（1）对日语普及进行调查研究；（2）日语教学法研究；（3）日语教育资料的编写与发行；（4）召开日语教育相关的讲习会、讲演会；（5）发行日语教育振兴方面的刊物。该组织由会长（文部大臣）、副会长（文部次官、兴亚院文化部长）、理事长（文部省图书局局长）、顾问、理事、评议员（各界）以及总主事（西尾实）、主事（长沼直兄等）、书记、研究员等组成。③日语教育振兴会并非单纯致力于提高日语教育质量、研究日语教学方法、编纂日语教科书等而建，而是为加速实现"大东亚共荣圈"，普及日语而设立的机

---

① 相关成果主要有：王士花.2004.华北沦陷区教育概述[J].抗日战争研究，（3）：79—101；陈林俊许长明.2019.近代日本在华所用日语教科书研究——以文部省统编教材《日语》为例[J].日语学习与研究，（3）：77—84；関正昭平高史也.1997.日本語教育史[M].東京：アルク；田中寛.2015.戦時期における日本語・日本語教育論[M].東京：ひつじ書房；鈴木泰.2015.日本語教育振興会刊"ハナシコトバ"における仮名遣：日本語教科用図書調査会における審議経過をめぐって[J].専修大学人文科学研究所月報，（279）：89—94；長谷川恒雄.2009.日本語教育史の中の"財団法人言語文化研究所・長沼直兄・日本語教師連盟"[J].日本語教育研究，（55）：2-37；河路由佳.2007.長沼直兄による敗戦直後の日本語教師養成講座—1945年度後半・"日本語教育振興会"から"言語文化研究所"[J].日本語教育研究，（52）：1—33；河路由佳.2008.長沼直兄による戦後早期のための調査研究—1945年—1946"日本語教育振興会"から"言語文化研究所"へ（その2）[J].日本語教育研究，（53）：1—43；五味政信.1987.戦前の日本語教育と"日本語教育振興会"[C].東京：日本語学校論集，（14）：155—172；吉岡英幸.2001.松宮弥平の『日本語会話』と日本語教授法観[J].早稲田大学日本語研究教育センター——紀要，（14）：103—122.
② 五味政信：『戦前の日本語教育と「日本語教育振興会」』，『日本語学校論集（14）』，東京外国語大学外国語学部附属日本語学校，1987，第161頁.
③ 日本語教育学会：『日本語教育事典』，大修館書店，1997，第724-725頁.

构。① 对于日语教育振兴会而言,发行刊物《日语》是其工作重点之一。该刊物为月刊,于 1941 年 4 月创刊,直至 1945 年 1 月停刊,共发行 45 期。本文使用的资料为其复刻版,共计 5 卷,其中,第 1 卷共 8 期(11 月未出刊),第 2、3、4 卷又分为上、下两卷,上、下卷各 6 期,每卷各 12 期,第 5 卷仅 1 期,总计 45 期。第 1 卷第 1 期(1941 年 4 月)至第 4 卷第 6 期(1944 年 6 月),由福田恒存担任编辑工作,第 4 卷第 7 期(1944 年 7 月)直至停刊由长沼直兄负责。该刊主要栏目有:刊首语、通信、随笔、现地特辑、座谈会、书评、日语教室、读物、机构介绍等。收录包括书评在内的论文 422 篇(未包括随笔、散文、通信、文献目录、座谈会实录等非论文体裁)。本文的研究对象不包括刊首语、通信、读物、随笔、座谈会、文献目录、机构介绍等非论文体裁。

二、《日语》刊载的内容

该刊所载论文既有语言研究,又有教育实践研究,研究对象与内容多样,且具有明显侧重,大致可以归纳为语言知识与文化研究、语言技能与教育教学研究、其他研究三类。

(一)语言知识与文化研究

此类研究包括:语音、文字(表记)、词汇、语法、语感、文化、历史及人物等方面。具体各类相关论文数量如下表 1。

表 1 语言知识、文化方面论文数量

语音	文字·表记	词汇	语法	语感	文化	历史	人物	总计
17	20	12	36	12	13	9	6	125

由表 1 可以看出,关于语音、文字、词汇、语法、语感等语言知识方面的成果相对较多,共计 97 篇。其中关于语感方面的研究较为集中,仅在 1943 年第 8 期中,专门刊载语感方面的论文就有 12 篇。文化、历史等方面的研究成果极其有限,尤其文学方面的研究更为欠缺。

综上,该时期关于语言知识方面的成果较多,文化、历史类研究成果之所以鲜见,一方面与《日语》作为语言类期刊的定位有关,另一方面,在某种程度上,也反映了当时日本对殖民统治地区进行语言普及急于求成的心态,一味注重语言本身的普及,从而忽视了人文知识在语言学习中的重要作用。

---

① 齐琼芝:《日本对中国华北·华中地区实施的日语教育——基于"日语教育振兴会"的机关杂志〈日本语〉的考察》,东北师范大学硕士论文,2018。

（二）语言技能与教育教学研究

此类研究包括：听力、会话、翻译、阅读等语言技能以及教学、教师、教材、殖民统治地区教育实践与政策等。具体各类相关论文数量如下表2。

表2　语言技能、教育教学及其他方面论文数量

听力	会话	翻译	阅读	写作	教学	教师	教材	殖民统治地区教育	外语	书评	普及政策	总计
2	4	1	3	1	56	13	19	55	17	37	57	265

通过表2可知，除日语普及政策方面的研究外，最受关注的莫过于关于各殖民地日语教育状况方面的成果。1944年第4卷第4期，刊物封面载有"当地特辑号"字样，整版以各殖民统治地区日语教育诸问题的研究为主。除此之外，其他各期对殖民统治地区日语教育实践的研究也均有所涉及，研究的侧重也反映了成果政治色彩浓厚。相关研究成果见表3。

表3　殖民统治地区日语教育实践研究明细

序号	作者	论文题目	年份·期号
1	前田熙胤	満州に於ける日本語教育の私観	1941年第5期
2	金丸四郎	台湾に於ける国語教育	1942年第1期
3	曽我孝之	蒙疆に於ける日本語教育の諸問題	1943年第7期
4	山県三千雄	泰國に於ける言語上の諸問題－日本語普及の為の参考として－	1944年第1期
5	飯田忠	ビルマの教育	1945年第1期

此类研究多从宏观梳理各殖民地统治地区日语普及状况，也有对日语普及过程中出现的一些问题的指正与反省。如将教学、教师、教材等具体问题的相关论文包含在各殖民统治地区教育论文内计算，多达154篇。其中，关于教学方面的论文数量较多，将听、说、读、写、译方面的成果纳入其中计算，共达67篇。这些研究既有宏观把握又有微观探究，且研究视角多样。兹列表4如下。

表4　殖民统治地区日语教学相关研究明细

序号	作者	论文题目	年份・期号
1	堀敏夫	満州国に於ける日本語教授の動向	1941年第1期
2	山口喜一郎	日本語教授法序説	1942年第1期
3	铃木正藏	日本語を教へてみて-中国人とアクセント	1942年第4期
4	大出正笃	日本語教授の効果に就いての考察-日本語教室漫言其の四-	1942年第6期
5	深泽泉	語法教授私見	1943年第2期
6	柴田明德	日本語教授雜感	1944年第2期

其中，颇受关注的则为关于日语教学法的论争，即大出正笃与山口喜一郎的学生日野成美之间的论争。大出正笃[①]将日语教学法分为对译式教学法、阅读理解式教学法、会话式教学法、速成式教学法四种，并对速成式教学法较为提倡。日野成美[②]则认为，大出正笃以便利主义为主的"对译法"不可取，日语教学应采取完全不使用母语的"直接法"，虽批评犀利，但缺少翔实论据，主观意识较强。因此，大出正笃[③]对日野的观点进行了批驳，否认了自己主张的教学方法为"对译法"，与日野成美或者说与山口喜一郎形成相对立的立场和观点。可见，相关学者对殖民地日语普及中日语教学法的重视，同时，也反映在日语普及过程中教学法是重大难点之一。

相较于语言知识、文化方面的研究，关于语言技能方面的研究成果要薄弱得多。具体细目见表5。

表5　听、说、读、写、译等语言技能相关研究明细

	序号	作者	论文题目	年份・期号
听力	1	前田熙胤	四分科中の一分科として聴方指導の實際（一）	1942年第2号
	2	前田熙胤	四分科中の一分科として聴方指導の實際（二）	1942年第3号

[①] 大出正篤：『日本語の南進と対応策の急務』，『日本語(5)』，1942，第64頁。
[②] 日野成美：『対訳法の論拠-その特色』，『日本語(6)』，1942，第66頁。
[③] 大出正篤：『日野氏の"対訳法の論拠"を読みて』，『日本語(7)』，1942，第19-28頁。

续表

	序号	作者	论文题目	年份·期号
会话	3	日野成美	或る会話教授の批判	1941年第8号
	4	前田熙胤	四分科中の一分科として話方指導の実際	1943年第5号
	5	前田熙胤	話方指導について（二）	1943年第7号
	6	前田熙胤	話方指導について（三）	1943年第9号
翻译	7	高橋義孝	翻譯と日本語	1942年第9号
阅读	8	松宮弥平	日本語教授に於ける読みの基本工作	1942年第2号
	9	久保一良	後期に於ける讀方科指導過程の研究	1942年第6号
	10	太田幸善	異民族に対する日本語讀み指導	1943年第4号
写作	11	久保一良	作文指導	1944年第6号

由表5可知，为数较少的学者关注听、说、读、写、译的分类指导，且该类研究多为从教学法角度入手。其中，关于会话与阅读教学法的研究数量相对较多，说明当时分门别类对语言技能方面的研究意识尚不充分，但较为注重日语教育过程中说与读等较实用技能的培养。

(三) 其他研究

除语言知识、文化研究与语言技能研究外，其他方面的研究有：语言学（16篇）、外国日语研究综述（4篇）、辞书研究（2篇）、留学生教育（4篇）等，数量尽管有限，但在某种程度上反映了当时日本对日语教育相关问题关注范围的广度。除语言学相关研究外，各类论文详细条目如表6。

表6 其他各类研究明细

研究内容	作者	论文题目	年份·期号
外国日语研究综述	波番伊江能	外国人の日本語研究（ハンガリー）	1941年第1期
	实藤惠秀	支那人日本研究	1942年第10期
	菊冲德平	支那人の日本語研究	1943年第4期
	菊冲德平	中国人の日本語研究	1944年第3期
辞书研究	伊藤弥太郎	漢和辞典論	1942年第12期
	白石大二	現代日本語の辞書的研究	1943年第9期

续表

研究内容	作者	论文题目	年份·期号
留学生教育研究	有贺宪三	隣邦留学生に対する日本語教授	1942年第2期
	丸山清子	女子留学生の日本語教育に携わって	1942年第11期
	五味智英	満華留学生と古典教育	1943年第9期
	木村新	中華民国留学生のための高等学校教育	1944年第2期

可以说，《日语》关注本国日语教育研究的同时，还能够适时总结国外的研究概况；既关注殖民统治地区日语教育，也热衷于留学生教育现状与策略研究。除此之外，另一大特点是非常注重文献目录的编写，刊中连载有：日语教学参考文献、国语教育参考文献、中国日语研究文献目录、东南亚参考文献目录、中国基督教相关文献等。这有利于学术界及时掌握学术动态，也便于进行学术研究。

综上，《日语》所载论文研究角度多样，研究内容丰富。其中，刊载语言知识方面论文共计97篇，语言技能方面论文11篇，从数量上看，这一时期的研究明显更侧重于前者。但在此基础上，对于提高语言技能的教学法、师资、教材等方面的研究成果突出，共计99篇。因此，可以说该时期更重视语言知识以及教学相关的研究，相较而言，对语言技能方面的研究不足。"在东亚建立共荣圈，建设世界新秩序的道路上，对于当代日本人来说，面临的最重要问题就是确立坚定的方针……普及日语、振兴日语教育是我辈不断努力的重中之重……故出于振兴日语教育振兴会、普及日语以及日语教育实践之需要，发行日语教育振兴会机关刊物《日语》。"① 以语言知识普及为根本，重视教学实践看似符合《日语》创刊的主要目标，但语言运用是语言学习的重要目的之一，忽视语言技能培养是日语教育的失误。除此之外，未见文学、考试以及课程设置等方面的研究成果。

三、《日语》的总体特征

通过统计与分析，我们发现《日语》总体上具有如下显著特征：

（一）成果数量较多

该刊物共刊登论文422篇，各卷论文篇数统计如下表7：

---

① 松尾長造：『発刊の辞』，『日本語(1)』，1941，第4頁。

表7 各年、各卷论文数量

年份	1941	1942		1943		1944		1945
卷号	第1卷	第2卷上	第2卷下	第3卷上	第3卷下	第4卷上	第4卷下	第5卷
论文数	77	71	61	56	60	52	39	6

从表7可以看出，第1卷至第5卷论文总篇数分别为77篇（8期）、132篇（12期）、116篇（12期）、91篇（12期）、6篇（1期），论文篇数从1941年至1945年基本呈递减趋势。1942年共计132篇，居首位，可以说是当时日本日语教育研究的鼎盛时期。自1944年下卷开始，论文数量大幅减少，其原因与当时日本面临严峻的战争形势不无关联。自1944年，日军虽然围绕着增援太平洋战争和打通中国大陆交通线的任务进行了战略调整，但随着美军在欧洲登陆，加上经过多年的对外扩张战争，最终陷入了军力无以为继的困境，开始急速走下坡路。太平洋战场上的惨败，为其彻底失败敲响丧钟。因此，作为战时体制重要组成部分的日语殖民教育难以为继亦属必然。可以推知该时期的日语教育研究与当时日本军国主义从扩张到失败的时代背景密切相关。

（二）论证与编辑严谨性欠缺

在诸多内容中，感想性、评论性文章较多。如："教員教養所生活の回想"（林米子，第1卷第5期）；"日本語の東亜進出に関する一感想"（吉田三郎，第1卷第8期）；"反省を要する事ども"（大西雅雄，第2卷第7期）等。部分论文无参考文献，编辑的严密性有限，即便最基本的目录也多处有误，如：1942年第7期，目录中写作"支那のキリスト教に関する文献（三）"，按照前一期类推，应为"支那のキリスト教に関する文献（四）"（岩村认）；1942年第2期，原目录误编为"中国日本語研究文献目録（二）"，应为"中国日本語研究文献目録（三）"（菊冲德平）；1942年第3期，原目录误编为"中国日本語研究文献目録（四）"，实则应为"中国日本語研究文献目録（五）"（菊冲德平）。另外，目录中题目与原文题目不一致现象也存在：如：1942年第10期，目录题为"支那人日本語研究"，正文题目为"支那人の見たる日本語"（实藤惠秀）等。编辑的不严谨性也从另一侧面反映和影响了刊物的质量。

（三）作者身份各异

同一作者发表多篇论文的现象较多。在总45期中发表过两篇论文者有：加藤春城、实藤惠秀、保井克己、时枝诚记、小泉苓三、吉泽义则、服部四郎、東条操、中岛惟一、吉田三郎。发表过 3 篇论文者有：久保一良、三井正雄、佐佐木达、皆川三郎、小泉苓三、小林英夫、三宅武郎、德泽龙谭、中村通夫、岩渊悦太郎、有贺宪三、松尾舍治郎、西尾实、久松潜一、相良惟一、真下三郎、小仓进平、川见驹太郎、森田孝、安藤正次。发表过 4 篇及以上论文的作者及数量见表 8。

表 8　论文作者及数量

作者	论文数	作者	论文数	作者	论文数	作者	论文数	作者	论文数
大出正笃	13	大石初太郎	7	广濑泰三	6	大久保正太郎	5	深泽泉	4
长沼直兄	10	菊冲德平	7	楳垣实	6	堀敏夫	4	森田梧郎	4
汤泽幸吉郎	10	春山行夫	7	篠原利逸	5	笕五百里	4	佐久问鼎	4
日野成美	9	前田熙胤	6	关野房夫	5	益田信夫	4	钉本久春	4
岩村认	9	白石大二	6	玉井茂	5	松宫弥平	4	志田延义	4
山口喜一郎	8	爱弥儿·利特尔	6	長谷川如是闲	5	来岛眷吾	4		

由表 8 可知，该时期发表论文数量较多者依次为：大出正笃、长沼直兄、汤泽幸吉郎、日野成美、岩村认、山口喜一郎、大石初太郎、菊冲德平、春山行夫等。其中，发表论文数量最多的大出正笃既为日语教育研究者又为日语教育实践者，曾先后任当时汉城师范学校附属普通学校国语主任、大出日语研究所所长（奉天），执教于朝鲜及中国台湾与伪满，是"速成式教学法"的倡导者，殖民地日语教育经验丰富[1]。发表数量次之的长沼直兄，1923 年至 1940 年任美国大使馆日语教官，1939 年曾任文部省特约顾问，从事面向中国及东南亚地区教科书编纂、培训派往殖民统治地区的日语教师等工作。1941 年任日语教育振兴会理事，致力于战时日语辞典、学习语法书等编纂工作。《日语》创刊之初时常发表一些关于日语普及政策相关言论。汤泽幸吉郎既为日语研究者，同时，受文部省之命任日语教育振兴会评议员。日野成美为新民学院教授山口喜一郎的学生，主要从事日语教学法及教材研究，其最为著名的当数与大

---

[1] 渕上香保里：『大出正篤と日野成美の教授法論争について—"日本語"を中心にして』，『福岡 YWCA 日本語教育論文集 (8)』，福岡 YWCA，1998，第 17 頁。

出正笃之间关于"直接法"和"对译法"的学术论争。岩村认是从事中国历史研究的学者。新民学院教授山口喜一郎的另一身份是日语教育振兴会评议员，曾先后在台湾、"关东州"、伪满以及朝鲜等地从事日语教育与日语教师培训等工作，开发了活用"古安法"的"直接法"①。除此之外，还有些作者撰写了连载论文。部分具体论文明细见下表9。

表9 连载论文明细

序号	作者	论文题目	年份·期号
1	中村通夫	東京語の問題（一）（二）（三）	1941年第5期、第6期、第7期
2	山口喜一郎	日本語教授法序説	1942年第1期
		自国語と外国語-日本語教授法その二	1942年第3期
		外国語教習の可能である根拠-日本語教授法序説その三	1942年第4期
3	川見駒太郎	台湾に於て使用される国語の複雑性（一）（二）	1942年第3期、第4期
4	大出正篤	日本語教室漫言（一）（二）	1942年第1期、第2期
5	来島春吾	誤り易き発音に関する調査（一）（二）（三）	1942年第2期、第3期、第4期
6	関野房夫	蒙古人教育の実情（一）（二）	1942年第3期、第4期
7	德澤龍譚	民族力の発動について（一）	1942年第5期
		民族と植民-民族力の発動についてその二	1942年第6期
		民族と戦争-民族力の発動その三	1942年第8期
8	益田信夫	直接法と教材（一）（二）	1942年第6期、第7期
9	日野成美	数教材の特徴とその指導案（一）（二）（三）	1942年第9期、第10期、第11期
10	筧五百里	中国人に誤りは把握せられてゐる日本語の発音（一）（二）（三）（完）	1944年第3期、第5期、第6期、第9期

---

① 木村宗男：『山口喜一郎—人物日本語教育史』，『日本語教育 (60)』，1986，第54-64頁。

从表9中可以看出研究者十分重视所研究内容的系统性和连贯性。

作者中亦不乏日本本土以外学者的成果，如：柯政和（中国）、爱弥尔·利特尔（エミール・リットレ，法国）、新德思·弗拉热尔（ハインンツ・フリューゲル，德国）分别发表了以华北日语教育、法语史概说（田岛让治译）、语言的本质（鹈川义之助抄译）为题的论文。表面看似体现了《日语》某种程度的国际化与学术包容性，但事实上撰文作者均为"亲日"派。

作者中既有日语教育实践经验丰富者，如上文提及的长沼直兄、大出正笃、山口喜一郎，也有对日语教育发挥重要作用的松宫弥平，曾参与创立日语文化学校，并任教务主任，1932年任该校日语教学研究所所长，一直在日本国内从事日语教学工作。无直接教授外国人日语经验者亦有之，如松尾舍治郎，战前曾任日语教育振兴会评议员，对日语的海外普及极其关心，但未从事过日语教育实践。还有部分国语学者也表现出对日语教育的极大关心，代表人物有钉本久春、石黑修等。参与侵华策略的日本当局军政官员亦不乏见，如中央气象台长藤原咲平、文部省教学官志田延义、陆军司政官胜吕弘、日本电影社调查部长川名完次等均有文章发表。由此可以判断，《日语》并非是单纯的学术舞台，而是政府控制下以"大东亚共荣圈"为幻想的意念集散地。正如日语教育振兴会委员长松尾长造①在《日语》发刊词中所言："我们的课题从本质上规定和要求以大东亚文化圈的确立为目标，我们必须认识到，推广日语就是我们整个实践的重要途径。普及日语、振兴日语教育是我们不懈努力追求的最大目标。"

（四）政治意图浓厚

《日语》中关于日语普及政策方面的研究达57篇之多。如："日本語の海外発展策"（小仓进平，1941年第1期）；"日本語の南進と対応策の急務"（大出正笃，1942年第5期）；"東亜文化圏建設の倫理"（志村陆城，1943年第1期）；"教育戦力化の施策と目標"（伊藤日出登，1944年第7期）等。多为吹捧大东亚共荣圈的合理性以及日语普及政策的实施要义之类文章，政治意味相当浓厚。如大出正笃在"大陸に於ける日本語教授の概況"一文中所述："近来，日本国内甚为关心日语于海外之发展，着实可喜。此种关注多集中于亚洲大陆之日语教育，亦属理应之事。其故为'大东亚共荣圈的建设应自日语教育始'"。②除此之外，此类涉及政治意图的论文集中于文化、历史方面。相关论文详细条目见下表10和表11。

---

① 松尾長造：『発刊の辞』，『日本語 (1)』，1941，第5頁。
② 大出正篤：『大陸に於ける日本語教授の概況』，『日本語 (3)』，1941，第22頁。

表10　文化相关研究明细（按论文发表时间顺序）

序号	作者	论文题目	年份·期号
1	久松潜一	日本文化の東亜進出に就いて	1942年第1号
2	玉井茂	日本文化の大陸普及について	1942年第1号
3	湯山清	文化戦士に対する銃後施設	1942年第1号
4	岡本千万太郎	日本語教育と日本文化	1942年第3号
5	松宮一也	共栄圏文化の拡充と日本語	1942年第5号
6	長興善郎	日本語文化の使命と大東亜戦	1942年第8号
7	清水幾太郎	南方の宗教生活	1943年第2号
8	小沼洋夫	文化と教育―大東亜教育理念に関連して―	1943年第5号
9	相良惟一	對支新政策と文化施策	1943年第10号
10	玉井茂	大東亜文化の道―文化の交流と統一	1944年第4号
11	坂西志保	中南米に対する合衆國の文化政策	1944年第9号
12	中野好夫	敵性文化の査問アメリカ	1944年第11号
13	玉井茂	敵性文化の査問イギリス	1944年第11号

如表10所示，关于文化方面的论文数量不多，也没有对文化本身的深层探究，多局限于对日本文化普及的吹捧和对殖民统治地区普及政策的建议。因此，此类论文与其说是文化研究，不如说是对外扩张文化政策研究。关于历史方面研究成果罗列如表11。

表11　历史相关研究明细（按论文发表时间顺序）

序号	作者	论文题目	年份·期号
1	森田梧郎	国語の歴史的現実	1941年第2号
2	柳田謙十郎	言語の歴史的形成	1941年第5号
3	遠藤嘉基	国語自覚史の一頁	1941年第6号
4	吉田三郎	大東亜史の構想	1942年第6号
5	鈴木俊	西力東進の史的段階	1942年第6号
6	向井淳郎	幕末先覚者の東亜経綸策	1942年第6号

续表

序号	作者	论文题目	年份·期号
7	杉勇	オリエントの歴史的意義	1942 年第 7 号
8	遠藤嘉基	国語史の課題-民俗学的方法との連関について	1943 年第 12 号
9	柳田泉	言文一致の歴史	1943 年第 12 号

如表 11 所示，为数不多的成果集中于语言史方面，对于"大东亚史"的主观臆想之文也在其中，且多发表于 1941 年和 1942 年间，此类研究多为宏观叙事，鲜有对于具体历史问题的具体分析。

四、结语

在"大东亚共荣圈"掩饰下对东亚的"文教掠夺是日本帝国主义侵略政策的重要组成部分，与军事占领、民族压迫、经济掠夺相比，这种行径更狡猾、更毒辣、更隐蔽、后果也更严重"。① 而这些政策的背后，存在着不可或缺的智囊工具，《日语》便为其中之一。兴亚院和文部省控制下的日语教育振兴会是日本文化侵略的策划与帮扶机关，其设立目的为辅助政府在殖民地完成日语普及，从而实现"大东亚共荣圈"的美梦。该刊则为隶属于兴亚院与文部省的军国主义思想统御下的刊物。因此，注定摆脱不了为日本侵略野心服务的本质，也无法成为纯粹的学术刊物，而是日本进行文化侵略的载体之一。换言之，该刊为当时特定历史条件下衍生的非学术或伪学术杂志。尽管该时期日本的日语教育研究呈现了视野多样、内容丰富的特点，通过《日语》为热衷于当时日语教育的研究者提供了交流平台。但受时代背景所限，研究内容与目的与日本军国主义的行为理念紧密相连，该时期日本的日语教育研究直接服务于侵略战争，很多文化人、语言学家、日语专家不过在为日本对外侵略时期的日语普及提供一定策略选择，即为殖民地日语教育出谋划策。研究忽视了对于日语语言本身以及日语教育的良性发展。我们更应看到在战时体制化背景下，限制了学术自由，由于大部分作者和编辑者为日本"大东亚共荣圈"和军国主义的吹捧者，战后成为右翼分子。如任《日语》第一任编辑的福田恒存，为日本昭和—平成时代的剧作家、评论家，战后成为批判和平论、国语改革论等思想的右翼分子。专注于语言研究与语言教育研究者甚少，研究目的的

---

① 刘兆伟：《论日本侵略者对中国文化教育的摧残与掠夺》，《河北师范大学学报（教育科学版）》2005 年第 4 期，第 18 页。

非正当性，注定对于日语教育研究本身的贡献极为有限。同时，通过以上分析，可以看出，日语教育史研究不仅要做好历史陈述，在此基础上还需真实还原语言背景下的历史事态，多视角剖析日语教育这一侵略、同化最厉害的手段。

第三节　日军侵占时期秦皇岛港语学讲习会所用日语教科书
——以《日本语读本》和《效果的速成式标准日本语读本》为主的考察[①]

目前，在国内日本侵华时期日语教育的相关研究成果中，日语普及政策与奴化教育较受学界关注。相关研究成果除有以余子侠等（2005）、齐红深（2004）、武强（1994）、王野平等（1989）为代表的一系列成果外，在日本，关于日语教育史的专门研究也很盛行，内容涉及教学法、教科书、师资培养等方面。主要研究成果有田中佑辅（2015）、田中宽（2015）、多仁安代（2000）、关正昭（1997）、关正昭等（1997）等。其中，有关大出正笃和《效果的速成式标准日本语读本》[②]的研究为数不少，包括前田均（2005）、荒川みどり（2013・2015）和坂田笃义（2015），此类研究大多着眼于教学法，关于学习效果的实证研究较为少见。另一方面，虽然国内关于日本侵华教育史研究成果较为丰富，但以日军占领地区的日语教育为中心的研究仍显不足，对占领区日语教科书进行的详细研究较为薄弱，特别是有关大出正笃和《效果的速成式标准日本语读本》的研究尚待深入。因此，通过比较分析秦皇岛港日语讲习会使用的《效果的速成式标准日本语读本》（全4卷）和《日本语读本》（全5卷）[③]两种日语教材，围绕教材想要传达的内容，想要培养学习者能力的范畴展开论述。探讨两种教科书的特点和使用效果，以此究明日军在侵占时期以秦皇岛港中国职员为对象的日语教育实况。

一、秦皇岛港语学讲习会
（一）语学讲习会的开设与实况

1941年12月8日，太平洋战争爆发，日军全面占领秦皇岛港。同年，日

[①] 本文曾发表于2019年3月日本文教大学「言語と文化」第31号。原文用日文撰写，本译文题目和内容略有改动。
[②] 『效果的速成式標準日本語読本』为笔者所藏，教材名采用直译；『效果的速成式標準日本語読本学習指導綱要』为日本语言文化研究所翻印本。
[③] 日本语教育振兴会编著『日本語読本』（全5卷）为东京外国语大学收藏馆所藏，教材名采用直译。

本第 76 届帝国议会开幕。日语在日军占领区被作为通用语，或者说公用语，从海外普及的角度逐渐被重视①。通过强制殖民地人民使用日语来谋求皇民化，是日本的目的之一②。日语教育作为中国被占领地区的日语扩大政策，受到日本政府高度重视。华北作为中国被占领地区的日语教育中心，在此，围绕直接法和对译法的教学效果展开争论③。总结有关殖民统治区和中国被占领地区日语教学法的已有研究，其共同点为在该地区实行的直接法剥夺了学习者的母语，是一种语言侵略④。从秦皇岛"港务局自去年 7 月开始对中级职员进行日语讲习以来，已满 1 年，于今年 7 月 3 日举行初等科结业式。当初参加讲习者 133 人，初等科结业者为 61 人，落后者为 72 人，深感遗憾⑤"可知，秦皇岛港的语学讲习会于昭和 17 年（1942 年）7 月开始开展对中级职员的讲习，但因秦皇岛港的日语教育主要对象为中高龄群体，所以效果不甚理想。

（二）语学讲习会所用教科书概况

语言讲习会开办之初使用了以下教科书。

初等科一年　会话　《口语》 东亚同文会发行上、中、下
　　　　　　阅读　《日本语读本》 日语教育振兴会发行卷一、二
普通科两年　会话　一级会话（重点在于成为业务上的参考）
　　　　　　阅读　《日本语读本》 卷三、四、五、六
　　　　　　作文　汉译日、自由作文、书信文⑥

1944 年 9 月 27 日，秦皇岛港务局的荒木忠次郎联络总务局总务部学务处的饭塚计作，内容为："由于港务局历来使用《日本语读本》（日语教育振兴会编纂），故先前的考试合格者甚少，倍感遗憾。对于初学者而言，试题出自教科书外，结果有所不同。我方今后也有意使用《效果的速成式标准日本语读本》，但在本地实难买到，故请速将《效果的速成式标准日本语读本》卷 1，30 本；卷 2，25 本；卷 3，8 本邮寄至我方。⑦"由此可知，此时秦皇岛港已有更换教科书的诉求。

---

① 多仁安代：『大東亜共栄圏と日本語』，勁草書房，2000，第 4 頁。
② 多仁安代：『大東亜共栄圏と日本語』，勁草書房，2000，第 12 頁。
③ 多仁安代：『大東亜共栄圏と日本語』，勁草書房，2000，第 18 頁。
④ 多仁安代：『大東亜共栄圏と日本語』，勁草書房，2000，第 19 頁。
⑤ "港务局日语讲习会"（1943 年），秦皇岛港史杂志科档案室收藏开滦外国语档案教育管理卷，关于日语讲习会件，现卷号 5286。
⑥ "港务局日语日语讲习会"（1943 年），秦皇岛港史杂志科档案室藏开滦外文档案教育管理卷，关于日语讲习会的，现卷号 5286。
⑦ 秦皇岛港史杂志科档案室藏开滦外文档案教育管理卷，关于日语讲习会，现卷号 5286。

二、日语教育振兴会①编著《日本语读本》

1941年，日语大幅改动以往的历史假名用法，趋近于现代假名用法，与从1940年开始的用语简化、限制汉字一起，共同实现日语全体简化②。另外，该时期根据源自皇国史观的排斥外来语方针，由「氷すべり」替代「スケート」、「鎧球」替代「アメリカン・フットボール」等替换外来语的风潮日益高涨③。

设立日语教育振兴会的目的之一为编纂出版教科书。顺应上述形势，从1941年到1943年发行了《日本语读本》全5卷，主要面向中国大陆，为在初等教育时期通过正规的日语学习，已掌握口语者能够继续学习书面语而编写。《日本语读本》附有学习指导书，授课时间理论上以每周学习3小时为标准编纂而成。内容包括日本人的生活，尤其是儿童生活、儿童心理，还收录了"善邻友好""日中互助"等相关内容，使用历史假名用法。教材重视使用插图，将其作为教材场景的瞬间描写而进行活用，以求能够有助于教室内的口语练习。此外，还使用了「ガ」行鼻浊音、无声化元音符号。

三、大出正笃和《效果的速成式标准日本语读本》

（一）大出正笃

1922年，担任大连满铁教育研究所讲师的大出正笃成为南满洲教育会教科书编辑部的首任主任，1929年卸任教科书编辑部主任，就任南蛮中学堂教导主任一职（1930—1934年）。1935年，辞去公职，担任满洲图书文具株式会社董事，以普通社会人士身份为南满洲教育会教科书编辑部和满洲国政府编纂的教科书作译注，这些译注作为参考书出版④。

当时伪满洲国的日语教育，以青少年为对象的学校日语教育尚未普及，而以社会人士为对象，以通过能力考试为目标的日语教育却十分盛行。因此，大出正笃主张对译法，即面向成人的速成式教学法。有意编纂附有汉语对译和注释，且全部日语汉字都标注假名的教科书，研究出使学生通过对译法能够自主预习课文的意思与读音，在课堂上专门进行口头发表和会话练习的方法。围绕该教学法，大出正笃与当时由朝鲜来到伪满的山口喜一郎产生了争论。

---

① 1938年兴亚院设立，与文部省共同实施在中国统治区的日语教育。1941年设立日语教育振兴会，作为兴亚院和文部省的共管团体。
② 多仁安代：『大東亜共栄圏と日本語』，勁草書房，2000，第13頁。
③ 多仁安代：『大東亜共栄圏と日本語』，勁草書房，2000，第15-16頁。
④ 駒込武：「戦前期中国大陸における日本語教育」，『講座日本語と日本語教育 第15巻 日本語教育の歴史』，明治書院，1991，第135-139頁。

(二)《效果的速成式标准日本语读本》

由于日本企图在伪满洲国和占领地等广大区域的学校开展日语教育，因此，教科书和教师均面临不足，特别在初等学校，日本人教师所占比例降低，日语课时也有所减少。大出正笃按照译注本的形式开始研究面向成人的教材。自 1937 年起，相继在自营的满洲图书文具株式会社出版《效果的速成式标准日本语读本》（全 4 卷）。虽然该教科书是以通过满铁和伪满洲国举行的语学检定考试为目标，以在日语夜校等学习日语的成人为主要对象而编纂，但实际上，该教材在伪满洲国和华北的中等学校等也被广泛使用①。《效果的速成式标准日本语读本》共 4 卷，各卷的初版于 1937 年至 1942 年间陆续出版②。第 1 卷、第 2 卷、第 3 卷、第 4 卷分别以通过语学检定考试的 4 等、3 等、2 等、2 等或 1 等为目标，学习时间原则上分别为 150 小时、200 小时、200 小时、250 小时，总计 800 小时。1938 年，名为《有效速成式日语教学法要领及〈效果的速成式标准日本语读本〉编辑宗旨》的小册子编写完成，其中总结了日语教学法的要点。本文以该教科书作为文本分析对象，旨在探明当时以秦皇岛港中国职员为对象的日语学习者的实际学习情况。

四、《日本语读本》和《效果的速成式标准日本语读本》的比较

(一) 编纂宗旨

"为了适应日语普及的趋势，必须首先确立该教学法。针对满洲的形势和中国的现状，接下来有必要决定应以怎样的教学法来面对欧美各国的呼吁。确立该教学法的首要问题为必须考虑教学目的，从学习者的角度来说，就是学习目的。1. 会话（仅以说话为目的）；2. 读解（仅以阅读理解为目的）；3. 以会话和阅读理解两者为目。可以考虑以上三种情况。……第 3 种目的，即能够会话，并获得一定阅读理解能力，是最多的期望。可以说，只有在正规的情况下，并以此作为学习目的，才有普及日语的意义③。""对话式教学法为将日语作为外语的有经验的研究者所使用，是同时培养会话能力和阅读能力的唯一方法。其源于台湾，传至朝鲜，在满洲被广泛使用的正式日语教学法。该教学法有自然式对话教学法和速成式教授法两种。后者是面向成年人，使其能够尽快

---

① 駒込武：「戦前期中国大陸における日本語教育」，『講座日本語と日本語教育　第 15 巻　日本語教育の歷史』，明治書院，1991，第 135-139 頁。
② 本文作为资料的『効果的速成式標準日本語読本』卷 1 至卷 4 分别是 1942 年 62 版、1943 年 67 版、1943 年 21 版、1943 年 4 版。
③ 大出正篤，『速成式効果的日本語読本学習指導綱要』，日本語教育史資料叢書＜復刻版＞第 8 期，冬至書房，2010，第 14-16 頁。

活用日语的方法①"。

《效果的速成式标准日本语读本》使用对话教学法中的速成式教学法。有效速成式日语教学法的要点为：培养会话能力为首要目标；减少花费于语句阅读理解、翻译、记忆、听写以及语法、听力等方面的时间；实际应用有效的对话教学；准备有效教学所需的条件。《日本语读本》虽然以在初等教育中掌握了口语的日语正规学习者为对象，使学习者熟练掌握书面语，但在指导过程中，书面语教学和口语训练都是很有必要的②。综上所述，《效果的速成式标准日本语读本》重视会话能力，而《日本语读本》更重视阅读理解能力。

（二）教材结构与正文内容

1.《效果的速成式标准日本语读本》

卷1以达到语学考试4等水平为目标，限定学习时间为150或200小时。教材设有60课，每课需要2.5至3小时。假设每天学习1小时，则6至8个月能够通过4等水平考试。假设每天学习2小时，则需要3或4个月。正文有130页，在目录中附有汉字的读音。拗音和促音像现代假名用法一样使用小字。正文较短，以问答为主的会话练习较多。形式简单，句型数量也很少。采用日常用语，设有"补充语"一栏，本卷约有1700个词语。卷1的内容如下表1所示。

表1 《效果的速成式标准日本语读本》卷1目录

课	题目	课	题目	课	题目	课	题目
1	ナンデスカ	16	昨日	31	姓名	46	動詞ノ用法
2	ダレデスカ	17	日曜日	32	四季	47	雑貨屋
3	コレ・ソレ・アレワナンデスカ	18	今日ワ何日デスカ	33	夏	48	田中サン
4	ナニガアリマスカ	19	春	34	私ノ家	49	應接室
5	ダレガイマスカ（オリマスカ）	20	反對語（形容詞）	35	私ノ家族	50	時計
6	ハイ	21	姓名	36	方角	51	小サイ妹
7	イイエ	22	何歳デスカ	37	町	52	兎ト龜

---

① 大出正篤：『速成式効果的日本語読本学習指導綱要』，日本語教育史資料叢書＜復刻版＞第8期，冬至書房，2010，第17-18頁。
② 日本語教育振興会編：『日本語読本学習指導書巻1』，1943，第1頁。

续表

课	题目	课	题目	课	题目	课	题目
8	ダレノくつ	23	私ワ	38	乘物	53	缺勤
9	ココ・ソコ・アソコ	24	私ノ教室	39	秋	54	小鳥
10	數	25	掃除	40	日本語	55	遠足
11	オ早オゴザイマス	26	今日ノ天氣	41	野原	56	日本ノ貨幣
12	先生ノ詞	27	時間	42	物ノ數エ方	57	萬年筆
13	讀ミマシタ	28	一日	43	何處ノ學校	58	靴屋
14	ŒW校	29	朝ノ仕事	44	原籍ト現住所	59	旅行
15	缺席	30	反對語（動詞）	45	冬	60	御土產

注：表格为笔者所做。为了方便阅读，目录的课数使用阿拉伯数字标记。

如表 1 所示，卷 1 前 9 课使用了片假名，从第 10 课之后使用汉字。没有采用历史假名用法，而是采用表音式假名用法。为了方便发音，使用「わ」「え」「お」来代替助词「は」「へ」「を」。虽然在第 40 课、48 课、56 课中出现了有关日本或日语的内容，但并没有涉及日本文化方面。

《效果的速成式标准日本语读本》卷 2 是卷 1 的延续，以语学考试 3 等水平为目标。学习时间为 200 或 250 小时，共有 70 课，正文有 176 页。新词大约有 750 个，关联词大约有 750 个，总计约有 1750 个词语。与卷 1 相同，卷 2 在目录中也附有汉字的读音，每课均设有"会话练习"和"关联词"栏目。卷 2 内容如下表所示。

表 2 《效果的速成式标准日本语读本》卷 2 目录

课	题目	课	题目	课	题目	课	题目
1	畑	19	訪問	37	友人の手紙	55	買物依頼
2	杏ノ花	20	秋	38	招待狀	56	轉勤
3	仮名遣	21	小包	39	初對面の挨拶（對話文）	57	見送り

续表

课	题目	课	题目	课	题目	课	题目
4	新シイ帽子	22	習字	40	ダリやの花	58	出迎へ
5	種痘	23	ラジオ體操	41	南京蟲と虱	59	ピンポン
6	語學試驗	24	スケート	42	形容詞の活用	60	寫真
7	弟	25	雪ノ日	43	大豆	61	敬體ト常體
8	私ノ家ノ猫	26	山田先生	44	鏡	62	或日曜（常體文）
9	隣ノ犬	27	不幸ナ人	45	賢い兄弟	63	煙草と酒（常體文）
10	國旗	28	動詞ノ活用	46	口頭試問	64	新聞（常體文）
11	恩	29	公園	47	會社のボーイ	65	漢字ノ音ト訓（常體文）
12	父ノ病氣	30	朝ノ挨拶（對話文）	48	道ヲ聞ク（對話文）	66	神社（常體文）
13	電報（對話文）	31	百貨店	49	すき焼き	67	名畫（常體文）
14	町並木	32	燐寸	50	笑話	68	初めて飛行機に乗って（常體文）
15	本屋ノ買い物（對話文）	33	カレンダー	51	果物	69	保險（常體文）
16	金錢	34	鵜ト烏	52	新しい洋服	70	職業（常體文）
17	電話	35	夏ハ暑イ	53	貯金		
18	取次	36	片假名ト平假名	54	年末賞與		

注：表格为笔者所做。为了方便阅读，目录的课数用阿拉伯数字标记。

如表2所示，虽然从卷2开始使用历史假名用法，但在需要音读汉字的情况下，折中使用表音假名用法和历史假名用法。从第37课开始使用平假名，但以会话形式为主的正文以及第61课和第65课的正文文章只有片假名和汉字。为便于阅读，最后10课为口语简体。教材中提及的地名、花名等均产自中国大陆，此为考虑学习者学习背景的体现。

卷3是卷2的延续，学习时间为200小时，以语学考试2等水平为目标。正文和生词（到25课）附有对译，目录不再标注汉字的读音。该阶段是倾力于阅读理解文章的时期，本卷也设有"关联词"一栏，不再设有"会话练习"，但增加了"练习题"。

表 3 《效果的速成式标准日本语读本》卷 3 目录

课	题目	课	题目	课	题目	课	题目
1	新年	14	就職依頼（対話）	27	書物借用（對話）	40	日本の諺（日本事情）
2	日本の祝祭日（日本事情）	15	葉書文（書翰文）	28	圖書館と博物館	41	動詞の用法（語學）
3	爲替と小包（對話）	16	時計の話	29	蓄音機を買フ（對話）	42	作文の心得（語學）
4	物の數へ方（語學）	17	日本語の代名詞（語學）	30	形容詞の用法（語學）	43	世話になった人へ（書翰文）
5	語學試驗を受けて	18	病氣と衛生	31	日本の風景（日本事情）	44	日本文の文體（語學）
6	汚れた靴	19	暑さ	32	日本の年中行事（日本事情）	45	日滿支連絡（對話）
7	ブラットホームニテ（對話）	20	日本の大都会（日本事情）	33	戸口調査（對話）	46	千人針（日本事情）
8	奉天から北京まで	21	日本人の衣服（日本事情）	34	日本の行政組織（日本事情）	47	雛祭と端午の節句（日本事情）
9	案内依頼問答（對話）	22	暦	35	讀方の難しい日本語（語學）	48	趣味の生活
10	銀行	23	日記	36	句讀法（語學）	49	映畫
11	日本の家（日本事情）	24	近況を報ずる手紙（書翰文）	37	日本人の食物（日本事情）	50	新聞と雜誌
12	大掃除	25	漢字用法の相違（語學）	38	食堂（對話）		
13	訪問の作法（日本事情）	26	夜學	39	ラヂオ		

注：表格为笔者所做。为了方便阅读，目录的课数用阿拉伯数字标记。

如表 3 所示，卷 3 采用平假名、汉字和片假名混用的形式，会话形式的正文仅使用片假名和汉字。从卷 3 开始出现与日本相关内容，50 课中有 12 课如此，由此可知，教材自此开始重视日本文化的导入。

卷 4 的学习时间为 250 小时，以语学考试的 2 等或 1 等水平为目标，以培养阅读理解能力为中心，以求达到高级水平。教材共有 50 课，平均每课学习 5 小时，总时数约为 250 小时。仅对话文使用口语敬体，其他均使用口语简体。卷 4 的内容如下表 4 所示。

表 4 《效果的速成式标准日本语读本》卷 4 目录

课	题目	课	题目	课	题目	课	题目
1	日本の武士道精神（日本事情）	14	日本旅行座談會（對話）（日本事情）	27	蘭印事情	40	流行歌と民謠
2	日本女性の鑑（日本事情）	15	標準語とアクセント（語學）	28	漢文ノ日本讀ミ	41	外國思想の日本化と世界の大勢（昭和國民讀本）
3	自動詞と他動詞（語學）	16	死守した發電所	29	漢文訓讀	42	麥畑の進軍（麥と兵隊）
4	舊師を迎へて（對話）	17	ヒツトラー	30	候文の文體	43	土に還る日（大地）
5	萬壽山を観る	18	久し振りに逢って（對話）（日本事情）	31	候文の書翰	44	雜誌と文化（キング）
6	ジャンク小旗	19	日本語の敬語（語學）	32	書翰文の文例（封書）	45	笑話集（各種雜誌）
7	日本語の音の種類（語學）	20	文語文の文體	33	葉書文一束	46	北京情緒（觀光東亞）
8	或宣教師の話	21	口語文と文語文の對照	34	公用文	47	時は生命（文藝春秋）
9	西比利亞鐵道車中散見	22	富士山と櫻	35	和歌と俳句	48	國際時事
10	病院會話（對話）（日本事情）	23	バクテリヤ	36	名歌集	49	雜報記事
11	野口英世	24	張良	37	名句集	50	廣告各種
12	標語	25	振子時計	38	川柳と狂歌		
13	擬態語の用法（語學）	26	思ひやり	39	詩		

注：表格为笔者所做。为了方便阅读，目录的课数用阿拉伯数字标记。

如表 4 所示，卷 4 难度大幅提高，包含议论文、和歌、汉诗训读、书信的候文等各种文体。第 1 至第 19 课为白话文，第 20 至第 29 课为文言文，第 30 至第 34 课为候文、第 35 至第 40 课为诗词歌赋。另外，还有直接复制报纸和广告等作为教材，很显然这是为了让学习者接触多种格式和文体的日语而有意为之。全文平假名、汉字、片假名混用，无对译。另外，50 课中有 5 课对日本文化或日本精神进行了介绍。除此之外，为适应时事需要，《外国思想的日本化与世界形势》《麦田进军》《归国之日》等战争文学作品也载入其中。可以说，该教材是为适应当时社会需求的政治教科书。

2.《日本语读本》

卷1以每周学习3小时为标准编纂而成，词汇约有753个、生词约有487个、汉字有76个、多音字有12个。

表5 《日本语读本》卷1目录

课	题目	课	题目	课	题目	课	题目
1	アサヒ	11	クダモノ	21	ハンタイノコトバ	31	マチ
2	コトリ	12	アキノヲハリ	22	ペキンノコウエン	32	ミチ
3	ナハトビ	13	アタラシイトモダチ	23	私ハサカナデス	33	テイシャバ
4	アキ	14	ガクカウアソビ	24	春	34	キシャ
5	イサムサン	15	ヲリガミ	25	ケイサン	35	ハスノハ
6	イサムサンノ一ニチ	16	ヒカウキ	26	一ピキタリナイ	36	サカナツリ
7	オ月サマ	17	オ正月	27	ウンドウ會	37	フジノ山
8	オ月サマノウタ	18	カゲエ	28	オイシャサマ		
9	私ハナンデセウ	19	ユキ	29	子モリウタ		
10	オツカヒ	20	日本ゴ	30	カヒモノアソビ		

注：表格为笔者所做。为了方便阅读，目录的课数用阿拉伯数字标记。

如表5所示，《日本语读本》的卷1几乎全部使用片假名，37课中仅有12课使用了部分汉字。目录和正文均未附有汉字的读法。教材中出现较多日本人的姓名和童谣，也有少部分中国大陆的地名和人名。可见，卷1很重视日本相关内容的输入。

卷2约有989个词汇、生词约有505个、汉字有294个、多音字有35个。具体内容如表6所示。

表6 《日本语读本》卷2目录

课	题目	课	题目	课	题目	课	题目
1	ガクカウ	10	エンソク	19	クセ	28	しゃぼんだま
2	カナ	11	フロ	20	ハチ	29	オクリモノ

续表

课	题目	课	题目	课	题目	课	题目
3	汽車ノエ	12	右ト左	21	ヒナマツリ	30	雨フリ
4	復習	13	トケイ	22	オ客遊ビ	31	ハヘトカ
5	ノハラ	14	メクラト象	23	春が来た	32	花火
6	月	15	ナゾ	24	春ノ朝	33	ゆめ
7	タマゴ	16	ニイサン	25	學藝會	34	花さかぢぢい
8	ヒヨコ	17	ハネツキ	26	ねずみのちゑ		
9	道順	18	ニイサンノ手紙	27	コヒノボリ		

注：表格为笔者所做。为了方便阅读，目录的课数用阿拉伯数字标记。

卷2采取平假名、汉字、片假名混用的形式。与卷1相比，汉字数量有所增加，34课中仅5课使用平假名。日本每年定例的节日活动内容纳入其中。

表7 《日本语读本》卷3目录

课	题目	课	题目	课	题目	课	题目
1	ゐなか	8	かけっこ	15	豆まき	22	笑話
2	寫眞	9	急ぎの用事	16	ラジオ遊び	23	映畫
3	あらし	10	電報	17	雪	24	星
4	月夜	11	出むかへ	18	火事	25	すゐれんの花
5	周禮秀さん	12	お正月	19	寒暖計	26	豫防注射
6	東京から	13	李さんへ	20	おはかまゐり	27	舌切雀
7	国民體育大会	14	なぞ	21	さくら	28	正雄さんの日記

注：表格为笔者所做。为了方便阅读，目录的课数用阿拉伯数字标记。

如表7所示，卷3除第16课外，其他各课均使用平假名和汉字书写。日本与中国相关内容并存。从卷3开始不再附带学习指导书。

表8 《日本语读本》卷4目录

课	题目	课	题目	课	题目	课	题目
1	北京の秋	7	かくれんぼ	13	陽子江の筏	19	櫻の寫生
2	周禮秀さんの日記	8	展覽會	14	校庭	20	客間

续表

课	题目	课	题目	课	题目	课	题目
3	秋のゆふべ	9	雪舟	15	ひなまつり	21	織物工場を見て
4	かぐやひめ	10	黄河の冬	16	私たちの温床	22	機械
5	□蹴球の試合	11	長い道	17	孔子	23	鐵道と少年
6	おかあさん	12	動物園	18	日本の年中行事	24	「つばめ」に乗って

注：表格为笔者所做。为了方便阅读，目录的课数用阿拉伯数字标记。

卷4全部使用汉字和平假名书写，日本的传说故事以及各季节活动等也纳入教材之中。

表9 《日本语读本》卷5目录

课	题目	课	题目	课	题目	课	题目
1	始業式	7	この道	13	攻撃やめ	19	日本語の文體
2	日本語の敬語	8	稲むらの火	14	寒稽古	20	をぢさんの講演
3	朝の歌	9	お手玉	15	いけ花	21	大東亜
4	科學博物館	10	着物	16	水車	22	アジアは一なり
5	月	11	餅つき	17	江南の春		
6	笛の音	12	十二月八日と一月九日	18	誕生日		

注：表格为笔者所做。为了方便阅读，目录的课数用阿拉伯数字标记。

卷5多使用平假名和汉字书写，并加入以第13课"停止进攻"为题，宣扬日本精神的内容。其中，在第21课和第22课中有政治性质的内容存在。

为了让国内外士兵快速简单理解兵器的操作，也为了谋求实现由"大东亚共荣圈"异语言构成的军队统一，认为现行日语难于理解的陆军省进行了限制汉字和历史假名用法等改革，目的是简化日语。换言之，陆军省优先考虑的是简化日语，减轻学习者的负担，推行高效教育这一实际利益，可以说，军事需求促进了日语的简化。①

通过比较《效果的速成式标准日本语读本》和《日本语读本》这两种日语教科书可以阐明以下几点。两种教材的共同点为均使用了历史假名用法，并

---

① 多仁安代：『大東亜共栄圏と日本語』，劲草书房，2000，第17頁。

将有利于"大东亚共荣圈"概念的内容编入教材中,作为政治教科书使用。两种教材的不同之处在于,《日本语读本》只采用了历史假名用法,书中未附有汉字的读音。另外,卷1的学习者即要求日语学习第2年水平,必须通过学习教材《口语》,掌握口语的基础上进行书面语学习,对教师的依赖度较高。另外,《日本语读本》的学习目标相对不够明确。另一方面,《效果的速成式标准日本语读本》没有插图,但因为附有详细的汉字读音,所以即便是初学者也能够进行自主学习。此外,教材混用了历史假名用法和表音式假名用法。值得一提的是,《效果的速成式标准日本语读本》将培养会话和阅读能力放在首位,不要求写作,学习目标非常明确。

（三）学习效果

昭和19年5月28日,日军在秦皇岛港举行了第一届日语检定预备考试,成绩为下表10所示。

表10　第一届日语检定预备考试秦皇岛港考场各等级得分分布[①]

	申请者	应试者	100—90分	89—80分	79—70分	69—60分	59—50分	49—40分	39—30分	29—20分	19—10分	9—0分
三等	23	23	1		2	1	8	4	4	1	2	
四等	31	30		1	1	4	6	6	4	5	3	

注：表格为作者所作。

从表10可见,如以60分以上为合格,日语水平为三等者仅4人,占应试者总数的17.4%;四等者仅6人,占应试者总数的20%。可见,第一届日语检定预备考试的成绩,即使用《日本语读本》后的考试成绩并不理想。

昭和20年5月13日,举行了第二届日语检定预备考试,通过考试情况如下表11所示。

表11　第二届日语检定预备考试各等级通过人数

	二等	三等	四等
应试者数	6	6	14
合格者数	5	3	7

① "第一届日语鉴定预备考试各等各考场得分分布表"（1944）,秦皇岛港史杂志科档案室藏开滦外文档案教育管理卷,原卷号G-3114,现卷号4752。

在第二届日语检定预备考试中，通过二等者为 5 人，占应试者总数的 83.3%；通过三等者为 3 人，占应试者总数的 50%；通过四等者为 7 人，占应试者总数的 50%。秦皇岛港于昭和 19 年 9 月开始使用《效果的速成式标准日本语读本》。由此可知，使用该教材后，出现了通过二等水平考试者，且通过三等和四等考试的人数有所增加，但尚未有通过一等水平的考试或应试者，所以也并不能说学习效果很理想。

人在 13、14 岁之后直观地理解外语的能力就会减弱，并逐渐获得通过将外语翻译成母语而正确且快速理解的能力。因此，对于 13、14 以后年龄段的群体来说，直接法教学是不合适且没有效果的。尤其对于需要速成的学习者来说，需要长时间学习的直接法并不适合。① 秦皇岛港"讲习会在不影响工作前提下，以 6 个月左右为 1 期，每年 2 期，讲习时间每周 3 小时以上。②"而"有效地速成教学以学习者的积极自学为基础，学习者要利用教材进行充分的课外预习，教师则要以预习为主，在课上集中进行会话练习③"。这对于一边工作一边被强制学习的秦皇岛港职员来说，取得好成绩确实较为困难。

结语

通过比较日军侵占时期秦皇岛港日语讲习会使用过的《日本语读本》和《效果的速成式标准日本语读本》，究明了当时秦皇岛港日语讲习会更换教科书的主要原因。《效果的速成式标准日本语读本》作为面向成年人的教科书，较为适合秦皇岛港讲习会的实际情况。通过分析可知，日军侵占下的秦皇岛港，日语教学方法较为混乱。两种教科书学习效果的差异，实际上也是直接法和对译法两种教学法之争。在占领区内日本首要考虑的是将日语"母语化"，而后通过"国语"贯彻日本精神和"皇民化"。然而，由于秦皇岛港的日语学习者是以汉语为母语的成年人，所以强制将日语"母语化"极为困难，因此，对于秦皇岛港职员而言，采用对译法教学显然更为有效。这也是日军为维护在秦皇岛港的统治，亟待将精通日语者纳入统治体系的需要。当然，以《日本语读本》为代表的直接法，无疑对推进日本在殖民统治地区的"皇民化"教育、剥夺学习者的母语以及为新的"母语化"的正当化提供了帮助④。

---

① 多仁安代：『大東亜共栄圏と日本語』，勁草書房，2000，第 28 頁。
② "语学讲习会制"（1943），秦皇岛港史杂志科档案室收藏开滦外国语档案教育管理卷，日华语学奖励相关事宜，现卷号 5286。
③ 大出正篤：『効果の速成式標準日本語読本 卷 1 諸言』，満州図書文具株式会社，1942，第 3 頁。
④ 多仁安代：『大東亜共栄圏と日本語』，勁草書房，2000，第 26 頁。

主要参考文献

一、中文

（一）史料类文献

舒新城：《近代中国教育史料（全四册）》，上海科学技术出版社，1928年复刻版。

武强：《东北沦陷十四年教育史料（第一辑）》，吉林教育出版社，1989。

南开大学历史系、唐山市档案馆：《冀东日伪政权》，档案出版社，1992。

开滦矿务局史志办公室编：《开滦煤矿志（1878—1988）》，第一卷，新华出版社1992，第二、三卷，新华出版社，1995，第四、五卷，新华出版社，1998。

王庆普：《秦皇岛港口志》，大连海事大学出版社，1997。

王庆普：《秦皇岛港口史料汇辑（1898—1953）》，秦皇岛港务局史志编审委员会，2000。

中国第一历史档案馆、承德市文物局合编：《清宫热河档案1》，中国档案出版社，2003。

熊性美、阎光华：《开滦煤矿矿权史料》，南开大学出版社，2004。

中共秦皇岛市委宣传部、秦皇岛市地方志办公室编：《秦皇岛地区抗日战争志》，中共党史出版社，2005。

李保平、邓子平、韩小白主编：《开滦煤矿档案史料集》，河北教育出版社，2012。

曲铁华：《日本侵华殖民教育史料（第一卷》，人民教育出版社，2016。

余子侠、宋恩荣：《日本侵华殖民教育史料（第二卷）》，人民教育出版社，2016。

曹必宏：《日本侵华殖民教育史料（第三卷）》，人民教育出版社，2016。

庄明水、黄亚丽：《日本侵华殖民教育史料（第四卷）》，人民教育出版社，2016。

（二）研究类文献

1. 著作

黄景海：《秦皇岛港史》，人民交通出版社，1985。

《秦皇岛港工人运动史》编辑委员会编：《秦皇岛港工人运动史（1894—1952）》，大连海运学院出版社，1989。

居之芬、张利民：《日本在华北经济统制掠夺史》，北京出版社，1995。

居之芬主编：《日本对华北经济的掠夺和统制—华北沦陷区资料选编》，北京出版社，1995。

王士花：《"开发"与掠夺—抗日战争时期日本在华北华中沦陷区的经济统制》，中国社会科学出版社，1998。

教育部高等学校外语专业教学指导委员会日语组：《高等院校日语专业基础阶段教学大纲》，大连理工大学出版社，2001。

杨晓：《中日近代教育关系史》，人民教育出版社，2004。

齐红深：《日本侵华教育史》，人民教育出版社，2004。

中共秦皇岛市委宣传部，秦皇岛市地方志办公室编：《秦皇岛地区抗日战争志》，中共党史出版社，2005。

王士花：《日伪统治时期的华北农村》，社会科学文献出版社，2008。

张同乐：《华北沦陷区日伪政权研究》，生活·读书·新知三联书店，2012。

李文英：《比较教育学家思想研究》，人民教育出版社，2012。

邢留逮主编：《秦皇岛历史辞典》，中央文献出版社，2014。

曹必宏、夏军、沈岚：《汪伪统治区奴化教育研究》，社会科学文献出版社，2015。

云妍：《近代开滦煤矿研究》，人民出版社，2015。

上海市档案馆编：《日军占领时期的上海》，上海人民出版社，2015。

中共秦皇岛市委党史研究室编著：《秦皇岛抗战伤亡损失纪实》，燕山大学出版社，2016。

2. 论文

高德福：《抗战时期日本对华北的经济侵略》，《南开史学》，1982（2）。

丁长清：《开滦煤矿人事管理的历史考察》，《南开经济研究》，1986（4）。

张诚藩：《日本华北陆军医院的建立及其经过》，秦皇岛市政协文史资料研究委员会编《秦皇岛文史资料选辑》第1辑，1987年6月。

刘镇琦：《抗日战争时期驻秦皇岛地区的日伪军警宪特组织》，秦皇岛市政协文史资料研究委员会编《秦皇岛文史资料选辑》第2辑，1988年12月。

杨启元：《日伪山海关新民会》，秦皇岛市政协文史资料研究委员会编《秦皇岛文史资料选辑》第 2 辑，1988 年 12 月。

赵瑞元：《山海关沦陷时期的苦难史》，秦皇岛市政协文史资料研究委员会编《秦皇岛文史资料选辑》第 2 辑，1988 年 12 月。

黄景海：《日本对秦皇岛港全面进行"军管"》，秦皇岛市政协文史资料研究委员会编《秦皇岛文史资料选辑》第 2 辑，1988 年 12 月。

王荫生、肖兵：《日本帝国主义霸占柳江煤矿始末》，秦皇岛市政协文史资料研究委员会编《秦皇岛文史资料选辑》第 2 辑，1988 年 12 月。

李桂林：《日本帝国主义是怎样攫夺秦皇岛海关行政管理权的》，秦皇岛市政协文史资料研究委员会编《秦皇岛文史资料选辑》第 2 辑，1988 年 12 月。

王海庭：《日本在青龙县的殖民统治》，秦皇岛市政协文史资料研究委员会编《秦皇岛文史资料选辑》第 2 辑，1988 年 12 月。

屈六生：《我国历史档案的翻译工作刍议》，《档案学研究》，1991（2）。

明振钟：《日寇统治下的山桥厂》，中国人民政治协商会议秦皇岛市委员会文史资料委员会编《秦皇岛文史资料选辑》第 5 辑，1991 年 8 月。

张国辉：《从开滦煤矿联营看中国近代煤矿工业发展状况》，《历史研究》，1992（4）。

王庆普：《日寇在秦皇岛的驻军及日伪组织》，中国人民政治协商会议秦皇岛市委员会文史资料委员会编《秦皇岛文史资料选辑》第 6 辑，1993 年 8 月。

《一位史学工作者的档案观—台湾近代史学者陈三井先生访问中国第一历史档案馆纪实》，《中国档案》，1995（7）。

朱德新：《日伪对冀东农民的精神侵略》，《民国档案》，1995（3）。

王乃德：《日本帝国主义掠夺华北资源述评》，《民国档案》，1997（4）。

陈言：《抗战时期沦陷区"色情文学"新探》，《抗日战争研究》，2002（1）。

汪朝光：《抗战时期沦陷区的电影检查》，《抗日战争研究》，2002（1）。

闫永增、陈润军：《20 世纪 80 年代以来的近代开滦史研究》，《唐山师范学院学报》，2002（3）。

臧运祜：《关于一份七七事变前夕日军阴谋侵占华北的机密文书的考论》，《抗日战争研究》，2002（3）。

王士花：《华北沦陷区教育概述》，《抗日战争研究》，2004（3）。

夏军：《日伪统治下的日语教育》，《民国档案》，2005（2）。

刘兆伟：《论日本侵略者对中国文化教育的摧残与掠夺》，《河北师范大学学报（教育科学版）》，2005（4）。

苏明飞、于守海：《论日本侵华时期的奴化教育》，《沈阳师范大学学报（社会科学版）》，2005（5）。

魏晓文、李俊颖：《伪满洲国殖民教育特点及历史反思》，《大连理工大学学报（社会科学版）》，2006（4）。

尹松：《日语专业初级阶段听力教学的可能性》，《外语教学理论与实践》，2008（2）。

王向远：《日本在华实施奴化教育与日语教学的强制推行》，《纪念〈教育史研究〉创刊二十周年论文集（12）—日本侵华教育史研究》，中国地方教育史志研究会，2009年9月。

王庆普：《秦港近代档案漫谈》，《档案天地》，2009（11）。

胡庆祝：《伪满时期日本在东北实行奴化教育及危害》，《党史文苑》，2010（14）。

郄宝山：《百年开滦的档案传奇》，《中国档案》，2011（2）。

冷丽敏：《关于高等学校外语教育理念的研究与探索——以〈高等院校日语专业基础阶段教学大纲〉为对象》，《日语学习与研究》，2011（2）。

郭小丽：《伪满时期赤峰地区殖民奴化教育之评析》，《赤峰学院学报（汉文哲学社会科学版）》，2011（3）。

毕世鸿：《太平洋战争期间日本对东南亚的经济统制》，南开大学博士论文，2012年5月。

阎利：《日本殖民统治时期的奴化教育——以旅大地区为例》，《大连近代史研究第17卷》，2012年9月。

吴洪成、钱露：《试论日本侵华期间在河北沦陷区推行的日语教育》，《河北民族师范学院学报》，2013（1）。

齐琼芝：《日本对中国华北·华中地区实施的日语教育——基于"日语教育振兴会"的机关杂志〈日本语〉的考察》，东北师范大学硕士毕业论文，2018年5月。

李娜娜：《抗战档案文献汇编研究述略》，《史志学刊》，2021（1）。

二、日文

1. 著作

大出正篤：『効果的速成式標準日本語読本』．満州図書文具株式会社．1942.

日本語教育振興会編：『日本語読本学習指導書巻1、卷2』．1943.

言語文化研究所編：『長野直兄と日本語教育』．開拓社．1982.

六角恒広：『中国語教育史の研究』．東方書店．1988.

六角恒広：『中国語教育史論考』．不二出版．1989.

木村宗男編集：『講座日本語と日本語教育　第15巻　日本語教育の歴史』．明治書院．1991.

日本語教育学会：『日本語教育事典』．大修館書店．1997.

関正昭、平高史也：『日本語教育史』．アルク．1997.

関正昭：『日本語教育史研究序説』．スリーエーネットワーク．1997.

東京文理科大学・東京高等師範学校紀元二千六百年記念会編纂：『現代支那満洲教育資料』．大空社．1998.

木村宗男先生米寿記念論集刊行委員会：『日本語教育史論考―木村宗男先生米寿記念集』．凡人社．2000.

王智新編著：『日本の植民地教育・中国からの視点』．社会評論社．2000.

多仁安代：『大東亜共栄圏と日本語』．勁草書房．2000.

川瀬生郎：『日本語教育学序説』．日本図書刊行会．2001.

六角恒広：『中国語教育史拾遺』．不二出版．2002.

松田吉郎：『台湾原住民と日本語教育―日本統治時代台湾原住民教育史研究』．晃洋書房．2004.

竹中憲一：『満州における中国語教育』．柏書房．2004.

久保田優子：『植民地朝鮮の日本語教育―日本語による「同化」教育の成立過程』．九州大学出版会．2005.

大出正篤：『速成式効果的日本語読本学習指導綱要』．『日本語教育史資料叢書〈復刻版〉第8期』．冬至書房．2010.

田中寛：『戦時期における日本語・日本語教育論の諸相』．ひつじ書房．2015.

歴史街道編集部編：『満州国と日中戦争の真実』．PHP研究所．2022.

川島真岩谷将編：『日中戦争研究の現在：歴史と歴史認識問題』．東京大学出版会．2022.

2. 論文

松尾長造：『発刊の辞』．『日本語（1）』．1941.

大出正篤：『大陸に於ける日本語教授の概況』．『日本語（3）』．1941.

大出正篤：『日本語の南進と対応策の急務』．『日本語（5）』．1942.

日野成美：『対訳法の論拠―その特色』．『日本語（6）』．1942.

大出正篤：『日野氏の「対訳法の論拠」を読みて』．『日本語（7）』．1942.

木村宗男：『山口喜一郎―人物日本語教育史』．『日本語教育（60）』．1986.

五味政信.『戦前の日本語教育と「日本語教育振興会」』.『日本語学校論集（14）』. 東京外国語大学外国語学部附属日本語学校. 1987.

駒込武：『戦前期中国大陸における日本語教育』.『講座日本語と日本語教育第 15 巻日本語教育の歴史』. 明治書院. 1991.

渕上香保里：『大出正篤と日野成美の教授法論争について―「日本語」を中心にして』.『福岡 YWCA 日本語教育論文集（8）』. 福岡 YWCA. 1998.

前田均：『大出正篤の「対訳法」に基づく日本語教科書』.『天理大学学報 56（2）』. 2005.

荒川みどり：『大出正篤著『効果的速成式標準日本語読本』にみる中国東北部の成人日本語学習者像』.『杏林大学外国語学部紀要　第 27 号』. 2015.

坂田篤義：『大出正篤の日本語教材と速成式教授法』.『リテラシーズ 16』. くろしお出版. 2015.

宮脇弘幸：『日中戦争期日本軍占領区の文教政策：華北・蒙彊・華中における日本語普及の展開』.『人文社会科学論叢』. 2021.

后 记

2014年，笔者受东北大学秦皇岛分校社会科学研究院（现更名为马克思主义学院）董劭伟教授之托，翻译了日本九州大学川本芳昭教授《关于前近代"中华帝国"构造的笔记——北魏与元、辽及汉代的比较》一文，尽管水平差强人意，董教授仍不吝鼓励。同年秋，董教授以其敏锐的学术眼光和独到的学术见解致力于秦皇岛港藏开滦外文档案的挖掘与整理工作，略有史学和外语基础的笔者有幸加入，成为其团队成员之一。翻译与研究工作中曾几度质疑自己的能力，甚至失去继续研究的信心，董教授不断给予鼓励和鞭策，才得坚持至今。在董教授的耐心指导下，笔者作为主持人先后获批全国教育科学"十二五"规划项目、教育部人文社会科学研究项目、河北省社会科学发展研究课题等，使我信心倍增，自此，开启了跨学科研究的步伐，踏上了外文历史档案文献整理与研究的征程。经过多年努力，顺利完成了多项相关研究课题，呈现在此的便为2017年度教育部人文社会科学研究项目的结项书稿。

本书稿的完成还得益于其他诸多师长、同辈的指导和帮助。河北省社会科学院的孙继民教授，多次对我的项目申请书和论文提出宝贵意见，即便在其出差期间，仍悉心审阅我的文稿，并通过电话点拨研究思路和方法，使我受益良多。同时要感谢我的硕士研究生导师李小白、周颂伦教授，两位恩师的指引和教导，时时激励我探求学理，永不懈怠。周颂伦教授更在百忙之中慨然应允作序，令人悲痛的是，在本书即将出版之时，周教授因病与世长辞，在此深表哀悼。

此外，还要感谢对我的研究与职业发展提出各种意见与帮助的河北师范大学历史文化学院谷更有教授、中山大学外国语学院张兴教授以及于我校退休后现就职于北京理工大学的彭广陆教授。在写作过程中曾就具体问题请教柴冰博士、左海军博士、秦飞博士、王莲英博士等同辈友人，并得到热情解答。秦皇岛市档案馆办公室副主任卢广平老师、秦皇岛市方志办主任孙继胜老师、秦皇岛市日报社王红利老师等对我的研究工作也给予了诸多关怀和帮助。我的优秀同事孙斐博士替我分担了部分档案的翻译工作，在此，谨致谢意。另外，在本书撰写期间，笔者曾赴日本文教大学访学，查阅相关研究资料等，受到日本文教大学加纳陆人教授、蒋垂东教授以及新田小雨子博士、贾鹏飞博士等诸位前辈和友人在生活上、研究上的关怀与照顾。

　　本书能够出版得到了秦皇岛港务局史志科同志们的大力支持，深表谢忱。感谢东北大学秦皇岛分校给予的优良学术环境，感谢东北大学秦皇岛分校外国语言文化学院院长赵玉荣教授以及学院其他各位领导对我科研工作的支持与鼓励。感谢学苑出版社对本书出版的积极支持。最后，感谢这座我已生活了十余年的美丽城市——秦皇岛，冥冥之中牵引着我开启对它的研究之旅，使我在余生能够有目标、有动力地继续前行。

2022 年 8 月